# 匠心逐梦
# 强国有我

## 首届大国工匠论坛主题征文活动
## 优秀论文集

首届大国工匠论坛组委会◎主编

中国工人出版社

**图书在版编目（CIP）数据**

匠心逐梦　强国有我：首届大国工匠论坛主题征文活动优秀论文集 / 首届大国工匠论坛组委会主编．—北京：中国工人出版社，2022.9

ISBN 978-7-5008-7963-3

Ⅰ．①匠…　Ⅱ．①首…　Ⅲ．①职业道德－中国－文集 Ⅳ．①B822.9-53

中国版本图书馆 CIP 数据核字（2022）第 146701 号

匠心逐梦　强国有我：首届大国工匠论坛主题征文活动优秀论文集

**出 版 人**　董　宽
**责任编辑**　赵晨羽　罗荣波
**责任校对**　张　彦
**责任印制**　栾征宇
**出版发行**　中国工人出版社
**地　　址**　北京市东城区鼓楼外大街45号　邮编：100120
**网　　址**　http://www.wp-china.com
**电　　话**　（010）62005043（总编室）
（010）62005039（印制管理中心）
（010）62382916（工会与劳动关系分社）
**发行热线**　（010）82029051　62383056
**经　　销**　各地书店
**印　　刷**　北京市密东印刷有限公司
**开　　本**　710毫米×1000毫米　1/16
**印　　张**　22
**字　　数**　330千字
**版　　次**　2022年9月第1版　2022年10月第2次印刷
**定　　价**　50.00元

# 出版说明

为深入学习贯彻习近平总书记致首届大国工匠创新交流大会贺信精神，大力弘扬劳模精神、劳动精神、工匠精神，叫响做实“大国工匠”品牌，进一步营造劳动光荣、技能宝贵、创造伟大的良好社会氛围，激励广大职工群众走技能成才、技能报国之路，为全面建成社会主义现代化强国、实现第二个百年奋斗目标建功立业，以实际行动迎接党的二十大胜利召开，中华全国总工会联合中共湖南省委、湖南省人民政府，以“匠心逐梦　强国有我”为主题，于2022年9月2日在湖南长沙举办首届大国工匠论坛。

在首届大国工匠论坛举办之前，组委会开展的主题征文活动，得到社会各行各界的积极响应。此次活动共收到征文473篇。在组织专家评审的基础上，经组委会复审、复核，评选出特等奖11篇、一等奖5篇、二等奖15篇、三等奖30篇、优胜奖50篇。本书收录了特等奖、一等奖、二等奖、三等奖获奖作品。

编　者

2022年8月

# 目　　录

## 特等奖

## 一等奖



## 二等奖

## 三等奖

# 特等奖

# 铸牢工匠之魂，
# 在逐梦航天强国中贡献智慧力量

高凤林

1980年，我从技校毕业后，怀揣着当一名好工人的梦想走进火箭总装厂，一直从事火箭发动机焊接工作。40多年的时间里，我坚持扎根科研生产一线，积极学习、努力实践，在以实际行动践行工匠精神的同时，不断深化对工匠精神时代价值、丰富内涵、实践要求的理解和把握。

## 一、深入理解工匠精神的时代价值是铸牢工匠之魂的根本要求

2022年4月27日，习近平总书记向首届大国工匠创新交流大会发来贺信，强调技术工人队伍是支撑中国制造、中国创造的重要力量。我国工人阶级和广大劳动群众要大力弘扬劳模精神、劳动精神、工匠精神，适应当今世界科技革命和产业变革的需要，勤学苦练、深入钻研，勇于创新、敢为人先，不断提高技术技能水平。工匠精神是民族精神和时代精神的生动体现，是鼓舞全党全国各族人民风雨无阻、勇敢前进的强大精神动力。在新时代大力弘扬工匠精神，对于推动高质量发展、实施制造强国战略、全面建设社会主义现代化国家具有重要意义。

第一，弘扬工匠精神是传承中华民族优良传统的应有之义。“不惰者，众善之师也。”我国自古就有尊崇和弘扬工匠精神的优良传统。《诗经》中的“如切如磋，如琢如磨”，反映的就是古代工匠在切割、打磨、雕刻各类器物时精益求精、反复琢磨的工作态度。《庄子》中讲庖丁解牛，游刃有余，“道也，进乎技矣”。

新中国成立以来，一批又一批劳动者在中国共产党的领导下，始终坚持弘扬工匠精神，用奋斗创造了一个又一个“中国奇迹”。无论是红旗渠、南京长江大桥、“两弹一星”，还是北斗导航和探月、探火、载人航天工程，这些辉煌成就都体现出对工匠精神的继承与发扬。进入新时代新征程，工匠精神已成为引领社会风尚、构建新发展格局、实现中华民族伟大复兴中国梦的重要支撑。

第二，弘扬工匠精神是推动人类进步的必然要求。人类就是一个大的工匠群体，从古至今的活动内容可以概括为两个重要方面，一个是改造大自然，一个是通过科技的进步，提升人类的生活水平。这一切都需要在科技发展的推动下，通过严格的质量把控，才能高水平地实现目标，而工匠精神是助推科技创新能力和高品质制造提升的重要动力。对此，应重点做好三个方面的支撑。一是在产品生产经营活动中坚持以质量为根本、诚信为基础。要积极倡导诚信精神，最大限度利用好每一种资源，在产品的整个制造过程中做到百分之百全身心投入；要不断加强和完善诚信体制机制建设，在保证独立、公正、客观的前提下，为市场公平竞争和产品质量提供坚实的基础保障。二是要加大科技和创新投入力度。科技创新是保证产品在内外部质量、适用性、可靠性等方面不断提升的前提，这其中还要注重大创新、小创新、微创新，要从点到面创新，从局部到体系创新。三是把握精益产品质量的核心内涵。精益就是指在单位时间内追求最精最好。从对标的角度出发，把一个产品在标准时间内干到全国最好就是全国品牌，干到世界最好就是世界品牌。

第三，弘扬工匠精神是实现制造业转型升级的重要基础。我国是世界制造业第一大国，在世界 500 多种主要工业产品中，我国已有 220 多种工业产品的产量位居世界第一。但总体而言，我国制造业大而不强，打造更多世界名牌产品，实现制造业转型升级迫在眉睫。对此，应做到坚持两个理念。一是大力推进名牌战略的实施。要做到物优价也优，需要大量的独创和原创以及掌握更多的自主知识产权。二是坚持以人为本。人的素质决定产品质量，技能人才质量决定国家制造业未来发展水平。应加大对各类人才的培养力度，建立和完善全体国民终身学习和教育保障制度，搭建好各类人才的任用和成长平台。

第四，弘扬工匠精神是培养尊崇劳动、积极奉献的社会风尚的具体实践。一个国家、一个民族的发展，离不开各行各业劳动者的共同推动。2019 年 9 月，习近平总书记对我国技能选手在第 45 届世界技能大赛上取得佳绩作出重要指示，强调劳动者素质对一个国家、一个民族发展至关重要。技术工人队伍是支撑中国制造、中国创造的重要基础，对推动经济高质量发展具有重要作用。要健全技能人才培养、使用、评价、激励制度，大力发展技工教育，大规模开展职业技能培训，加快培养大批高素质劳动者和技术技能人才。要在全社会弘扬精益求精的工匠精神，激励广大青年走技能成才、技能报国之路。这就要求倡导尊崇工匠精神的社会风尚，做到提升一个认识，即在弘扬工匠精神的同时，要坚持创新和奉献，为弘扬工匠精神营造良好社会氛围。要持续打磨精湛的技术技艺，这是支撑制造强国战略进一步落实的根本。要形成相应体制机制，为劳模和技能人才发挥作用搭建宽广舞台，使他们在经济上有保障、发展上有空间、社会上有地位。

## 二、始终铭记工匠精神的核心要义是铸牢工匠之魂的关键所在

在长期实践中，我们培育形成了执着专注、精益求精、一丝不苟、追求卓越的工匠精神。我理解，工匠精神的核心要义集中体现在以下五个方面。

秉匠心：坚持不忘初心、永远奋斗的理想信念。实现全面建成社会主义现代化强国的第二个百年奋斗目标，既需要一大批对党忠诚、矢志报国的科学家，同时也需要一大批一心为党、爱国奉献的能工巧匠。习近平总书记在中央全面深化改革领导小组第三十二次会议上发表重要讲话，强调要从巩固党的执政基础的高度，从促进我国经济社会持续健康发展的高度，加快产业工人队伍建设改革，按照“政治上保证、制度上落实、素质上提高、权益上维护”的总体思路，针对影响产业工人队伍发展的突出问题，创新体制机制，提高产业工人素质，畅通发展通道，依法保障权益，造就一支有理想守信念、懂技术会创新、敢担当讲奉献的宏大的产业工人队伍。其中，“有理想守信念”是对产业工人第一位的要求。

立匠志：把握爱岗敬业、无私奉献的思想内涵。现代社会的“工匠”，他们中有很多人在本职岗位上工作几十年，干出了一番事业，是爱岗敬业的典范。爱岗就是爱国，无私奉献永远是一个国家和民族发展的原动力。个人的追求只有和社会的需要同步时，才能真正体现出自身的价值和人生的意义。发扬爱岗敬业、无私奉献的精神，在平凡的岗位做出不平凡的成就，就是工匠精神的体现。追梦需要激情和理想，圆梦需要奋斗和奉献。产业工人应以这种精神为牵引，树立爱岗敬业、无私奉献的价值观。只有大努力才会有大成功、大未来，这也是促进国家发展的有力保障。

践匠行：实践持续专注、开拓创新的行动要义。专注就是内心笃定而着眼于细节的耐心、执着、坚持的精神，这是一切“工匠”所必须具备的精神特质。创新，是在专注的基础上，追求突破、追求革新，这也是新时代工匠精神的内涵。在现代工业中，制造对技艺提出了更高的要求，一般性劳动将逐步被机器取代，人类劳动将向更具创造性、复杂性的方向转变。技能是立业之本，践行工匠精神就是要敢干，不是盲干，要用诚实的劳动创造美好的未来；要以归零的心态，长期向最高目标进取，不断创新创造，不断学习实践。只有这样才能跟上时代的步伐，推动产品的升级换代，不断满足人民日益增长的美好生活的需要。

出匠品：探寻精益求精、追求极致的工作目标。一个人之所以能够成为工匠，源于其对产品品质的不懈追求。认真是素质是准则，品质是过程是追求，正因为工匠对每件产品、每道工序都做到了凝神聚力、精益求精、追求极致，才能实现产品品质从99%到99.99%的提升。在新材料钛合金自行车研制中，我生产的样车经过了20多万次振动试验，超过国际标准10倍以上，该技术已成功应用到长征五号钛合金构件上。由此可见，每一名技术工人只要勤学苦练、深入钻研，沉下心来干工作，心无旁骛钻业务，干一行、爱一行、钻一行，就能练就一身真本领，掌握一手好技术，推动企业和行业发展进步。

育匠人：打造推陈出新、薪火相传的团队文化。当前，我们国家正在实施制造强国战略，大力推进智能制造。这是新时代对工匠精神的要求。新时代的生产方式更加自动化、智能化，不再依赖于个人的单打独斗，而是考验团队协作。因此，新时代更要建设好团队，发挥榜样的团结带动作用，做好技艺的传承、精神的传承，发挥大家的力量，提升每个国民的素质，夯实建设制造强国的基础。正是在这样的理念下，依托我所在团队被授予的首批全国示范性劳模和工匠人才创新工作室，我们培养出了越来越多的“智能”工人。工作室 19 名成员中有 3 名工人被评为特级技师，3 名工人被评为高级技师，6 名工人被授予“全国技术能手”等荣誉称号。

## 三、不断追求工匠精神的卓越极致是铸牢工匠之魂的动力之源

伟大的事业孕育伟大的精神，伟大的精神成就伟大的事业。在开启全面建设社会主义现代化强国的新征程上，需要我们每一名产业工人主动践行和弘扬工匠精神，以追求卓越极致的实际行动为推动高质量发展、实施制造强国战略、全面建设社会主义现代化国家作出新的更大贡献。

致真，就是要追求真理。每一名产业工人都要自觉学习贯彻习近平新时代中国特色社会主义思想，不断增强对党的创新理论的政治认同、思想认同、情感认同，坚定不移听党话、矢志不渝跟党走。要围绕国家重大战略、重大工程、重大项目、重点产业，积极参加多种形式的劳动和技能竞赛，在立足岗位、建功立业中充分发挥工人阶级主力军作用，为实现中华民族伟大复兴的中国梦不懈奋斗。

致诚，就是要全身心投入。我从事的工作是祖国的航天事业，这是党的事业、国家的事业和全国人民的事业。这份事业为我提供了施展才华的机会和舞台，使我能够在生产一线建功立业，全身心投入这份工作，在岗位上不断超越自我。产业工人对待本职工作，既要做到“身到”，更要做到“心到”，要以强烈的事业心、进取心、责任心投入工作。

致用，就是要学以致用、知行合一。产业工人应适应新一轮科技革命和产业变革的需要，牢固树立终身学习的理念，养成善于学习、勤于思考的习惯，密切关注行业、产业前沿知识和技术进展，不断提高技术技能水平，从而实现

深厚的理论与精湛的技艺相结合相促进，努力做一名专家型工人。

致新，就是要开辟新天地。工匠精神不是因循守旧、拘泥一格的“匠气”，而是在坚守中追求突破、实现创新。在大推力氢氧发动机研制中，我攻克了一系列难关，并提出了高阶方程反变形公式和线积分校核补偿方法，该项目成果获得了国家科技进步二等奖。产业工人只有把工匠精神融入生产制造的每一个环节，敬畏职业、追求完美，才有可能实现突破创新。

致善，就是要包容豁达、和谐共生。豁达是和谐的一种内在元素的外在表现。内心不豁达，身心难和谐；内心不和谐，表现难豁达。豁达之“豁”，就是宽敞、透亮，“达”即通达、畅快。产业工人应涵养开阔胸襟，宽宏气量，面对困难，正视困难，研讨办法，战而胜之；面对矛盾，理性应对，妥善调处，化而解之；面对挫折，总结教训，举一反三，奋发图强。

致美，就是要把握大局、均衡全面。致广大，则道至于无极，尽精微，则道不遗微小。这既是人生价值观，也是人生方法论。产业工人应从工作中找寻价值观和方法论，把个人理想追求融入党和国家事业之中，为党、为祖国、为人民多作贡献，在服务大局中绽放工匠之美、技能之美。

致勤，就是要勤勉努力、接续奋斗。一勤天下无难事，这是朴素又深刻的道理。阀座组件相当于火箭发动机心脏的瓣膜产品，其29%的合格率是困扰火箭高密度发射的难题。我带领团队辛勤钻研，一举攻克难关，将合格率提升至98%，确保了近年来我国火箭的高成功率发射。产业工人应把辛勤劳动、诚实劳动、创造性劳动作为自觉行为，勤学苦练、深入钻研，勤于创造、勇于奋斗。

致劳，就是要持之以恒、久久为功。“1万小时定律”是任何人从平凡变成世界级大师的必要条件。工作以来，我苦练基本功，经我的手焊接了140多发火箭的发动机，焊接的焊缝总长度达到12万多米。产业工人应聚焦推动科技自立自强，钻研技术、破解难题，打造傍身的“金刚钻”，揽下难解的“瓷器活”，助力企业提升技术创新能力、打好关键核心技术攻坚战。

（作者单位：中国航天科技集团有限公司第一研究院211厂）

# 初心报国，匠心逐梦

洪家光

2022 年 4 月，首届大国工匠创新交流大会开幕，中共中央总书记、国家主席、中央军委主席习近平在贺信中强调，要大力弘扬劳模精神、劳动精神、工匠精神，适应当今世界科技革命和产业变革的需要，勤学苦练、深入钻研，勇于创新、敢为人先。反复研读习近平总书记贺信精神，回想自己从一名普通的农村娃成长为一名大国工匠的历程，深感党和国家对打造新时代产业工人队伍的殷殷期许，也更加坚定了自己作为一名中国航发产业技术工人的使命、责任和担当。

## 一、坚定初心，做建设航空强国的实践者

我出生在农村，1998 年从技校毕业后，被分配到中国航发沈阳黎明航空发动机有限责任公司，一干就是二十多年。在各级组织的关心培养下，我从一名普通工人成长为高级技师、高级工程师。2020 年，我被评为全国劳动模范，在全国劳动模范和先进工作者表彰大会上习近平总书记亲自为我颁发证书。当我向习近平总书记汇报新型航空发动机进展情况时，总书记面带微笑，频频点头，笑容里饱含着对航空发动机装备行业发展的肯定和期许。那一刻，作为一名从事国防军工事业的技术工人，我倍感光荣。

强国必须强军，军强才能国安。我所在的中国航发黎明具有光荣的军工传统、鲜明的政治底色，一辈辈的产业工人辛勤耕耘、孜孜以求，在平凡岗位上追求技术的精湛和技能的完美，为航空发动机事业默默坚守。20 多年来，中国航发黎明的产业工人秉持“国家利益至上”价值观，热爱工作、敬业奉献，把

理想追求融入一个个普通零件的加工过程中，精益求精、追求卓越，用实际行动践行了建设航空强国的初心和梦想，坚定不移地走好航空发动机自主研制的新长征路。曾有人问我：选择了艰难的航空发动机事业，选择了艰苦的生产一线，你是否动摇过？我心中始终唯一不变的答案是——我的初心坚如磐石，我的追求终生不改，作为一名工匠我感到自豪。

## 二、勤于创新，做本领高能力强的攀登者

习近平总书记指出，劳动者素质对一个国家、一个民族发展至关重要。要养成善于学习、勤于思考的习惯，实现学以养德、学以增智、学以致用。我国正在大力推动制造业转型升级，要实现制造大国到制造强国的转变，以及中国制造到中国创造的跨越，必须大力弘扬和践行工匠精神，用精益求精、创新追求的态度，以勤学长知识、以苦练精技术、以创新求突破，努力成为知识型、技能型、创新型的劳动者。

要树立终身学习理念。当今世界形势风云变幻，面临科技革命和产业变革日新月异带来的挑战，就需要及时掌握最新的科学文化知识和专业技术知识，不断学习、持续学习。要密切关注前沿知识和技术进展。航空发动机是现代工业“皇冠上的明珠”，涉及领域多、技术复杂、制造难度大，核心技术要不来也买不来，需要我们主动学习新知识和新技能，同时间赛跑、与时代同进。要致力创新创造。通过不断尝试新方法、新技术、新思路，积累经验、融会贯通，才能加工出更多更好的优质、可靠、高效的航空发动机产品，为航空发动机自主研制贡献力量。

## 三、脚踏实地，做建功立业的奋斗者

尊重劳动是中华民族的传统美德。近年来，党和国家大力弘扬劳模精神、劳动精神、工匠精神，对产业工人队伍建设愈加重视。作为一名全国劳动模范、大国工匠，要牢牢把握为实现中华民族伟大复兴的中国梦而奋斗的时代主题，一如既往地脚踏实地，立足本职岗位，做建功立业的奋斗者。

要“干”字当头。既要埋头苦干，也要勠力实干，更要创新巧干，凭借精益求精的态度、严慎细实的作风、扎扎实实的行动，确保航空发动机产品的质量。要积极参与组织各类技能培训、技能竞赛，引导更多产业工人勤学苦练、深入钻研，在生产实践中练就新本领、在技术比武中锻炼新能力，成为技能型劳动者。要依托劳模创新工作室、技能大师工作站等各类平台和载体，集智攻坚解决难题，传播劳动技能、创新方法、管理经验，将劳模创新工作室、技能大师工作站打造成人才孵化基地、标杆培养基地、模范选拔基地、梦想实现基地，为建功“十四五”、建成世界一流航空发动机集团而努力。

## 四、以身作则，做精神传承的引领者

习近平总书记指出，“建设知识型、技能型、创新型劳动者大军，弘扬劳模精神和工匠精神，营造劳动光荣的社会风尚和精益求精的敬业风气”。中国航发黎明成立60多年来，坚持用劳模精神、劳动精神、工匠精神引领企业发展和人才成长，先后培养出16位全国劳动模范（全国先进生产者）。

多年来，公司以积淀的劳模文化、工匠文化为基础，大力传承弘扬劳模精神、劳动精神、工匠精神，深度培育具有劳模精神和工匠精神的技术技能人才，注重立足岗位技能实践，培养一批适应航空发动机行业发展的产业工人队伍。通过建设劳模文化长廊、劳模广场、劳模塑像等，宣传推广不同时期涌现出来的劳动模范，营造崇尚典型、学习典型的浓厚氛围；通过多层级的劳模宣讲、劳模宣传活动，传播劳模事迹、宣传劳模精神、激发学习动力；通过发掘、培养、选树等劳动模范管理，畅通劳模成长通道，营造出学先进、赶先进、超先进的浓厚氛围；通过各类技能大赛调动学习技术的积极性、主动性，在比武竞技中提高水平，在潜移默化中培养工匠精神，提升了公司生产制造水平及传承弘扬“三个精神”的自觉意识。

如何在新时代有效传承和弘扬劳模精神、劳动精神、工匠精神？多年来，公司探索的脚步从未停止。特别是在当下，作为一名航空动力的保障者、制造强国的建设者和创新驱动发展的践行者，必须准确把握“三个精神”的时代价值和丰富内涵，用干劲、闯劲、钻劲鼓舞更多的人，勤奋工作、锐意进取、勇于创新。

唯实干才能成就梦想，唯奋进才能赢得未来。我将牢记习近平总书记的嘱托，将劳模精神、劳动精神、工匠精神传承好、发扬好，葆有初心、保持本色，继续发挥劳模带头作用，带动身边同志一起奋力拼搏、攻坚克难，为加快推进航空发动机自主研发、加快建设航空强国，实现中华民族伟大复兴的中国梦而不懈奋斗！

（作者单位：中国航发沈阳黎明航空发动机有限责任公司）

# 弘扬工匠精神强化技能人才培养的实践与研究

刘伯鸣

习近平总书记强调，要高度重视技能人才工作，大力弘扬劳模精神、劳动精神、工匠精神，激励更多劳动者特别是青年一代走技能成才、技能报国之路，培养更多高技能人才和大国工匠，为全面建设社会主义现代化国家提供有力人才保障。

在当前加快建设制造强国、推动企业高质量发展的征程中，我认真贯彻落实习近平总书记视察中国一重时的重要指示精神，立足生产实际，逐一研究现有技术、技能骨干的特长与短板，划分为“理论强、少实践”和“经验强、少理论”两个主要类别，有针对性地培养技能人才，凝聚起改革创新、自主创新的强劲力量。

## 一、注重理念培养，明确目标定位

我所在的水压机锻造岗位是集体作业。众人划桨开大船，打造精品锻件，离不开班组组员的密切协作。真正的成功不是孤独前行，不是打败了多少人，而在于你帮助了多少人，成就了多少人，凝聚了多少人。我负责的15000吨自由锻造水压机锻造的大都是吨位超大、形状复杂的顶级锻件，最能考验操作班组的整体素质。我常对组员们说，干好这类高端锻件，责任心和执行力缺一不可，工作质量必须靠责任心和执行力去保证，必须细心加专心、巧干加实干，而责任心是执行力的动力之源。

我利用业余时间组织大家学习了《责任胜于能力》这本书，大家结合本职工作对其进行深入研讨，充分认识到：企业、班组和个人是一荣俱荣、一损俱损的关系；必须牢固树立大局意识和责任意识，自觉站在企业全局的立场想问题、办事情，坚持个人利益服从集体利益、班组利益服从全局利益；有了高度的大局意识和强烈的责任心，才能焕发出履职尽责的巨大精神力量。

生产中，我统筹安排，精心布置，把尽职尽责的理念贯穿工作的全过程。除了始终坚持“生产前碰头、工作中到位、锻造后合格”十五字管理方针，对于重点锻件，严格执行“勤观看、勤测量、勤沟通”的三勤工作法，要求组员们做细做好分内工作，兼顾整体与局部，不放过任何一个细节。执行工艺更是严格按照凡事有章可循、凡事有人负责、凡事有人监督、凡事有据可查的要求落实，依照符合用户要求、符合设计图纸、符合技术标准、符合工艺规范的标准执行。每火次锻造前，我们都精心研究图纸，读懂吃透锻造工艺，根据工艺要求安排生产。在锻造过程中，更是对工艺压下量和变形工序精益求精。

“细节决定成败”，只有把责任意识、坚韧求精内化为每位员工的职业本能，才能真正树立起立足国内、走向世界所必需的精品意识，这已成为我们团队成员心中的默契和共识。

## 二、注重技能培训，加强人才培养

作为全国劳模和基层管理者，我有责任也有义务发挥传承引领示范作用，当好既“领”又“导”的关键角色，“传道、授业、解惑”，带领大家学习钻研技术，培养技术骨干，将自身的绝技绝活传承下去。

我利用劳模创新工作室的“工匠讲堂”，把自己30多年的工作经验和操作技能，总结优化后传授给新员工，并耐心指导青年员工学习生产技术。我们结合工作实际，组织开展了“百万一重杯”劳动竞赛和各种形式的技能培训和素质提升活动，比如开展岗位技术练习、每月生产技术经验总结、建立岗位练兵台、互学互助结“对子”等灵活多样的岗位培训，营造崇尚学习的良好氛围，激发广大员工学技术、钻业务的热情，积极争当岗位技能尖兵、创新创造能手，形成了“比学赶超”的浓厚氛围。我还常常利用工作空闲时间，召开班组技术座谈会，鼓励组员们将自己的实践工作经验、锻造小窍门做分享交流，做到理论知识和操作技能共享，把个人经验转化为团队经验，把个人发明创造、技术革新等成果转化为推动企业科学发展的强大动力。

通过开展多种形式的技能提升活动，锻工们不仅在理论水平上有了很大进步，而且实际操作水平尤其是锻造超大、超难锻件的技术也突飞猛进，涌现出一大批能独当一面的锻造技术能手。1999 年万吨水压机第一次生产千吨级加氢反应器，谁都不知道该怎么干的时候，我的师父、中华技能大奖获得者范友国用独创的锻造方法解决了锻造难题。工友们虽然都看到了操作过程，但还是知其然不知其所以然。通过师父言传身教，我明白了其中的原理，在使用收口套时，特别需要注意锻件与收口套在轴向上的相对位置保持不变，同时严格控制住成品前一火扩孔所达到的内外径尺寸。为保证锻件质量，避免产生椭圆，操作时做到压下量均匀，保证了金属变形均匀。

## 三、注重实践打磨，提升本领能力

核电大型锻件是世界公认的综合性能要求最高、技术难度最大的热加工产品。30 多年来，我和工友们专注于这一高端领域，凝心聚力，深耕不辍，收获累累。

核电装备自主化制造进程中，过去一直依赖进口的蒸发器锥形筒体和常规岛整锻低压转子是攻克的重点项目。在没有任何技术资料可参考的条件下，我和工友们苦心钻研，全身心投入技术攻关，昼夜不舍地思考工艺参数、琢磨锻件成形过程，反复与技术人员讨论，终于找到了掌控锥形筒体锻造质量的“关键点控制法”，锥形筒体在中国一重顺利锻造成功。这项技术填补了国内锻造技术的空白，彻底扭转了此类关键锻件全部依赖进口的被动局面。

经过我和工友们的不懈努力，中国一重还率先突破整锻低压转子全部自主化制造的道道难关，破解了超大钢锭中心压实、超大锻件截面晶粒细化、机械性能均匀性等诸多技术难题，解决了超大转子锻件纯净性、均匀性、致密性制造和超大直径转子锻件整体性分析评价难题，实现了我国 1000 兆瓦级核电机组常规岛整锻低压转子锻件的自主制造。这项技术性能国际领先，为提升我国超大锻件极端制造能力、整体技术水平和国际竞争力作出了突出贡献。

锻造中遇到难题时，我会带领全班人员，分析其他班组的成败得失，让大家畅所欲言，直抒己见，剖析难点，碰撞智慧，互学互鉴，取长补短，不但研究当班所承担火次的重点难点及成型方案，还要思考如何为下火次生产创造有利条件并及时与其他班次做好对接交流。这样坚持下来，大家的全局思维观得到了很大提升。在工作中，锻造生产的时间把握非常关键，所谓“趁热打铁”，就是要抢在锻件尚未完全冷却前抓紧时间完成相应的塑性变形。作为生产指挥者，还必须具备系统思维能力，统筹各类要素。比如两台万吨水压机的联动生产，涉及各方面的资源配置。如何从锻造生产全流程的高度统筹考虑、综合平衡、优化配置各类生产要素，在制约产品进度、质量与成本控制的众多因素中权衡利弊、择善而从，使产品质量、进度和成本控制达到最优平衡，也是摆在我们面前的一道难题。在生产实践中，我带领班组积极探索最佳生产方案，使设备资源实现最优配置。工余时间，组员们常常在纸面模拟生产过程，研讨如何调配各类设备达到最佳协调性，如何最大限度发挥人员的潜能，如何尽可能提高锻件生产效率等问题。众智所为无不成。通过集思广益，反复模拟，协调演练，我们终于摸索出一套两台万吨水压机联动作业的最佳方案，锻件生产效率高、质量好，班组质量综合得分在水压机锻造厂万吨水压机 4 个班组中常年名列榜首。

## 四、注重制度激励，促进担当作为

我在传承劳模工匠精神的实践中，十分注重通过优化制度凝聚团队力量、锤炼团队本领、熔铸团队精神，形成追赶超越、风清气正的良好氛围，带领大家携手同心把工作越干越好。在日常管理中，我和团队成员聚焦技能提升、产品考核和安全责任等重点管理环节，不断总结经验，抓典型，树榜样，结合工作实际，定期开展岗位技术练兵和比武活动，同时优化改进管理，形成了一套切实有效的激励机制。每个季度和年度，都会奖励在生产工作中作出贡献的成员，强化了全员抓生产提素质的责任心，形成了人人重技术讲业绩的良好局面。

此外，我们强化责任激励，围绕生产难点和技术瓶颈开展课题攻关，细化责任到人，按计划按节点考核，取得了不少有针对性和实用价值的创新成果，用自己的实际行动诠释了“锻造世界精品、锤炼一流团队”的水锻精神。

在大家的共同努力下，严细管理、务实创新的锻九班赢得了各方面的认可和好评，先后被集团公司、齐齐哈尔市总工会、黑龙江省总工会、中华全国总工会评为优秀集体、市工人先锋号、省双十佳班组、优秀职工小家等荣誉称号。我们团队中的冯永亮获得黑龙江省劳动模范称号，享受国务院政府特殊津贴，安汇先后获得中央企业技术能手、公司级大国工匠、首席技能大师称号，享受黑龙江省政府特殊津贴。创新工作室先后被评为“齐齐哈尔市技能人才（劳模）创新工作室”“齐齐哈尔市技能大师工作室”和“黑龙江省劳模和工匠人才创新工作室”“全国示范性劳模和工匠人才创新工作室”，还被人力资源和社会保障部命名为“刘伯鸣技能大师工作室”。

实现中华民族伟大复兴的中国梦，不仅需要大批科学技术专家，也需要千千万万的劳动者和能工巧匠。我们要通过制度创新和完善机制，进一步发挥和扩大劳模精神的示范引领与激励作用，加速聚集技术技能人才力量，助力科学创新发展和人才队伍建设，不断注入活力，激发人们创新创造的积极性，在工作中精益求精，将工匠精神体现到每件精品上，在打造优秀品牌中成就自己的精彩人生。

（作者单位：中国一重集团有限公司铸锻钢事业部水压机锻造厂）

# 关于如何发挥工匠领衔作用，推进大飞机产业技术技能人才培育的研究

王伟

习近平总书记在党的十九大报告中明确指出，“建设知识型、技能型、创新型劳动者大军，弘扬劳模精神和工匠精神，营造劳动光荣的社会风尚和精益求精的敬业风气”。在 2020 年全国劳动模范和先进工作者表彰大会上，习近平总书记指出，“在长期实践中，我们培育形成了爱岗敬业、争创一流、艰苦奋斗、勇于创新、淡泊名利、甘于奉献的劳模精神，崇尚劳动、热爱劳动、辛勤劳动、诚实劳动的劳动精神，执着专注、精益求精、一丝不苟、追求卓越的工匠精神”。

“工匠”这一称谓是对工人技艺的最高认可，也是对工作态度的称赞。工匠精神是工匠以极致的态度对待自己的产品，是一种追求卓越的创造精神、精益求精的品质精神、用户至上的服务精神。大力弘扬劳模精神、劳动精神、工匠精神，能够激励更多劳动者特别是青年一代走技能成才、技能报国之路，培养更多高技能人才和大国工匠。大力弘扬工匠精神，发挥工匠的带动作用可以培养更多高素质的技术人才、能工巧匠，为全面建设社会主义现代化国家、实现中华民族伟大复兴的中国梦提供强有力的人才和技能支撑。

中国商飞上海飞机制造有限公司零件加工中心（以下简称零件加工中心或中心）自 2018 年 7 月成立以来，就全面贯彻党的十九大精神特别是习近平新时代中国特色社会主义思想，充分发挥全国劳模、大国工匠、全国技能大师、上海工匠等工匠人才的主场优势，重点以大国工匠胡双钱、王伟为标杆，以戴渊、

方丽萍等8位上海工匠、大飞机工匠、上飞工匠或临港工匠领衔的工作室或团队为载体，抓先进标杆、抓团队攻关、抓专业联合、抓共同发展，逐步实现中心人才培养从“重数量、重规模”向“重质量、重贡献”转变，全面高效聚集人才，强化工匠队伍建设。同时，大力宣传和弘扬工匠队伍的先进典型事迹，使工匠成为职工心中追求的标杆，积极加强人才梯队建设，力求培育出更多的高技术高技能人才。

## 一、发挥工匠领衔作用，树好工匠领衔“一”品牌

习近平总书记多次强调，大力弘扬劳模精神、劳动精神、工匠精神。在长期实践中，我们培育形成了执着专注、精益求精、一丝不苟、追求卓越的工匠精神。工匠精神是时代精神的生动体现，折射出的是一线劳动者的精神风貌。

“高山安可仰，徒此揖清芬”，中心积极坚持发挥工匠领衔作用，将发挥工匠示范作用放在首位，持续擦亮“工匠品牌”，做好“两个聚焦”，推进大飞机产业技术技能人才培育。

精神育人，聚焦学做人。零件加工中心自成立以来，持续举办主题性工匠精神传承系列活动，先后通过匠心讲堂、宣讲团等形式讲述典型故事、演绎感人事迹，通过每一位工匠成长成才的事迹，感召教育中心每位职工。同时，定期在中心不同车间或部门、不同班组内组织召开工匠（劳模）座谈会，为职工提供交流的平台，通过面对面的形式，让职工在每一个精彩的故事、每一位工匠的宝贵人生感悟中，感受匠心制造生生不息、源远流长的力量。

作风育人，聚焦学做事。零件加工中心把大力弘扬劳模精神、劳动精神、工匠精神作为贯彻新发展理念的具体实践，把高质量发展贯穿到每一个岗位、体现于每一道工艺。中心以大国工匠为标杆，组织10位大国工匠、上海工匠、大飞机工匠、上飞工匠和临港工匠，定期参加中心质量工作会议、班组长质量安全工作约谈和全员质量问题大研讨，将自身对待工作的态度、对待工作的方法和对待工作的技巧等，以多种形式传授给职工，引导职工始终守牢大飞机事

业的“红线”“底线”“生命线”，严格按照程序办，力求事情一次做好。对于中心职工经常出现的质量安全的难点与痛点，工匠队伍主动牵头组织团队加大攻关的力度，化繁为简，将工作过程标准化、流程化，提高可操作性和方便性，减少并最终杜绝质量安全的风险。

## 二、发挥工匠领衔作用，走好人才培养“五”条路

自主培训必经路。“人学始知道，不学非自然”，职工的成长成才，培训工作的重要程度不言而喻。鉴于工匠或大师领衔的工作室成员覆盖岗位广、专业职称高和工作经验多，零件加工中心在培养人才队伍的过程中，让工作室高技术、高技能等核心骨干成员进入二级教员队伍，结合中心人员的工种设置，针对中心二级培训的课程规划、课程内容和课程要求，系统性地自主研究和开发能够更贴合中心岗位工作实际需求的二级课程，使培训工作致力于提升中心职工解决工作问题的能力，为培育产业技术技能人才提供师资支持。同时，在开发课程过程中，实施“意见征集机制”“专家评审机制”和“学员反馈机制”，增强二级课程的规范性、标准性和实用性，进一步提高中心人员的逻辑、创新以及独立攻关能力。

实操训练强兵路。中心以实训为抓手，将理论与实践紧密结合，近年更是将实训工作与型号研制结合、与岗位需求结合、与重大赛事结合。借助中心党政力量的工作支持，中心三大专业的10位工匠有机会设计全方位的实操课程并开展职工常规性实训，通过各个工作室编制专业性的教学资料与实操课程、开展专业实训等方式，有效地提升中心职业技能等级认定考核通过率，为公司高技能人才培养计划打好基础。

高师带徒施教路。“人非生而知之者，孰能无惑。”近年来，零件加工中心10位工匠，结合现场生产任务的一般特点，以及急难件的特殊加工能力要求，制定不同层次的带教方案和考核方案，并借助中心党政工团的力量，牵头高技能人才或岗位资深骨干与有技能提升需求的职工、新入职职工，以及经班组反馈有必要进一步提升在岗能力的回炉职工进行师徒带教，实施师傅责任制。每年，由零

件加工中心按照公司相关部门要求，对结对师徒的技能提升情况、工作任务输出、精益创新成果和重要攻关项目等进行定量的总结和评比，对优秀结对师徒进行嘉奖，并向公司乃至上级单位进行推荐上报，形成中心“新老结对、共同进步”的带教氛围。仅在 2021 年，零件加工中心累计带教职工就超过 170 名。

技能竞赛选拔路。近年来，零件加工中心多位工匠作为技能领域专家，纷纷受邀担任国家级、上海市级和中国商飞级多项技能赛事的专家评委。中心充分利用资源优势，组织各工匠或大师工作室牵头承办，开展多工种、各级别的技能竞赛。2020 年，中心共组织开展了喷漆、钣金、热处理、化学铣切、表面处理以及钳工等 6 个工种的技能竞赛。2021 年，中心共组织开展钣金、数控及钳工 3 个工种的技能竞赛，以及热表青创工艺品征集比赛，近 400 名技能人员参赛，展现出“越战越勇、越勇越战”的气势。通过竞赛选拔出的各工种的技术能手和骨干苗子，作为参加外部各级别竞赛的预备选手和中心相关班组的重点培养对象进行进阶培养。

复合培养成才路。为抓好人才工作，培养复合型人才，中心打造形成党政齐抓共管，各部门、车间分工负责的工作格局，大力激发职工活力，全面储备核心人才。实施管理技术型（MT）人才工程，吸纳中心优秀管理序列骨干加入各工匠或技能大师工作室，负责工作室组织建设、日常管理和体系建设等工作，培养管理人员参加工作室课题研究、项目攻关和成果创新，让懂管理的人员更好地懂技术。实施技术技能型（ST）人才工程，围绕创新驱动发展战略，开辟“人才培养特区”夯地基，用好公司“5 个 100”蓝宝石人才政策，指导工作室技术序列人员参加技能鉴定，推荐技术序列骨干到技能班组挂职锻炼，转变传统技术人员主导课题项目的惯例，鼓励技术技能型人才带着问题意识将生产一线工作难点、重点转化为研究内容，将改进意见或创意转化为专利发明。实施技能技术型（TS）人才工程，重点支持工作室领衔人和高技能骨干进行学历深造、工程系列职称申报等，引进高技能顶尖人才作为中心核心技术攻关、智能制造建设和重要课题研究的牵头人或参与者，打造“关键先生”“灵魂人物”，选树“上飞工匠”“工人发明家”，在推广绝技绝活、加速技能革新、破解型号难题中批量培育“能工巧匠”。

## 三、发挥工匠领衔作用，战好事业聚成“三”合力

创新攻关是核心力。中心各大工作室依托公司型号研制与中心发展需求，开展创新研究与集智攻关，突破原有生产模式，将劳模、工匠、英才和技术、管理、技能骨干有机结合在一起，攻克企业发展中的重点难点问题，逐步建立形成了民用航空金属零部件和整机喷漆的核心加工能力，为职工树立了“供应商做不好的我们可以做，供应商不能做的，我们也能做”的团队自信、能力自信与道路自信，大大提高公司的市场竞争力。

搭建梯队是后备力。中心各大工作室依托公司党政工团的人才政策，大力推进“青年拔尖计划”“优才计划”，深挖培育“5个100”蓝宝石人才。中心成立以来，专业职称方面，新增高级技师8人、技师30人、高级工108人，聘用高级职称者3人，中级职称者48人，初级职称者200人。“5个100”蓝宝石人才培养方面，培育技术拔尖人才19人、双师型人才52人、特色技师25人、优秀班组长14人，并着手培养优秀年轻干部。中心通过建立“人才档案”，选树一批敢干事、能干事、高技能的“关键先生”和中心“小工匠”，力争加快打造一百人的零件加工中心“尖兵”。

荣誉之光是牵引力。2018年以来，零件加工中心工匠劳模群体持续提升社会美誉度、知名度和影响力。中心的大国工匠胡双钱作为中国商飞代表参加国庆70周年阅兵和建党百年庆典，大国工匠王伟入选中央企业“百名杰出工匠”培养支持计划，当选中国国防邮电职工技术协会飞机钣铆专业技术委员会主任委员，并在2020年获得“上海市劳动模范”称号。各级竞赛中，中心职工也是屡获佳绩。2018年中国技能大赛暨中国商用飞机第三届职业技能竞赛上，中心获得飞机钣金工项目冠亚军，包揽飞机涂装工项目前四名。2020年和2021年，连续两届“大飞机杯”航空制造业技能大赛暨上海飞机制造有限公司职工技能运动会上，中心钣金技能专业取得了一等奖2名、二等奖1名、三等奖5名、优胜奖5名的成绩。2021年中心钳工组选派1名选手参加第七届全国职工

职业技能大赛钳工技能比赛（上海选拔赛），通过理论和实操的多重比拼荣获第三名。中心5名技能骨干通过层层选拔，脱颖而出，荣获全国技术能手称号。在工匠劳模等典型先进的感召下，中心逐步形成“人人学习标杆、人人争做标杆、人人赶超标杆”的良好氛围。

结合以上探索，在实践研究过程中，零件加工中心以工匠劳模为标杆，培育职工工匠精神，将工匠先进事迹、工作作风根植在职工心里，转化为职工日常工作的榜样与动力；积极利用工匠队伍的优势，提高职工的技术技能，加快职工成长成才的步伐，建设一批高质量的产业人才队伍。

济济多士，乃成大业；创新之道，唯在得人。展望新时代，走向新征程，零件加工中心将坚持以习近平新时代中国特色社会主义思想为指导，进一步做好工匠梯队的建设和优化，进一步打造产业人才队伍，进一步激发人才创新活力，加快将中心建设成民机金属零件制造先锋和工匠劳模培育的摇篮！

（作者单位：中国商飞上海飞机制造有限公司零件加工中心）

# 投身产改提素质，技能强国我担当

刘云清

2022年4月，以“技能强国，创新有我”为主题的首届大国工匠创新交流大会成功举办。这场盛会，不仅展现了以大国工匠为代表的广大职工的精湛技能和创新成果，更受到了党和国家领导人的高度重视。习近平总书记专门向大会发来贺信，勉励我们为推动高质量发展、实施制造强国战略、全面建设社会主义现代化国家贡献智慧和力量。

作为一名高铁工人，我主持研制的机器人高压清洗机等智能制造设备在大国交通展区展出，获得了广泛关注。我深感自从国家实施产业工人队伍建设改革以来，我们产业工人只要不懈努力，就可以创造出非凡的价值。为此，积极投身产业工人队伍建设改革，持续提升科学文化素质，肩负起“技能强国，创新有我”的历史责任，就成了我们新时代产业工人的奋斗目标。

## 一、通过产改，让产业工人在政治上有了更多保障

一是领导高度重视。近年来党和政府以及中车戚墅堰所对产改的重视，是促使我不断努力前进的动力源泉。特别是全国总工会和江苏省各级领导多次到我的工作室视察指导，使我在政治素质、业务技能水平、个人素养以及团队引领方面都得到了极大提升，也使工作室逐步形成了“政治素养与业务素质融合、劳模精神与工匠精神融合、技能创新与技术创新融合、个人成长与团队进步融合”的“四个融合”品牌。

二是社会地位上升。随着我国高铁的快速发展，掌握核心操作技能的高技能人才缺口越来越大。乘着产改的东风，中车戚墅堰所相继出台了多项推动产

业工人成长成才和职业发展的相关政策，培养了技师和高级技师380余名，高技能专家150余名。

三是政治地位提高。有了政策和平台的激励，像我这样的产业工人能够沉下心，立足岗位，钻研业务的越来越多了。目前我不仅评上了中国中车首席技能专家，还获评“全国劳动模范”“全国质量工匠”等荣誉称号，享受国务院政府特殊津贴，我感到日子越来越有奔头。同时，公司党代会、工代会、职代会和团代会中产业工人的比例逐年提高，发声的机会多了，参政议政的热情也提高了。

## 二、通过产改，让产业工人在发展上有了更多通道

一是打通一线职工学习提升通道。依托技能强国–全国产业工人学习社区戚墅堰所试点平台建设，公司成立了朗锐人才中心产业工人项目部，新建无损检测、机电维修、智能制造、精益生产、装配钳工等5个实训中心，构建了“培训学院+实训中心+专家讲师+课程开发”的四位一体培训资源体系，深化产学结合的人才培养模式。产改以来，累计培养技能操作类内训师65名，开发课程158门，每年培训授课1万余人次、总学时近3.4万个。同时，大力开展岗位练兵和技能竞赛活动。公司也经常选派优秀产业工人开展国际交流学习，2018年我带领工作室成员参加了中挪职工技能交流活动，在电控技术方面进行了切磋交流。

二是打通产业工人职业生涯发展通道。公司构建了“岗位、能力、绩效”三位一体的员工职业发展平台，为产业工人量身定制了从“初级工作者”到“首席制造专家”共18个逐步晋升成长阶梯。最高级别的待遇相当于公司副总经理，我目前的待遇相当于公司中层正职。在荣誉通道方面，定制了企业技能专家、中车技能专家、中车资深技能专家、中车首席技能专家、中车技能大师等5级专家发展路径。每一名产业工人都能找到基于自身所在岗位的职业发展方向与路径。待遇和地位的提升激发了广大产业工人钻研业务、做专做精的热情，也让大家看到了职业生涯发展的方向和成长的目标。

三是打通技术工人与工程技术人才的双向发展通道。“工人身份”一直是产业工人既觉得无上光荣，又感觉受到限制的“标签”。公司着力打破评审制度身份界限，制定职业资格、职业技能等级与相应职称比照的参评制度，鼓励高技能领军人才参加工程系列职称申报，鼓励具备条件的工程师考取技师职业资格。产改以来，共培养“双师型”人才 30 名，其中 16 名技术工人获评工程系列中、高级专业技术职称，14 名研发工程师取得技师、高级技师职业资格。公司“双师型”人才培养经验——《斜杠青年辈出“双师型”产业工人助力企业发展》被江苏省电视台专题报道。《党建引领职工跨界成长，打造“双师型”人才队伍》荣获江苏省“庆建党百年推动新时代党建带工建创新发展”优秀成果奖。我也是首批获评高级工程师的高级技师之一，不仅提升了自己的技能水平，还通过开展科研项目提升了理论水平。我现在带的徒弟里有技校生、大专生，也有本科生、研究生，我想在不久的将来，他们必定会成为更接地气、具备理论与实践水平的复合型人才。

## 三、通过产改，让产业工人在创新创业上有了更好环境

一是优化产业工人创新工作机制。公司重点突出“干什么比什么，缺什么练什么，练什么精什么”，将劳动技能竞赛与职工创新创效、技能人才发展有机对接，构建了“全员全面、实际实用、成长成才”的“4+X”劳动竞赛平台和“五小”创新活动，促进广大产业工人在干中学、在学中练、在练中比、在比中创，实现解决生产经营实际困难和促进产业工人技能提升的双赢成效。2021 年累计提出专项降本合理化建议 4701 条，人均提案数达 1.73 条，提案实施率达 100%，优秀提案率达 30.2%。为了进一步扩大产业工人在劳动技能竞赛中创造的成果，进一步激发产业工人的创造活力，把产业工人纳入公司科研立项范围，在公司科学技术、管理创新、质量攻关等奖项中，设置“产业工人组（序列）”。2021 年由技能工人主持挂帅的科研项目就有 9 项，参与项目超过 100 项。2 名产业工人的攻关成果，获得了 2021 年公司科学技术成果奖。我主持研制的高速浮动式数控珩磨机填补了国内空白，获江苏省职工十大科技创

新成果、江苏省科学技术奖、全国职工优秀技术创新成果优秀奖，并获全国总工会专项补助 10 万元。

二是完善产业工人项目攻关机制。公司先后成立了 8 家技能大师工作室、3 家劳模创新工作室，其中国家级技能大师工作室 1 家、江苏省技能大师工作室 2 家、全国示范性劳模和工匠人才创新工作室 1 家、江苏省示范性劳模创新工作室 1 家。每年与劳模、技能大师工作室签订年度创新攻关项目，让生产现场的难题成为产业工人创新的课题，使产业工人在项目攻关的过程中得到迅速成长。2021 年，围绕生产一线的热点、难点、痛点问题共开展攻关项目 80 余项。依托劳模创新工作室、技能大师工作室，整合创新资源与技能优势，成立了智能制造事业部，实现了劳模、大师“串点成线，连线成片”，将优秀产业工人组成智能制造“创客联盟”，营造了“同频共振，合力共为”的良好局面。着力加快跨地区、跨专业、跨领域的工作室联合创新，以我名字命名的“刘云清劳模创新工作室”与株洲所左立良和罗铁军、常州供电系统“苏华劳模创新工作室”结对开展项目攻关，正式签订了相关协议和攻关合同。

三是建立产业工人中长期激励机制。公司积极探索产业工人中长期激励机制，实施科技型企业岗位分红，将高技能领军人才纳入分红范围。完善公司《职业技能竞赛管理办法》《质量改进活动和质量信得过班组管理办法》《精益改善项目管理办法》等专项奖励系列管理办法，探索实施创新创业项目分红激励机制，把一次性奖励变为长期项目分红，推动一线技术创新成果转化为企业的现实生产力。2022 年，公司和我签订了《产业工人重点项目激励协议》，对我主持的重点创新项目“机器人自动化生产线的推广运用”进行专项激励，让我更加坚定了立足岗位创新创业的信念。

面对实现中华民族伟大复兴的战略全局和世界百年未有之大变局，中国产业工人队伍建设改革如一夜春风，我们产业工人迎来了发展的春天。在这伟大的征程中，我要把有限的生命投入无限的为中国智造崛起的奋斗之中。

（作者单位：中车戚墅堰机车车辆工艺研究所有限公司）

# 育工匠、搭平台、畅通道，着力打造高素质产业工人队伍

王树军

2022年4月27日，习近平总书记在致首届大国工匠创新交流大会的贺信中强调，“技术工人队伍是支撑中国制造、中国创造的重要力量”。强国建设，匠心铸就。进入新时代，必须大力弘扬工匠精神，重视发挥技术工人队伍作用，使创新才智充分涌流，才能凝聚起强大的创新动能，为实现企业高质量发展注入不竭动力。

作为中国装备制造业领军企业，潍柴控股集团有限公司（以下简称潍柴）有一大批像我一样的劳模和工匠。目前，潍柴拥有大国工匠1名、中国机械工业百强工匠3名、泰山产业领军人才3人、齐鲁大工匠2名、齐鲁工匠3名、齐鲁行业工匠12名、潍坊工匠25名。潍柴分别为这些劳模、工匠成立了工作室，现在拥有1个国家级技能大师工作室和2个全国、9个省级、2个省行业、5个市级劳模（工匠）创新工作室。作为一名全国劳模和大国工匠，如何更好发挥劳模工匠的价值是我经常思考的问题。结合近年来劳模工匠的培养过程和个人成长经历，主要从以下三方面进行阐述，以期为加快劳模工匠的培养、为社会培育更多技能型人才提供参考。

## 一、着力培育劳模和工匠人才，切实筑牢企业高质量发展的人才基础

一是在竞赛中发现和培养人才。从2016年开始，潍柴搭建起了以全国劳模领衔、省市级劳模工匠、潍柴劳模工匠为梯队的高端人才队伍，在不同工种、

不同层面树立了典型和标杆。“潍柴集团百场万人技术大比武”已经成为企业的品牌，每年组织各类技能比武活动100余场，参与职工人次过万。尤其是近几年，企业连续承办多届山东省、潍坊市职工职业技能大赛，多次选派集团职工参加省级、国家级比赛并取得优异的成绩，先后获得国家一类大赛一等奖1次，二等奖3次，省赛一等奖4次，34名职工获得市级以上荣誉，竞赛成绩与年终考评、评聘晋升挂钩。潍柴对获奖选手破格聘任，最大限度调动广大职工提升素质的积极性，先后有20余名职工在全国和省市大赛中获奖，并获得“山东省五一劳动奖章”“潍坊工匠”等称号。

二是开展千名工匠专项培养行动。2018年开始，潍柴启动了“潍柴百名青年工匠培养计划”，建立了以导师带徒、网上学习、线下培训、技能竞赛、岗位创新为抓手的工匠培养机制。在总结经验的基础上，又制订了“潍柴千名工匠培养实施计划”，搭建了首席工匠、青年工匠、种子工匠三级培养体系，明确培养路径、培养目标、培养方式及激励措施；同时，建设机械自动化、集成自动化、发动机新技术、数控加工、智能机器人、精密测量共六大工匠实训基地，集聚公司培训资源，推进了企业信息化、数字化、智能化的有效结合。

三是建立线上线下培训模式。潍柴借助自主开发的Wei Learning网上学习平台，策划开展劳模工匠大讲堂系列活动。我和王世杰、管亮、夏学军等各专业带头人为广大一线职工培训授课，抛弃枯燥的理论讲解，以生产中的问题为导向，内容以案例分析为主，重实践、接地气，职工听得明白、看得懂。目前，大讲堂已举办215期，培训职工达5万余人次，深受一线职工欢迎，开辟了职工素质提升的新通道。利用这一平台，我将自己总结的经验和方法倾囊相授，与潍柴全球各子公司进行技术交流和技术培训，每年授课达240课时。另外，我作为一名大国工匠，也会走出潍柴，通过言传身教，大力弘扬劳模精神、劳动精神、工匠精神，山东管理学院、齐鲁工匠研究院聘请我为实践导师，潍坊科技学院、潍柴大学聘请我做客座教授，并为我建立了工作室，定期为学生授课，每年培训学生2000多人次，影响和带动了一大批青年人。

## 二、着力建设劳模和工匠创新工作室平台，为产业工人创新创效搭建成长舞台

一是充分发挥工作室品牌示范作用。2013年，潍柴专门为我命名成立了创新工作室，以此辐射和支撑基层创新、持续改善。我带领团队改造、制造6条柔性设备生产线和119台套自动化设备，实施各类创新230多项，累计创造经济效益2.62亿元。正是在企业搭建的平台上，我被全国总工会授予“2018大国工匠年度人物”称号，是全国唯一一个以机械行业入选的代表；我曾先后获得“全国劳动模范”“全国五一劳动奖章”“全国最美职工”“全国技术能手”“泰山产业领军人才”“齐鲁大工匠”等荣誉称号，还享受国务院政府特殊津贴，并有幸成为全国同行业工匠人才中的典型代表。目前，潍柴依托劳模工匠创新工作室、山东省技师工作站等51个各类室（站），搭建高技能人才研修平台，精心培养具有精湛技艺的高技能人才，走在了全省、全行业的前列。全国总工会等部门的领导多次到潍柴调研工作，对劳模工匠创新工作室都给予了高度评价。

二是充分发挥工作室成果“孵化器”作用。自主改造设备，打破维修技术国外厂商垄断局面，消除生产瓶颈，这是劳模工匠的使命担当。在我的创新工作室里，我和团队自制“树军自动上下料单元”等33台设备，制造改制工装216台套，优化刀具刀夹79套，不仅节约设备采购费用3000多万元，而且将日产能从80台提高到120台，缩短市场投放周期12个月，每年创造直接经济效益1.44亿元。在国际主流数控加工中心等高端装备的维保、升级方面，先后独创了3项先进操作法解决精密部件维修难题，打破了高端装备外国厂商垄断维修局面。在潍柴，各级劳模工匠创新工作室累计投入设备、资金等达4860万元，完成一线重大创新项目1030项，申请专利198项，降本创效近6亿元，获得市级以上荣誉43项，其中《内燃机高温运动件动态测量技术研究及应用》项目获中国机械工业科学技术奖工人技术创新成果一等奖，是近四年来唯一获奖工人项目。现在，生产单位遇到技改项目和技术难题，都会交给创新工作室

牵头解决，创新工作室成了解决一线难题的“利器”。

三是充分发挥工作室引领带动“辐射源”作用。在工作室的人员方面，从单纯的技术工人发展到本科、硕士在内的技术人员，每个创新工作室直接带动职工在25人左右，全部创新工作室直接带动1200多名职工，形成了以点带面、全面开花的局面。为加强横向联合创新能力，2019年11月，潍柴成立了由我担任会长的“潍柴劳模工匠协会”，首批入会30名劳模工匠，实现了劳模工匠的自主管理。为发挥劳模工匠在工艺实施过程中的作用，潍柴还将工艺研究院发展为工艺工匠研究院，工艺方案必须有劳模工匠参与意见，实现了工艺人员专业知识与劳模工匠技能技术的充分结合，大大提高了劳模工匠在工艺设计、产品制造方面的地位。

## 三、着力畅通产业工人发展通道，激励职工提升技能、成长成才

一是打通技能人才职业发展通道。潍柴现有技能工人近1万人，涵盖了钳工、电工、车工、内燃机装试工、电焊工和铸造工等30多个工种。基于不同工种的岗位性质、知识技能、生产模式三个维度，建立了技能岗位识别标准。根据识别标准，将技能工人分别命名为“潍柴工匠”和“潍柴金蓝领”，并按照技能水平设计了高级工、助理技师、技师、高级技师、首席技师五位一体的晋升通道，坚持一年一聘，形成常态。

二是打造体现一线岗位价值的薪酬体系。潍柴认真贯彻落实中共中央办公厅、国务院办公厅印发的《关于提高技术工人待遇的意见》，建立了岗位晋升、物质激励和创新奖励的价值分配制度，确保技能人才得到尊重、待遇得到体现。建立积分晋升制度，考评B级及以上的职工凭累计积分可以晋升到上一岗层，每年晋升比例超过80%；增加年度技能绩效单元，对应首席技师、高级技师、技师和助理技师四个层级，每月增加300~2000元；每年召开劳模工匠工作会议，评选表彰一线劳模和工匠，特等奖由10万元提至20万元、一等奖由5万元提至10万元，在一线职工中引起了强烈反响；出台《潍柴集团一线职工技术创新工作实施意见》，每年设置500万元专项基金，用于一线职工创新激励。这

些“硬核”激励措施，大大激发了一线职工努力工作的热情和斗志。

劳模工匠作为企业宝贵的财富，只有充分发挥其引领作用，发挥劳模工匠创新工作室阵地作用，才能真正推动高素质产业工人队伍建设。潍柴为劳模工匠搭建了广阔的干事创业平台，让每一个想干事、能干事的技能型职工都能成才，为中国内燃机引领世界、为中国制造走向全球作出更大的贡献。

（作者单位：潍柴控股集团有限公司）

# 发挥工匠人才作用，提升中国制造的核心竞争力

杨金安

“技术工人队伍是支撑中国制造、中国创造的重要力量。”习近平总书记致首届大国工匠创新交流大会的贺信，高度肯定了工匠人才在建设制造强国中的重要地位和作用。作为中信重工铸锻公司电炉班班长，从生产一线成长起来的大国工匠，我深感自豪，增添了致力提升中国制造的核心竞争力，支撑中国制造、中国创造的新动力。

跨入新时代，面对持续发挥创新引领作用，促进提升中国制造的核心竞争力，努力推动中国制造向中国创造转变、中国速度向中国质量转变，塑造国际竞争新优势，我和其他工匠伙伴一样，倍感责任和压力。以下，我结合多年来个人成长经历和感悟，以及中信重工（原洛阳矿山机器厂）推动工匠人才成长、促进其充分发挥作用的实践谈几点体会，或许可以带给大家一些启发。

## 一、钻研突破创新，铸就大国工匠

第一，干一行爱一行钻一行，点滴积累百炼成钢。1984 年，我参加工作的第一天就被师傅带到了中信重工铸锻公司冶炼车间炉前炼钢工位，打雷般轰鸣的炼钢声响，差点打断我的炼钢梦。师傅反复教导我：“咱洛矿是焦裕禄同志工作 9 年的地方，重使命讲责任，炼钢为的就是国富和民强。”“只要你肯干，行行出状元；只要你肯钻，炼钢显担当。”不久，炼钢成功后的喜悦感和成就感，加上不愿辜负师傅的期盼，让我很快就喜欢上了这个行当，并长期坚守在

炉前炼钢的岗位。从此，我守着“铁匠炉”一干就是 38 年；干的过程中，无论走到哪里，我的口袋里总会装着一个巴掌大的笔记本，遇到炼钢流程、工艺要点、注意事项等关键操作事项，我便一一记录下来，终于练就了“火眼金睛”“看大样”等绝活，为企业和行业发展作出了积极的贡献。至今，我的操作方法和心得体会已经记满 60 多本笔记本，累计 30 多万字，被年轻炼钢工人奉为“学习宝典”。

我很庆幸自己赶上了党和国家强力支持工匠创新提升中国制造核心竞争力，企业加大工匠人才培养力度的好时代。围绕全面提升工匠人才队伍的整体技能，中信重工近年来以“金蓝领”工程为抓手，设置了大工匠、金牌首席员工、首席员工三个层次、“三位一体”的工匠人才培育模式，力争实现“将骨干培养成工匠”“将工匠培养成骨干”，从思想、工作、学习、生活等各个方面去关心支持技术工人的成长成才，着力把技术工人培养成政治思想可靠、专业能力出众、能够出色完成本职工作、具有开拓创新精神、受人尊重的高技能人才，全面打通技术工人向高技能人才、“工匠型”专业人才成长的通道，为工匠人才辈出奠定了坚实的基础。正是得益于党和国家、企业的大力培养，加上个人的坚持，在工匠人才成长的道路上我立足岗位不松懈、不放弃，有幸成为工匠人才队伍中的一员。

第二，传承弘扬工匠精神，打造高水平创新舞台。2013 年，我被评定为“冶炼大工匠”。当年，中信重工坚持“公开公平公正”的原则，通过发动、推荐、评审、认定等环节，开始了工匠推选考评和表彰奖励活动。随后，中信重工成为全国首批企业类“双创”示范基地，为加快探索大企业抓“双创”提升中国制造核心竞争力的示范样板，中信重工专门成立了以大工匠的名字命名和领衔的大工匠工作室。以我的名字命名、由我领衔公司设立了“杨金安大工匠工作室”，集聚了铸锻研究院技术研发人员、生产车间管理和技术骨干，以及班组生产操作骨干等创新团队力量，“三结合”培养培育工匠人才。

中信重工高度重视弘扬传承工匠精神，将劳模精神、劳动精神、工匠精神与焦裕禄精神一起纳入全员共同信守的企业精神谱系，将工匠创新深度融入中信重工的科技创新体系，每年拿出科技创新课题经费和专项经费等，组织科技创新攻关。我和我的工匠创新团队不辜负公司重托，积极践行“客户至上的价值导向、精益求精的品质追求、创造卓越的职业担当”的匠心精神，围绕突破国家和企业“卡脖子”技术、环节和产品积极实施攻关，使工人创客团队技能知识、创新水平在创新实践中得到快速提升，通过工人创客团队的创新成果创效业绩，又激励带动了技术、工人、社会、国际创客群“四群共舞”和全员创新创效，工匠创新引领凝聚了全员创新的澎湃活力。

第三，党政群团联动共建，协同推进工匠人才培养。工匠精神是中华民族历经几千年铸就的传统美德，也是新时期考量工匠人才职业道德、职业能力、职业品质标准的集中体现。中信重工根据企业自身实际，党政群团联动，传承、弘扬工匠精神，给大工匠提供参与劳模评选、党员评优、年度评先，以及选树高技能人才向国家、省市、集团推荐等机会，使工匠人才创新有舞台，如创新基地、实验室、创客空间、大工匠工作室等；创造有抓手，如突破国家和企业“卡脖子”技术攻关课题、年度研发创新计划课题等；研发攻关有支持，如每年工匠工作室专项活动经费、研发攻关课题经费支持；创效有激励，如晋升晋级、年度绩效、攻关奖励、工匠补贴以及“师带徒”奖励等；有力地保障和激励了工匠人才在企业创新发展历程中所发挥的重要作用。

同时，中信重工通过开设工匠大讲堂等方式，持续加大对我和其他工匠典型人物事迹的宣传，我和工匠伙伴们讲经验、谈体会，在企业中营造劳动光荣、技能宝贵、创新伟大的浓厚氛围，引导职工事事谈工匠，处处有匠心，深入学习弘扬劳模精神、劳动精神、工匠精神，激励和带动了更多的技术工人、工匠人才立足岗位、匠心筑梦、创新创造、追求卓越，在宽广的工匠创新舞台上展示人生价值；我和创客、工匠伙伴们，身体力行、率先垂范、搞创新、谋发展，也激发了全员参与创新的热情，释放创造潜能，以饱满的热情和昂扬的斗志，为企业发展和提升中国制造的核心竞争力贡献智慧和力量。

## 二、聚焦突破“卡脖子”技术，提升中国制造核心竞争力

习近平总书记指出，关键核心技术是国之重器，对推动我国经济高质量发

展、保障国家安全都具有十分重要的意义，必须切实提高我国关键核心技术创新能力，把科技发展主动权牢牢掌握在自己手里，为我国发展提供有力科技保障。近年来，我们作为工匠人才，以创新为引领，始终坚持贯彻落实“践行国家战略，实现高质量发展”的企业使命，与国家社会经济发展同频共振，与企业发展共生共赢。

我带领大工匠工作室团队，先后实现了一次又一次的创新赶超，并先后主导完成超大型（300t级以上）石化加氢钢锭冶炼技术研究、汽轮机用超纯净钢低压转子冶炼操作法、VOD精炼炉冶炼超低碳不锈钢、精炼铝渣对钢包砖侵蚀的影响、中低合金废钢中易氧化元素回收工艺研究等操作法和课题等多项技术攻关，其中超大型石化加氢钢锭冶炼技术研究被评为中华全国总工会职工创新补助金项目。超大型石化加氢钢锭冶炼技术研究确保了加氢钢锭化学成分合格，性能和质量稳定，当年为公司创造效益8084.2万元。汽轮机用超纯净钢低压转子冶炼操作法和VOD精炼炉冶炼超低碳不锈钢开发的产品质量较为稳定，各材质钢锭的化学成分均满足工艺要求，汽轮机用超纯净钢低压转子和VOD精炼炉冶炼超低碳不锈钢在同行业均处于领先地位。

我和工匠伙伴们通过工匠创新，积极践行“把关键核心技术掌握在自己手中”，对保障国家经济、国防安全等方面作出应有的贡献，为提升中国制造的核心竞争力、促进我国社会经济发展提供了有力的保障。通过践行工匠精神，奋发努力工作，我也从一名普通的炼钢工，成长为金牌首席员工、大国工匠，先后荣获“中信集团优秀共产党员”“河南省五一劳动奖章”“中原大工匠”“全国五一劳动奖章”“大国工匠”等荣誉称号。以我本人名字命名、由我领衔的“杨金安大工匠工作室”，在创新创效工作中成果显著，也先后获得河南省劳模创新工作室、全国劳模示范性创新工作室、全国工匠人才创新工作室等多项荣誉。

## 三、持续发挥工匠创新引领作用，提升中国制造核心竞争力

当前我国科技发展水平特别是关键核心技术创新能力同国际先进水平相比还有很大差距，关键核心技术受制于人的局面没有得到根本性改变。跨入新时

代，创新成为持续提升中国制造核心竞争力的必然要求。顺应新时代新形势新要求，我和工匠伙伴们充分利用“工匠大讲堂”“创客空间”等载体，探索“师带徒”一对一带教等新模式，加快培养具有高学历、高职称的技能型高级工匠人才，致力打造一批具有“工匠精神”新时代特征的复合型、创新型“高徒”。

随着工匠人才队伍的不断发展壮大和素质的持续提高，需要进一步发挥工匠作用，打好关键核心技术攻坚战，提升中国制造核心竞争力，加快关键核心技术创新能力同国际先进水平接轨。事业伟大、前景光明，工匠人才的“英雄用武之地”也必将越来越宽广，为创新而生、快速发展壮大的工匠人才队伍责任重大。我将始终坚持“让青春与炼钢炉的烈火一起熊熊燃烧”的理想，持续用心学好炼钢技术，成为最好的炼钢工人，炼出世界上最好的钢；用创新创造提升中国制造核心竞争力、成就建功制造强国的光荣与梦想。

（作者单位：中信重工铸锻公司）

# 技能创新工作室人才培养实践与模式探讨

潘玉华

随着国家经济建设的飞速发展与新技术的不断涌现，市场竞争日益激烈。在结构调整及传统产业升级的新形势下，对高素质、高技能人才的需求日益增大。国家和地方政府为了加快高技能人才培养，先后出台《新时期产业工人队伍建设改革意见》《国家职业教育改革实施方案》《四川省产业工人队伍建设改革实施方案》等相关政策，倡导打造“人文与技能并重，专业能力与职业素养并重”的高技能人才大军，这充分说明了高技能人才培养的重要性和迫切性。技能人才素质和技能提升离不开培养环境和平台建设，我将结合技能创新工作室人才培养实践，对技能人才培养方法进行归纳、总结，并对技能人才培养模式进行探讨，以期为企业人才培养和高质量发展提供借鉴。

## 一、背景介绍

技能创新工作室在人才培养中起着重要作用。很多企业选择投入较大资源、制定专项管理制度、配套补助资金等来助推工作室平台建设，提升技能人才素质、促进职工创新发展，推动企业制造能力的转型发展和成果聚集。通过工作室优质交流场地、资源配备和职工成果，形成的良好形象展示，使其发挥更大价值。还有部分省市行业工会和企业组建工作室联盟，搭建工作室内外交流平台以促进各工作室建设、人才培养及攻关成果，引导或带动辐射行业和企业内开展缓慢及僵尸工作室的活动开展，促进工作室的建设和作用发挥。

以高凤林、郭晋龙、黄梦虎等优秀工作室为例，他们均以班组为工作室平台载体，打造了良好的交流平台，建立完备的规章制度及激励政策，在工作室的建设和人才培养方面以点带面形成辐射引领产生了积聚性成效，以“聚众人之智、合众人之力”的工作室平台建设思路，促进了人才队伍建设。由此可见，基于工作室开展技能人才培养，具有天然的优势与可行性。

## 二、现状与问题

分析我所在技能创新工作室人才培养实践的现状，目前存在的问题有：一是规章制度待完善。工作室在2015—2017年建设初期各项规则制度基本属于条目化，制度内容不够具体或细化，对成员无法进行约束，导致工作室成员缺乏动力与活力，工作室组织活动参与的主动性和积极性不够高。二是活动场地能力不足。工作室硬件和软件配套能力有待加强，使其能更好满足对外交流、接待、参观展示所需。三是经费支持不顺畅。工作室在创新攻关及活动组织方面缺乏专项经费支撑，导致愿做事、善创新、有想法的人员无法得到配套技术支持和经费支撑，不能形成更多知识沉淀。四是文化建设不够显性化。缺乏思想引领和具象化的文化理念、原则和方法，不能有效凸显文化氛围、形成示范引领或带动辐射作用。五是内外部资源整合有待加强。工作室获取的内部和外部有效信息和资源未能及时有效进行传递，制约了工作室成员的作用发挥。六是经验知识标准化不足。经验、知识分散，未有效整合和标准化，不利于广泛学习应用。七是人才培养模式单一。传统的师带徒模式无法满足当前多元化或个性化的人才需求，缺乏系统性培养体系和考核评价标准。

## 三、工作室人才培养实践与模式

针对上述问题，工作室进行认真总结、分析研讨、探索尝试改变工作现状，提出进行人员结构优化、场地功能升级和文化打造申请，改变固有思维大胆创新，以“走出去，请进来”拓宽视野、开拓创新模式广聚资源，倡导“聚众人之智、合众人之力”开展工作室平台建设，使工作室真正成为集职工素质提升、人才培养、技能传承、才艺展示、知识沉淀于一体的创新平台，促进科研生产和人才成长。具体包括以下方面。

第一，完善规章制度。健全完善的规章制度是工作室建设的基础，制度化、规范化是加强工作室建设的必要条件和有力保证。对工作室各项规章制度进行修订优化和增补，形成更具指导性或约束性的规章制度，用制度管理模式促进工作室规范化开展工作。其中，一级制度为《潘玉华技能大师创新工作室综合管理制度》，涵盖工作室宗旨、理念，以及基础管理、人才培养、技术创新等相关方面的管理要求。二级制度针对一级制度中经费管理、进出机制、培训、师徒传授、QC 活动、技术创新课题、提效革新活动，给出具体实施办法。二级制度用于规范工作室内各项活动的实施，同时可供其他班组（部门内各班组）参考，调动成员及部门职工的积极性和创新力，提升其开展相关活动的质量与效率，使工作室建设作用最大化发挥，实现人才培养的良性循环。

第二，场地扩能扩容。针对技术攻关和人才培养的个性化需求，在原有场地的基础上进行扩建或增设功能单元，同时添置仪器、设备，使小规模研究、人员实作培训、操作经验分享、参观展示等活动具有开展、落地的场所。经建设后，工作室具备约 150 平方米的专用场地，包括了办公区、操作区、展示区和培训会议区。场地扩能扩容，使工作室具备了人才培养的硬件条件。

第三，获取内外部资金支持。为使人才培养相关活动能顺利开展，工作室积极争获内外部的经费支持。省市人力资源和社会保障部门对工作室给予了专项支持，获拨专项基金并建立专项基金代号用于工作室各项工作的开展。同时，工作室通过积极参与申报更高层级工作室，提升补助级别；并积极承办各项培训、技能大赛，获取人才培养经费。

第四，文化建设、理念传播。工作室打造文化品牌建设，确定以“学习、专注、担当、奉献”为工作室文化理念，开展工匠精神宣讲与文化交流，持续优化文化建设和理念传播工作，凝练了“守匠心、攻匠行、成匠品”的质量原则，聚焦全员质量提升，打造“产品就是看得见的人品”暨“优秀人做优秀事”的育人文化。一系列活动促进员工思维转变，从而带动行动转变。

第五，加强资源整合。加强信息资源收集梳理，按信息类别或级别主动向上级报备和向内传达，可使员工提前做好规划和相关技术技能、知识沉淀等储备，也可获取所级或部门层面更大支持，可使交流、考察、培训、技能大赛、知识沉淀、荣誉申报等信息来源更规范、更合理化，也能调动职工的积极性和参与度，提升人才培养的效能。具体包括：一是强化责任分工。工作室按活动开展维度和人员结构合理分工落实到人，对工作室核心成员实行周例会制度，定期将各自负责工作信息汇总，进行查漏补缺并确定下一阶段工作目标，确保工作室年度计划顺利完成或有序开展，使平台建设和人才培训成效显性化。二是政策解读与经验分享。工作室定期开展内外部政策宣贯与解读，从思想上引导，从经费上支持，鼓励职工开展技术攻关、技能创新、撰写论文和工法等形成知识沉淀，并结合工作实际定期开展理论知识和技能培训，注重技能传承，全方位多视角培养知识技艺精湛的高素质人才，多措并举提升员工综合素质和业务能力，为企业转型发展注入新的动力。三是参观交流促提升。通过活动参与、技能展示、内外部交流、外出培训等方法，拓展职工视野，转变观念，由外部驱动变成自驱动，由被动学习变为主动学习，从而实现“要他学”到“他要学”的良性循环，起到事半功倍的人才培养效果，员工的工作能力、业务水平等综合素质得到快速提升。四是规划筹备各级竞赛。通过积极承办和参加内外部技能大赛，达到“以赛代练、以赛促学”的目的，同时可了解行业技能水平和自身技能短板，引导大家修正认知并帮助制定改进方向及措施。工作室积极收集外部相关竞赛信息，对竞赛标准进行解读与分析，结合所内人员具体情况开展针对性培训并组织申报各类技能大赛，促进人才培养与成长。

第六，构建知识库、注重传承。工作室成员在进行新工艺、新方法探索的同时，注重知识的固化与传承，形成了包含工装辅材基础信息、培训课程等内容的知识库。一是引导职工开发工装夹具和优化工艺流程。在生产制造过程中要紧跟时代发展步伐，不断满足设计和工艺装配需求，提升产品制造成熟度。工作室针对需求从职工能力提升和方法优化上着手，引导职工开发工装夹具和优化工艺流程，培养职工善思巧干的职业能力，再结合部门创新成果激励政策，促进职工的创新思维和价值获得感的形成，助力科研生产效能发挥。二是构建培训知识库，满足各阶段培训需求。充分考虑新员工（初级学员）、业务骨干

（中级学员）、工匠培训师（高级学员）不同成长阶段的个性化需求，引导技师（工程师）及以上水平人员开发培训课件并开展培训，促进员工逻辑思维能力提升，融合理论及实践经验，结合流程及典型案例，运用 PPT、实操演练及视频等方式，针对不同对象因材施教，形成培训知识库，实现“人、从、众”的人才培养成效。

第七，人才培养模式。在知识型、技能型、创新型高技能人才培养上，工作室创新性采用基于模型的人才培养方法，有效拓宽技能人才能力半径，引导员工快速成才。建立“三步阶梯成长模型”，以班组、大师工作室、工匠学院为职业提升路径，严格阶梯晋升条件，促进人岗双向选择，激发人员成长内驱力。采用“高师带高徒”与“团队育人法”相结合的育人模式，避免传统“师带徒”点对点固定授艺，易导致的知识体系片面、成长周期长等风险。建立“标准能力量化模型”，从 6 个维度 20 个要素，准确评估人员能力，发现优势，定位短板，帮助技能人员针对性改进提升。建立“OKR 绩效模型”，将项目团队考核结果作用于个人绩效，形成“同心合力”的团队氛围，提升团队战斗力。

## 四、人才培养成效

第一，高技能人才不断涌现。近年来，工作室平台先后为部门培养出高级技师 3 名，技师 8 名，以全国技术能手、省市级工匠、技能大赛获奖选手等为代表的高技能人才 30 余名。工作室平台建设作用充分展现，每年新增申请加入工作室平台学习和历练人员均在 5~10 人（含外部门人员），辐射影响作用逐步形成，以往员工的被动学习变主动学习，助力单位各部门、各维度高技能人才培养。

第二，人才培养促知识沉淀。近年来，工作室先后申请《一种将螺丝与弹垫、平垫整列并组合的装置》《大功率半导体芯片的封装组件》《微焊盘上叠加进行球形焊的方法及微焊盘叠加键合结构》等发明专利共计 24 项，公开发表以《LTCC 载体与铜基板焊接工艺研究》《PCB 装配生产标准化基础建设建议》

《楔形劈刀对焊接精度的影响》等为代表的学术论文30余篇。

第三，人才培养促素质提升。通过工作室平台建设和人才培养作用发挥，工作室成员及部门员工技术技能水平、知识沉淀、表达能力等综合素质得到大幅度提升，员工的满意度、获得感持续提升，进一步激发大家创新创造热情，助力企业高质量发展。

## 五、工作室建设创新理念与建设思考

通过工作室人才培养实践与模式探讨，创新提出了一系列人才培养观点及方法。总结如下：一是采取先行先试+辐射引领促技能人才成长模式思维；二是“树人先立志”，构建打造“立匠心、传匠艺、琢匠器”的“三匠”育人观，构建个性+特色的培训体系；三是建设“学习、专注、担当、奉献”的工作室品牌文化，树立“秉初心、立匠心”理念；四是倡导“人、从、众”的人才培养方法；五是打造知识型、技能型、创新型复合型技能人才，助力企业高质量发展；六是打造企业中的技能人才队伍高地，促进高技能人才培养。上述方法，可供企业内工作室、班组人才培养参考、借鉴。

（作者单位：中国电子科技集团公司第二十九研究所）

# 殷殷嘱托记心间，踔厉奋发献石油

谭文波

我是中国石油集团西部钻探工程有限公司试油公司的一名普通技术工人，由我和团队共同发明的电动液压桥塞坐封工具，在世界范围内首创实现以电能为动力取代火工品的作业方式，被称为“石油行业一次重大技术革新”。该技术在新疆油田桥塞封闭作业中被应用3100井次，创直接经济效益过亿元。我先后荣获“全国劳动模范”“大国工匠年度人物”“全国五一劳动奖章”“全国最美职工”“中央企业优秀共产党员”等荣誉称号。

30年来，我常年工作在祖国西部的戈壁、沙漠和高原上，披星戴月、风餐露宿已是家常便饭，只有通过学习知识、岗位创新来消除野外工作的单调和寂寞。

## 一、亲切会见，倍感关怀

2022年7月12日至15日，习近平总书记在新疆考察调研，我有幸与其他劳动模范、荣誉勋章获得者一起受到亲切接见。得知能见到习近平总书记的时候，我的心情久久不能平静。

7月15日下午，我穿着红色的工作服，胸口贴着“中国石油”和带有我名字的胸牌等候在会场。习近平总书记走过来的时候，面带亲切的笑容，指着我的胸牌说：“石油能源！”我特别震撼、特别兴奋、特别激动，心想：总书记一直牵挂着我们石油能源事业的发展呢。

习近平总书记曾指出，石油能源建设对我们国家意义重大，中国作为制造业大国，要发展实体经济，能源的饭碗必须端在自己手里。作为中国石油集团西部钻探工程有限公司试油公司的一名普通员工，我能见到总书记并与他同框合影，备受振奋和鼓舞。

当年，父亲告诉我："作为一个年轻人，就要到祖国需要的地方去，到边疆去。" 30 年前，我从四川石油管理局技工学校毕业后，听从了父亲的谆谆教导，现在想来是值得的。

## 二、初见油田，挖掘兴趣

在新疆刚上班那会儿，第一次到油田现场时，荒无人烟、寸草不生的戈壁与重庆老家的绿水青山相比，巨大的反差让刚下车的我突然有些无所适从。当时我就想着，父亲抗美援朝转业后成为一名石油工人，我现在接过了他的枪，怎么能打退堂鼓？以天为被，以地为床，那会儿就一个想法——"一定要在边疆荒漠中干出个样子来！"

工作之初，我还没有找到确切的人生目标，对"国家能源安全、西部石油开发"还没有概念。直到我第一次独自完成了防井口落物护板等工具的制作，体会到了岗位创新带来的喜悦。

那时候的我，对于创新这件事情只觉得是一种兴趣，野外工作之余，闲暇时间也比较多，趁着新鲜劲儿，就想着"捣鼓点什么，方便工作"。当然过程中也遇到了很多难题，我只是一个技校生，身边的兄弟们也缺乏相关专业知识，心有余而力不足。我就自学工程技术、电力电路、机械加工制造等相关知识，一遍遍阅读专业书籍，一遍遍做实验，不知不觉也写了十几万字的读书笔记。

## 三、倔强在心，不觉疲倦

厂房里一个并不宽敞的房间成了我最初的工作室，角落里堆满了各种废旧零件。别人眼中的"破铜烂铁"对我来说都是"稀世珍宝"，这些不值钱的零件为我验证灵感、反复试验提供了便利。

2008 年的一天，我在南疆塔河油田施工，一辆装载着德国力士乐液压系统的电缆车的液压泵发生了故障，经供货商服务站检查，决定换泵。从德国更换新泵需耗时半年且价格昂贵，而每耽搁一天，公司就要遭受很大的经济损失。“不能修只能换？不就是卡我们的脖子嘛！”我始终不相信，难道我们就没办法了？我查阅大量资料，在厂房里整整“窝”了三天，拆了液压泵，利用废旧材料排除故障，最后真的成功了！后来，工厂兄弟们都亲切地叫我“土专家”。2011 年 8 月，我又利用捡拾来的材料及零部件，改造出了连续油管液压助排器，在作业过程中直接将效率提高了 5~30 倍。

## 四、勇闯难关，激人奋进

“创新之路，道阻且长。”这一路走来，我的成长也并非一帆风顺。面对失败，我曾有过迷茫、沮丧，却没有想过“做不到”。我认为，没有做不到的事情，只有完不成事情的人。

2013 年，我与兄弟们顺利完成当天第一口井的新型桥塞坐封工具实验施工后，为了保证下一口井的成功，就开始对新工具进行维护检查。但由于操作上的一个小疏忽，核心部件液压泵不能正常工作。我跟大家说：“这是我的错误操作，导致工具损坏，现在影响项目进度，这个责任我来担，对不起兄弟们了。”时任试油公司经理王新河得知我想筹钱买泵，专门到车间了解情况，他说：“既然是试验，就难免有失败，这不是个人的责任，但是我们要接受教训，找出原因，努力挽回损失。”

在新型电动桥塞坐封工具刚刚研发成功时，也有几家国内外大型企业找到我，纷纷表示出百万高价购买这项专利并高薪聘请我。钱对我来说是重要，但它不能取代我的信仰。每当看到我的发明创新在生产中得到应用，那种喜悦，是多少钱都换不来的。我感激工作带给我的快乐，成果带给我的喜悦，岗位和团队带给我的激情。

我是一名技术工人，企业成就了我，我能回报企业的就是把手头的活做细、做精、做好。一路走来，能干成几件自己喜欢而又有意义的事，留下一些美好的回忆，我没有遗憾，更无怨无悔。

## 五、责任在肩，信心满满

2022年7月25日，中国石油9家油气田、工程技术和装备制造企业的高技能人才专家来到了克拉玛依，集中在谭文波工作室开展技术交流。

开展技能交流活动是中国石油集团全方位用好人才、依靠人才攻坚破难的有力举措，打破了企业内部界限和区域限制，充分围绕解决一线生产难点和热点问题，开展集团级生产难题攻关。交流过程中，我深刻感受到责任在肩。我们既要脚踏实地，又要仰望星空，做脚粘泥土的行动派，做手握工具的践行者，为中国石油集团公司建设基业长青的世界一流企业、为保障国家能源安全贡献更多力量。

作为一名石油人，要想干出一番事业，就得把个人梦与企业梦、国家梦结合起来，传承铁人基因、弘扬石油精神，站在石油精神的高地追逐匠心梦，脚踏实地、立足岗位，铭记历史与初心，不负光荣和使命。

我将把党中央的要求落实到实际行动上和工作成效上，立足岗位、扎根一线、苦练本领，关注行业前沿，瞄准亟待解决的“卡脖子”工程，把习近平总书记的亲切关怀化作建设团结和谐、繁荣富裕、文明进步、安居乐业、生态良好的美好新疆的磅礴力量，践行“我为祖国献石油”的承诺，以实际行动迎接党的二十大胜利召开！

（作者单位：中国石油集团西部钻探工程有限公司试油公司）

# 与企业共成长，与时代同进步
## ——新时期建筑企业劳模工匠培育和建功立业的思考

彭祥华

精于工，匠于心，品于行。从父亲到我，再到儿子，我们三代人都在中国中铁二局参加铁路建设，工程人的精神基因深深印刻在我们的血脉里。从青藏铁路到拉林铁路，再到林雅铁路，我三进雪域西藏，参加高原铁路施工，并获得“大国工匠”荣誉称号。回望我的技能成长之路，这与企业给予的培育和发展、与时代给予的平台和机遇密不可分。下面，我结合自己的成长经历，谈谈关于劳模工匠培育和建功立业的思考。

### 一、重视对劳模工匠的培育，就是为企业发展厚植根基

#### （一）搭建“培训教育平台”，不断提升劳模工匠综合素质

工匠，源于热爱、忠于笃行、专于技艺。新时代对劳模工匠提出了新的要求，要实现制造强国、技能强国，必须通过系统深入的培育教育活动，培养一支高素质技能人才队伍。近年来，中铁二局有效利用“职（民）工夜校”“工匠大讲堂”等阵地，广泛开展职工技能教育培训，大力培育建设知识型、技能型、创新型产业工人队伍。同时注重产教融合、校企合作，依托企业内外部职业院校的优质教学资源，及时对技能人才进行“充电”。回顾我的成长轨迹，正是通过参加公司组织的各类业务技能培训，积极主动地学习和思考，一点一滴地积累业务技能，使自己的综合素质不断得到提升，并成长为大国工匠。

#### （二）搭建“竞赛交流平台”，不断提升劳模工匠技能水平

工匠是精雕细琢，是尽善尽美，是精神最深处对品质的信仰、对技艺的呈

现。建设一支高素质技能人才队伍，还需要有更加广阔的交流平台，有更加专业的竞技载体。中铁二局坚持把岗位技能大赛作为检验技能掌握的重要平台和践行工匠精神的有效载体，通过“以赛代训”“以赛代学”，引领广大职工在“比学赶超”中实现技能水平的更大提升。近年来，我积极参加企业和地方组织的各类岗位技能竞赛，在赛中学、赛中练，不断提升技能技艺。从 1997 年开始接触爆破技术，到 2001 年从事青藏铁路隧道爆破工作，再到 2015 年参建拉林铁路，创新性实现了千枚岩层中的光面爆破效果，我打破了一个又一个的技术瓶颈，逐步迈进爆破专业更高领域，实现了从普通工人到大国工匠的蜕变。

（三）搭建“岗位传授平台”，促进劳模工匠成长成才

大师出高徒，精匠出巧工。在工匠传承上，还应当充分发挥“老匠人”的技术优势，借助“导师带徒”制度，传授经验，传承技艺，传递精神。中铁二局每年遴选一批工匠与见习生签订导师带徒合同，实施动态跟踪管理，做好人才定向培养，通过“一带一”的技艺传承，促进技能人才队伍培养。回顾我的成长过程，师傅的传授起到了至关重要的作用，包括作为铁路建设“二老工人”的父亲的言传身教。所以，我特别重视对年轻人的“传帮带”，把自己所拥有的全部爆破知识和经验传授给年轻人。目前，我很自豪的是手下有不少徒弟，也包括我儿子在内，他们已成为隧道施工队伍的骨干和中坚力量。

## 二、劳模工匠要立足时代需求，为经济发展作出更大贡献

### （一）践行“劳动精神”，勇于建功立业

茧手造华宇锦城，平凡筑时代伟梦。新时代工人必须大力弘扬劳动精神，爱岗敬业，创造比普通人更多的价值，作出更大的贡献。多年来，中铁二局以“七比七创”为主要内容，大胆创新形式，结合重点工程建设，广泛开展各类主题劳动竞赛活动，为广大职工搭建了建功立业“大平台”，也为劳模工匠发挥作用提供了更大的空间。我通过积极参加劳动竞赛，在青藏铁路、川藏铁路等国家重点工程建设中充分发挥自己的技能专长，促进了一大批急、难、险、重项目施工生产任务的顺利完成，实现了一名新时代工匠人的岗位价值。

### （二）践行“劳模精神”，勇于创新创效

潜心苦磨砺，璞玉琢光明；锲而不舍之，金石终镂成。劳模是这个时代最闪亮的星，他们身上的光芒具有强大的辐射、带动和引领作用，如何发挥他们的带动作用，使企业团队更加有力地创新创效，是值得思考的问题。为更好地发挥劳模工匠的示范引领作用，中铁二局建立了152个劳模工匠创新工作室，并广泛开展创新创效活动，每年开展创新课题500项以上，产生经济效益3亿元以上。以我名字命名的“彭祥华工匠创新工作室”，在重大隧道工程项目设立了8个分室。我带领工作室团队组织各分室，积极开展隧道爆破技术攻关，解决了高原铁路软弱围岩爆破和大断面隧道光面爆破技术，先后获得国家专利和省级工法共5项，为企业隧道施工爆破技术创新作出了贡献。

### （三）践行“工匠精神”，勇于精益求精

不啻微芒，造炬成阳。国家实施制造强国战略对新时期的工匠人提出了新的要求。习近平总书记曾在2020年召开的全国劳动模范和先进工作者表彰大会上精辟概括工匠精神的深刻内涵：执着专注、精益求精、一丝不苟、追求卓越。近年来，中铁二局积极开展“二局工匠”选树活动，旨在弘扬工匠精神，培育一批兢兢业业、精益求精的新时代工匠，有效提升建筑企业的核心竞争力。在川藏铁路的拉萨至林芝段，工程要在软若豆腐的岩层上实施精准爆破操作，我们团队坚持以匠人之心，把每个细节都做到极致，用毫米来计量炮孔与炮孔间的距离，并在十几至一百毫秒间控制爆破精度，既保证了施工质量，又保护了西藏脆弱的生态。

## 三、努力营造劳模工匠文化，为国家发展凝聚精神力量

### （一）营造崇尚劳动光荣的氛围，增强劳模工匠“获得感”

“为巨室者，工虽多必有大匠焉。”要树立崇尚劳动的价值导向，倡导创新精神，让广大劳模工匠有更多获得感，方能促使他们更加积极地再攀高峰。近年来，中铁二局以政策、资金、机制的“三个提升”为根本，构建了全方位的关爱劳模体系，全公司上下形成了尊重劳模、学习劳模、争当劳模的良好氛围。公司还统筹安排专项经费，每年定期组织劳模参加体检和疗养等，并做好节假

日的劳模走访慰问。同时不断完善保证劳模政治地位的制度机制，吸纳有一定参政议政能力的一线工人尤其是劳模工匠担任兼职工会干部，推荐劳模代表参加各级党代会、工代会、职代会。成为大国工匠以来，我又陆续获得了 9 个省部级荣誉，并且连续 5 年参加企业职代会，也多次被推荐参加有关交流会议以及四川省和中国中铁劳模疗养活动，这是企业对我工作的认可和鼓励。

**（二）拓展畅通劳模工匠发展渠道，增强劳模工匠“成就感”**

天工巧手织伟业，匠心报国绘大梦。畅通劳模工匠的成长发展渠道，要通过物质奖励与精神嘉奖两种方式真正让“匠人”有所获有所得，增强他们的获得感、成就感、荣誉感。近年来，中铁二局积极完善畅通技能人才和劳模工匠发展通道的机制建设。在职称晋升上，设立“工匠技师”技能职级，搭建“双晋升”通道；在职务提拔上，对劳模优先纳入后备干部管理；在经济待遇上，向各级劳模工匠倾斜；在身份待遇上，对获得劳模工匠的优秀劳务工，优先考虑录用为正式工。虽然我只是一名技能人才，但我在企业获得的经济和政治待遇不比行政干部低，公司还聘任我为技术专家，这充分体现企业对工匠技能人才的高度重视。

**（三）将劳模工匠精神写入企业文化，增强劳模工匠“荣誉感”**

大国之上，必有精匠。工匠精神需要每一个人去感知、去理解、去认同，只有价值观的认同才能牢固树立工匠精神的意识。工匠精神的传播，不限于单种传播渠道，要构建全方位、多层次、宽领域的传播格局。中铁二局的“开路先锋”企业文化，本身也是劳模精神、工匠精神的体现。近年来，中铁二局广泛通过中央和各省市电视台、报纸、网站等媒体，积极宣传劳模工匠先进事迹，打造以劳模精神为核心的职工文化。我的事迹也有幸登上央视《大国工匠》栏目，新华网、工人日报、香港凤凰卫视、湖南卫视等数十家媒体也多次报道。

“择一业从一生”，千锤方成器，百载有余温。工匠精神是一如既往的执着与坚守。今后，我将秉持“与企业共成长，与时代同进步”的工匠职业发展理念，不断学习、开拓进取、奋发作为，作出新的更大的贡献。

（作者单位：中国中铁二局二公司）

# 践行工匠精神，永攀建筑高峰

陆建新

我是一名来自中国建筑集团的普通工程师，也是深圳经济特区千千万万劳动者中的一员。扎根施工一线 40 年，我从基层测量员做起，辗转工作于国内外 8 个城市，参与 46 项工程施工，参建工程总高度达 3600 余米。从业生涯中，我有幸见证并参与了中国超高层建筑从无到有、中国建筑从 100 米级高度逐步攀升至 600 米级世界高度的全过程，亲身参与创造了“三天一层楼”“两天半一层楼”的“深圳速度”和“两天一层楼”的世界高层建筑施工速度新纪录。

近年来，我个人先后获评“全国道德模范”“全国劳动模范”等荣誉称号，在深圳经济特区建立 40 周年庆祝大会上，也有幸作为基层代表在大会发言，现场聆听了习近平总书记重要讲话。面对这些荣誉，我深感荣幸，备受鼓舞，更觉使命在肩、责任重大。我坚信：作为一个平凡的人，能够践行工匠精神，做好自己的工作，也能成就不平凡的事业。

## 一、践行工匠精神，在执着坚守中奉献自我

践行工匠精神，要始终秉持素直之心，对本职工作怀有高度的认同感和使命感，在多年如一日的执着坚守中奉献自我。工作至今，我始终坚守一线，在项目建设中奉献自己的光和热，用自身的践行延续使命担当。

改革开放之初，我在湖北收到深圳工友的一封信，信中描绘了深圳经济特区热火朝天的建设场景，说要盖 50 层的中国第一高楼。学建筑的我，那时见过的最高楼只有 5 层，想到可能有机会参与中国第一高楼建设，18 岁的我没有犹豫，挤上了南下的绿皮火车。记得当时走出罗湖火车站，看到的是低矮的楼房、

泥泞的道路、简陋的工地，内心略感失落。我安慰自己，对于一个学建筑的人来说，最吸引人的地方不就是“万丈高楼平地起”吗？现在回过头来看，不承想自己竟然参与了一份伟大的事业、见证了一个时代的奇迹。

1982 年来到深圳后，我参与建设了“中国第一钢厦”国贸大厦。建设过程中住的是用毛竹搭的 2 层高的简易工棚，我们叫它“竹楼宾馆”。深夜，只要有一个人在楼道走动，整栋楼就会在嘎吱嘎吱声中晃动。夏天蚊虫叮咬，冬天四面透风。后来遭遇一场大台风，整个棚顶都被吹飞了。即便在这样的艰苦环境下，我们依然胸怀梦想、干劲十足，凭借着这份坚守，创造了国贸大厦三天一层楼的“深圳速度”。这个速度激励了千千万万来深建设者，成为以时不我待的精神奋力拼搏的时代缩影。

到了 1994 年，我又投身到地王大厦项目，建设 384 米的亚洲第一高楼，心情既兴奋又激动，但是困难和危险随之而来。项目施工到 100 米高了还没有装施工电梯，我每天背着 10 公斤重的设备，沿着钢管脚手架搭的楼梯爬上去测量，经常凌空走在 300 米高、巴掌宽的钢梁上。钢梁长度加长后硬度也会降低，走到梁中间会左右晃动，吓得我赶紧蹲下来，骑跨在钢梁上，一点一点往前挪过去。尽管工作那么危险，但我丝毫没有退缩。凭借着这份拼搏，再创地王大厦两天半一层楼的“新的深圳速度”。

改革开放以来，人民群众的生活已发生了翻天覆地的变化，我们伟大的党始终践行全心全意为人民服务的根本宗旨，坚持以人民为中心的发展思想，才把无数个像我这样普通的劳动者联合起来、组织起来，创造出让世界刮目相看的伟大奇迹。我们只有忠诚于党、坚定信念、执着坚守、甘于奉献，才能交出新时代的优异答卷。

## 二、践行工匠精神，在钻研、创新中铸就匠心

践行工匠精神，要关注并推动技术的发展，用精益求精的态度，持之以恒的探索、思考和突破，在创新与钻研中铸就匠心。

国贸大厦是我国的第一栋超高层建筑，因为是“第一次”，既无经验，也

无先例，施工难度可想而知。那时的国贸大厦工地上，施工电梯、塔吊、混凝土输送泵都是国外进口的，设备是全新的，施工技术也要推陈出新。国贸大厦原本采用的是传统翻模施工，木模板周转支模施工一层要六七天，为了加快速度，干到地面 5 层后，项目决定采用滑模施工技术。技术的实践期间，种种艰苦，不胜枚举。钢筋绑扎、混凝土浇筑每 20 厘米提升一次，循环进行，既要保证混凝土不被拉裂，又要使模板提升受的阻力最小，里面有太多的学问。由于初次使用这种筒中筒结构形式的滑模新技术，三次提升实验，混凝土样都出现了拉裂，外界质疑接踵而至，有人摇头想要放弃，有人主张改用翻模施工。在这紧张气氛下，项目施工团队通宵达旦研究滑模施工技术，终于找到了失败原因，第四次试滑一举成功，全工地为之欢呼。最终，国贸大厦以每 20 厘米提升一次的滑模施工顺利提升到 160 米高度。这好比蚂蚁啃骨头，委实不易但也创造了奇迹。

创新不是飘在云端，而是需要将实践中遇到的技术问题反复琢磨，寻求解决之道，有时候，神来一笔的“小发明”，也能解决大的问题。在深圳地王大厦项目中，钢柱顶位置小，不易架设测量仪器的三脚架，这为我们的测量工作增添了很多不便。我反复思量、日夜研究，终于想到可以用薄铁板焊制一个小的转接件，用螺栓连接在柱顶上，这样既稳定又轻巧、安全，实用性也很强，“小发明”解决了施工中的大麻烦。同时，我又发现建筑近距离测量中，全站仪上配备的大棱镜使用起来很不方便，于是创新采用全站仪配小棱镜、激光反射片等测量方法，这也成为钢结构安装行业测量标准工艺并沿用至今。最终，我们将地王大厦大楼的整体垂直偏差控制在当时代表世界最高水准的美国标准允许偏差的 1/3 以内，创造了中国超高层钢结构施工测量的奇迹。

2012 年，建造深圳新地标——600 米高的平安金融中心时，业主对工期的要求高，需要多吊塔一起进行施工，但多吊塔之间的相互影响会造成极大的安全隐患。为解决问题，我带领团队突破常规搞创新，反复研究，经过数月的尝试，终于成功首创了塔吊快速爬升技术，将塔吊挂在井筒的外壁上，拆卸后的支撑架由特制索具悬挂在半空，大大提高了施工效率。正是这样的技术创新

“加持”，施工工期得以缩短96天，其间节省堆场面积600平方米，创造直接经济效益7680万元。这项技术攻克了世界级难题，获得国家发明专利、日内瓦国际发明展特别嘉许金奖。凭借着这份创新激情，我们又一次让中国建筑施工技术走向了世界。

习近平总书记指出，我国工人阶级和广大劳动群众要大力弘扬劳模精神、劳动精神、工匠精神，适应当今世界科技革命和产业变革的需要，勤学苦练、深入钻研，勇于创新、敢为人先，不断提高技术技能水平，为推动高质量发展、实施制造强国战略、全面建设社会主义现代化国家贡献智慧和力量。40年来，我目睹着中国钢结构施工技术从落后西方半个世纪跃升为世界领先水平，更深刻体会到，中国建筑高度的攀升是基于每一位建筑业劳动者对于技术的深入钻研与锐意创新。

## 三、践行工匠精神，在接续奋斗中书写时代答卷

一切伟大成就都是接续奋斗的结果，一切伟大事业都需要在继往开来中推进。践行工匠精神，就是要脚踏实地在新的赶考路上接续奋斗。

如果说3天建一层楼的国贸大厦，是改革开放初期的“深圳速度”，那么20天建成的深圳市第三人民医院应急院区，则是新冠肺炎疫情来袭后的“深圳温度”。2020年初，为防控新冠肺炎疫情，深圳市政府决定按照“宁可备而不用，不可用而不备”要求，加快建设深圳市第三人民医院二期工程应急院区项目。我得知这一消息后，立即从老家赶回深圳，奔赴项目施工现场，与技术团队的同事们一道和疫情赛跑，我1天完成设计方案，3天完成施工图，为项目提供了技术保障。那段时间里，我们从没回过家，与1万多名工人日夜奋战。20天后，应急院区顺利完工，可以提供1000张病床，生活区可供100名医护人员集中隔离居住。

书写时代答卷就要服务当前新的需求，作为建筑工作者，实践使我深深感到，建筑工程必须实现从“建筑高度”到“建筑温度”的转变。人民城市人民建，人民城市为人民。作为城市建筑的设计师，不仅要为扮靓城市打造新的地

标风景，更要为实现人民的美好生活向往创造高质量发展环境。只有围绕中心、服务大局、关注民生搞建设，人民的幸福感、获得感才能真正提升。近年来我们立足民生，面向大众，积极探索建筑工业化、绿色化、智能化，自主研发智能制造生产线和先进的模块化生产线，将装配式技术和标准化产品广泛应用于学校、医院、住宅、酒店等，建设了100多所学校、20余所医院。

“铆定”在施工一线40年，我始终将奋斗作为工作的底色。万丈高楼平地起，人生就像建房子，既要质量也要速度，要有夯实一块一块砖的基础，也要有一层一层楼提升的干劲，只有争分夺秒、只争朝夕、攻坚克难，才能顺利到达顶峰。我们要以时不我待的精神，在各自不同的岗位上发挥示范引领作用，以新使命新担当新作为，更好地擦亮中国建造品牌，拓展城市幸福空间，大力弘扬和践行劳模精神、劳动精神、工匠精神，用实际行动为建设粤港澳大湾区，为建设社会主义现代化强国，实现中华民族伟大复兴的中国梦作出新的更大贡献。

（作者单位：中建钢构工程有限公司）

# 一等奖

# 大国工匠是扎实推动共同富裕的重要力量

王道勇

党的十八大以来，习近平总书记发表了一系列关于共同富裕的重要论述，从社会主义的本质要求、社会经济发展的根本目的、中国式现代化的重要特征和党的重要使命等维度出发，阐述了共同富裕的理论地位，明确了共同富裕的战略目标、领导者、受益者、依靠力量、实施途径以及外部保障等。2021 年 8 月 17 日，习近平总书记在中央财经委员会第十次会议上指出，“现在，已经到了扎实推动共同富裕的历史阶段”。随着这些新思想新观点新论断不断融入我国现行的政策体系，在现实生活中，“共同富裕”开始成为政策话语、学术话语和生活话语中的高频词，如何参与和助力共同富裕这一伟大事业也成为摆在各部门各地区各群体面前的一道“必答题”。大国工匠是共同富裕事业的重要参与者、评判者和受惠者，可以充分发挥自身独特优势，从共同富裕的基本前提、核心动力和重要保障三个方面共同着力，成为扎实推动共同富裕的重要力量。

## 一、大国工匠以辛勤劳动扎实推动共同富裕

辛勤劳动是包括大国工匠在内的劳动人民的基本底色。习近平总书记指出，扎实推动共同富裕应当遵循的首要原则就是“鼓励勤劳创新致富”。大国工匠通过辛勤劳动创造出大量物质财富和精神财富，为扎实推动共同富裕提供了基本前提。

从理论上看，劳动是财富生产的基本源泉之一。自人类社会诞生起，一切生产资料和用于生存、发展、享受的生活资料，都是通过劳动过程创造的。

1875 年，马克思在《哥达纲领批判》中对自然界、劳动及其他生产要素在财富生产中的作用进行了科学的界定。按照马克思主义的基本观点，劳动是财富生产的基本源泉，但并非唯一源泉，现代社会中的财富“生产—积累—再生产”过程就是人通过活劳动对其他生产要素如土地、资本等进行调节和整合，使之在有机结合中共同发挥出最大潜力的过程。正是基于这一观点，马克思指出：“任何一个民族，如果停止劳动，不用说一年，就是几个星期，也要灭亡。”① 在对未来自由人联合体的构想中，马克思进一步强调了辛勤劳动对共同富裕所具有的基础性意义，他指出：“在人人都必须劳动的条件下，人人也都将同等地、愈益丰富地得到生活资料、享受资料、发展和表现一切体力和智力所需的资料。”②

新中国成立后，人民当家作主，彻底结束了极少数剥削者统治广大劳动人民的历史，作为主体性需求的劳动开始回归它的本原。改革开放以来，广大人民群众的劳动热情得到巨大激发，党的十六大报告提出，要放手让一切劳动、知识、技术、管理和资本的活力竞相迸发，让一切创造社会财富的源泉充分涌流，以造福人民。在中国特色社会主义新时代，习近平总书记多次礼赞劳动创造，讴歌劳模精神、劳动精神、工匠精神，勉励广大劳动者勤于创造、勇于奋斗，而劳动也一直是创造社会财富的基本渠道，是实现中国经济长期快速发展奇迹的主要动因。大国工匠是我国劳动人民中掌握更多技术的优秀群体，从事着复杂劳动，不同行业不同职业的大国工匠通过分工和协作，创造出巨大的财富，极大地丰富着我们的物质文化生活，为扎实推动共同富裕提供了必要条件。

## 二、大国工匠以创造性劳动扎实推动共同富裕

创造性劳动是大国工匠最为鲜明的群体品格。大国工匠通过发展自身独特的技术优势，以创造和创新为扎实推动共同富裕提供了核心动力。

大国工匠助力经济高质量发展，为扎实推动共同富裕奠定坚实的物质基础。

---

① 《马克思恩格斯全集》（第 32 卷），北京：人民出版社，1998 年。

② 《马克思恩格斯选集》（第 1 卷），北京：人民出版社，2012 年。

经济高质量发展是实现共同富裕的根本保证，没有经济持续健康发展，不能解决发展不平衡不充分问题，共同富裕就是无源之水、无本之木。习近平总书记指出，当今世界，综合国力的竞争归根到底是人才的竞争、劳动者素质的竞争。近年来，我国技术创新对经济发展的贡献率一直在上升，2009 年为 39%，到 2020 年已经增加到 60%。在新发展阶段，加快完善社会主义市场经济体制，推动发展更平衡、更协调、更包容，成功实现我国产业结构转型升级的主要决定因素就是劳动力素质。正因如此，习近平总书记强调："我国经济要靠实体经济作支撑，这就需要大量专业技术人才，需要大批大国工匠""技术工人队伍是支撑中国制造、中国创造的重要力量。"无论是突破"卡脖子"技术，实现高水平科技自立自强，还是建设制造强国，推动经济发展质量变革、效率变革、动力变革，大国工匠都是其中重要和直接的推动力量。

大国工匠通过提升专业技术能力，从而提高收入水平，进入中等收入群体行列。科学技术是第一生产力，创新是引领发展的第一动力。马克思早就指出，随着大工业的发展，现实财富的创造较少地得取决于劳动时间和已经耗费的劳动量，较多地取决于在劳动实践所运用的动因力量，而这种动因本身……它们的巨大效率……又和生产它们所花费的直接劳动时间不成比例，相反地取决于一般的科学水平和技术进步，或者说取决于科学在生产上的应用。从历史上看，科学技术和教育水平的提升都会直接提高工人的收入水平。据诺贝尔经济学奖获得者、美国经济学家舒尔茨的测算，1929—1959 年，美国教育水平提高对国民经济增长的贡献达 33%，在劳动工资增量中，有 36%～70%来自工人增加教育的收益。① 很多针对近十几年发达国家"新经济"发展的实证研究也表明，技术进步和居民收入分配差距之间呈现正相关，技术进步和知识资本化是摆脱贫穷、实现生活富足的重要依托。经济学家李实利用中国家庭收入调查（CHIP）数据库计算的结果显示，过去 10 年中，我国人力资本（包括个人受教育程度等）对个人收入增长的影响越来越大，对人群之间收入差距的影响作用

① ［美］西奥多·W. 舒尔茨：《论人力资本投资》，北京：北京经济学院出版社，1990 年。

也越来越大。① 按照家庭年收入10万元至50万元的标准计算，目前我国有4亿多人为中等收入群体。截至目前，我国技能劳动者超过2亿人，其中高技能人才超过5000万人，这些技能劳动者大多已经成为中等收入群体。但应当承认，在我国7.46亿（2021年数据）的总就业人口中，技能劳动者占比不足30%，5亿多劳动者仍然主要是从事技术含量低、收益回报率低的简单劳动。在新发展阶段，知识、技术、管理、数据等将一直都是具有稀缺性的生产要素，而且稀缺度可能还会上升。为此，要持续扩大大国工匠群体的规模，持续扩散脱贫攻坚中的“扶贫先扶智”经验，大力发展职业教育，大力推动全民终身职业技能培训，充分利用人工智能等新技术建设好终身学习型社会，加快低收入群体的知识更新，优化知识结构，提高知识素养，不断增强致富本领，努力使数亿低收入群体通过掌握和利用知识技术接续进入中等收入群体行列，最终形成中间大、两头小的橄榄形分配结构。

## 三、大国工匠为扎实推动共同富裕提供良好社会氛围

扎实推动共同富裕是一次全方位的深刻改革，既急不得也等不得，要持续发力、久久为功。在这场全方位的改革中，如果各社会群体没有对打破利益固化状态达成共识、没有形成利益协商的传统、没有形成利益让渡的心理预期，无法形成“勤劳致富”“团结奋斗”等社会共识，经济社会发展就会丧失活力，改革推进必然会困难重重。为此，党中央提出，要加强思想引导，澄清模糊认识，为促进共同富裕提供良好舆论环境。大国工匠以其独特的职业精神和坚定的政治立场为共同富裕事业创造出良好的社会氛围，为扎实推动共同富裕提供重要保障。

从职业精神看，在当代中国的劳动过程中，有两种极端现象严重妨碍了社会生产力的发展和社会活力的涌现。一种是“996”现象，这种现象不仅在制度层面违反相关法规，而且将劳动者视为客体，将劳动完全视为商品，其本质

① 李实：《缩小收入差距，推进共同富裕社会建设》，《中国经济报告》2021年第4期。

与马克思指出的资本主义及其以前社会形态中的“劳动异化”和“虚幻的共同体”类似，由于不符合人的自由全面发展的基本要求，必然会危及社会公平正义，进而从根源上挫伤社会发展活力。另一种是“躺平”现象。有一些“躺平”现象有“内卷”这一外部根源，但更多的躺平现象与“等、靠、要”的作风有着直接的关联。正因如此，习近平总书记强调要防止“内卷”和“躺平”，强调一勤天下无难事，强调大家撸起袖子加油干。大国工匠以其执着专注、精益求精、一丝不苟、追求卓越的工匠精神，全面诠释了新时代辛勤劳动、诚实劳动和创造性劳动的丰富内涵，树立了理性平和、奋发向上、技术报国的良好社会氛围，激励和带动全体人民通过共同劳动扎实推动我们的共同富裕事业。

从政治立场看，坚持党的全面领导，是新时代推动共同富裕最为鲜明的特征，也是扎实推进共同富裕的根本政治保障。必须充分发挥好党的领导这一最大政治优势和体制优势，充分激活其他行动主体的独特优势，通过优势互补和融合，培育出一个既有共识又有活力的促进共同富裕共同体。大国工匠的主体是工人阶级的重要组成部分，自觉坚持党的领导已经融入这一群体的血脉之中。要更好地激励大国工匠参与共同富裕共同体建设，更快更好地形成扎实推动共同富裕的社会共识和社会合力，从而在实现共同富裕的历史进程中不断增强广大人民群众的获得感、幸福感、安全感。

[作者单位：中共中央党校（国家行政学院）社会和生态文明教研部]

# 安徽省工匠人才建设发展的探索与思考

徐发成

2022年4月27日，习近平总书记在致首届大国工匠创新交流大会的贺信中强调，我国工人阶级和广大劳动群众要大力弘扬劳模精神、劳动精神、工匠精神，适应当今世界科技革命和产业变革的需要，勤学苦练、深入钻研，勇于创新、敢为人先，不断提高技术技能水平，为推动高质量发展、实施制造强国战略、全面建设社会主义现代化国家贡献智慧和力量。技术工人队伍是支撑中国制造、中国创造的重要力量，新时代要大力弘扬工匠精神，培养更多高技能人才和大国工匠。近年来，安徽省深入贯彻习近平总书记系列重要讲话指示批示和关于产业工人队伍建设改革的重要指示精神，大胆创新、统筹推进，培育选树工匠人才，推动产业工人素质提升，取得了积极成效。

## 一、深刻认识工匠精神在新时代新征程上展现出的巨大引领价值

党的十八大以来，以习近平同志为核心的党中央礼赞劳动创造，讴歌劳模精神、劳动精神、工匠精神。劳模精神（劳动精神、工匠精神）被纳入中国共产党人的精神谱系，被多次写入政府工作报告。2020年11月24日，在全国劳动模范和先进工作者表彰大会上，习近平总书记高度概括了工匠精神的深刻内涵，强调劳模精神、劳动精神、工匠精神是以爱国主义为核心的民族精神和以改革创新为核心的时代精神的生动体现。习近平总书记的重要论述，丰富和深化了我们党对劳动、劳动价值的认识，为在新时代新征程上发挥工人阶级力量展现了巨大引领价值。

工匠精神是中国制造前行的精神源泉。我国制造业大而不强，产品质量有

待提升，背后的重要根源之一就是缺乏具备工匠精神的高技能人才。2017 年 4 月，中共中央、国务院印发的《新时期产业工人队伍建设改革方案》提出，要培育更多大国工匠，叫响做实大国工匠品牌。中国要迎头赶上世界制造强国，成功实现制造强国战略目标，就必须在全社会大力弘扬以工匠精神为核心的职业精神，实现由“重量”到“重质”的突围，为中国制造赢得未来。

工匠精神是职业道德的最高境界。实现中华民族伟大复兴的中国梦，不仅需要大批科学技术专家，同时也需要千千万万的能工巧匠。工匠精神作为一种优秀的职业道德文化，它的传承和发展契合了时代发展的需要，具有重要的时代价值与广泛的社会意义，为职工提升个人精神追求、完善个人职业素养、实现个人成长进步提供了重要道德指引。在广大人民群众中弘扬工匠精神，汇聚起向上的强大力量，培育和践行社会主义核心价值观，有利于促进精神文明长足发展。

## 二、积极推进安徽工匠人才选树培育的工作实践

完善工匠培育机制。安徽省 2016 年和 2018 年分别选树了一批“江淮工匠”，2021 年启动“安徽工匠”选树活动，出台《关于加强“安徽工匠”培育工作的意见》，明确在“十四五”期间，每年选树 100 名“安徽工匠”，并从中产生 10 名“安徽工匠年度人物”，带动全省工会广泛开展工匠人才培育选树活动，截至目前，全省共选树 789 名市级以上工匠。在工匠精神的示范引领下，安徽省产业工人整体素质明显提升，全省技能人才总量达 612 万人，其中高技能人才 183.6 万人，一大批大国工匠、能工巧匠竞相涌现，1 人当选“大国工匠年度人物”，2 人荣获“中华技能大奖”，25 人荣获“长三角大工匠”称号，151 人获“全国技术能手”称号，142 名高技能人才享受国务院或省政府特殊津贴。

创新工匠选树办法。首届“安徽工匠”选树工作创新评选方式，不分配推荐指标，不限定推荐名额，不设置条件门槛，实行组织推荐、个人自荐相结合，线上线下均可申报。通过各地、各部门、各行业协会等组织推荐和个人自荐，

共有 818 名职工参评。安徽省总工会评选办将参评人员分为战兴产业、传统制造业、居民服务业、非物质文化遗产和其他行业 5 类，邀请有关院士、专家成立 5 个评审组，经严格评审、集体研究、社会公示等，评选出 100 名“安徽工匠”，并从中产生了 10 名“安徽工匠年度人物”。选树的 100 名“安徽工匠”，平均年龄仅 41. 7 岁，最大 66 岁，最小 26 岁；平均工龄 18. 9 年；产业工人 87 名；女职工 5 人。

讲好工匠先进故事。安徽省总工会联合安徽省委宣传部、安徽广播电视台举办“安徽工匠 2021 年度人物”发布仪式，安徽省委书记郑栅洁发来贺信，向“安徽工匠”表示祝贺、表达敬意。在省内主流媒体进行常态化宣传报道，在安徽广播电视台开设“工匠故事江淮行”等专栏，广泛宣传劳模工匠等先进典型。全省各级工会广泛开展工匠“五进”活动，全方位、多角度、深层次开展新闻宣传、社会宣讲等，不断创新宣传形式和方式方法，讲好工匠故事，展示工匠形象，弘扬工匠精神。

发挥工匠示范作用。充分发挥“安徽工匠”的示范和领军作用，深入开展“跟着劳模（工匠）去创新”活动，安徽省工会系统共举办劳模工匠创新大讲堂 1833 场，组织 450 名劳模工匠结对帮助 855 家非公企业，培育劳模重点创新项目 1063 项，打造劳模工匠创新示范基地 521 家，劳模名师带高徒 6417 人。安徽省总工会把“跟着劳模（工匠）去创新”活动纳入安徽省总工会“42101”重点工作和对市总工会综合评价体系，并将评价结果通报市委市政府。大力开展工匠建设行动计划，指导马钢（集团）控股有限公司、淮北矿业集团、安庆石化等企业实施“工匠大师年薪制”，激励培养了一大批勇于创新、敢为人先的工匠大师，职工学技术、学业务、练技能的积极性空前高涨，形成了“人人争当工匠”的浓厚氛围。此外，安徽省总工会出台了《安徽省职工创新补助资金管理办法》，对工匠人才创新项目等进行资金补助，进一步激励工匠提升创新能力。

## 三、加强安徽工匠人才队伍建设的对策建议

### （一）健全工匠人才选树机制

一是发挥各级党委政府在工匠人才培育选树中的主导作用。积极推动和安徽省组织部、人社厅等部门联合，加强宏观指导和政策协调，形成部门协同、行业、企业和社会力量共同参与的工匠人才培育选树格局。二是建立工匠选树层级体系。充分发挥产业、行业优势，推动各地区、各产业、各集团公司普遍开展工匠培育选树活动，夯实“安徽工匠”选树基础。建立市、县、产业等多级多层推荐体系，真正把行业领军人物选树出来。指导企业自主开展工匠选树活动，打造职工“身边的工匠”。三是切实发挥工会的桥梁和纽带作用。各级工会要深入基层、深入班组、深入一线，了解掌握基层信息，及时了解一线职工关于提升技能的所思、所想、所需，积极反映，主动建议，推动有利于高技能人才培养、工匠人才选树的法规政策出台。

### （二）夯实工匠人才成长基础

一是注重非公企业的高技能人才培养。聚焦经济园区、开发区，广泛开展职工素质提升工程、群众性经济技术创新活动。加强非公企业职工的职业技能教育，激发其提升技能的自觉性、积极性和主动性。各级工匠选树活动向非公企业倾斜，给予非公企业更多机会和平台，推荐选树更多来自非公企业的工匠人才。二是健全工匠人才的激励机制。加强顶层设计，完善薪酬激励机制，将技能等级提升与作用发挥评价等因素纳入工资体系中，推动工匠技能人才津补贴制度。对于工匠人才有创新成果的，除了在专利申请和评先评优中给予优先考虑，还应给予一定的物质奖励。三是打通工匠人才上升通道。鼓励企业打破岗位技能等级与专业技术职务之间的界限，打通高技能一线工匠人才向专业技术和经营管理人员上升流通的“天花板”，推动工匠人才队伍全面发展。

### （三）注重工匠人才作用发挥

一是大力推进工匠创新工作室创建工作。深入贯彻落实《新时期产业工人队伍建设改革方案》，要求“安徽工匠”普遍建立创新工作室，发挥工匠人才

的示范引领作用，培养造就更多大国工匠。二是探索建立工匠学堂。联合高等院校、高技能人才培训基地、职工培训示范点等阵地资源，发挥“安徽工匠”的技能人才优势资源，通过布点扩面建体系，线上线下相融合，建设一批示范性工匠学堂，搭建工匠发挥作用的平台和舞台，提升产业工人队伍技能素质和创新能力。三是持续开展“跟着劳模（工匠）去创新”活动。开展劳模工匠“名师带徒”活动，组织劳模工匠参与企业“揭榜挂帅”、破解技术难题，举办全省职工创新成果评选活动，引领广大职工投身创新安徽建设的火热实践。

（四）加大工匠人才宣传力度

充分利用各类媒体常态化宣传工匠先进事迹，开设“奋进新征程 建功新时代·劳模工匠故事”栏目，树立“一个工匠一面旗”的鲜明形象，突出劳模工匠的示范引领作用。统筹各方资源，收集历史资料，筹建安徽工匠展示馆，通过展现各个历史时期、各个领域行业的工匠故事和成果，讲述工匠故事，弘扬工匠精神，引领职工成才。深化劳模工匠“五进”活动，由工会系统内走向全社会，由工会宣传媒体拓展到更多社会传统媒体和新媒体，广泛宣传工匠精神的时代意义和深刻内涵，树立大国工匠先进典型，在全社会形成尊重工匠、崇尚工匠精神的良好氛围。

（作者单位：安徽省总工会）

# 探索“工匠”密码，推动制造业转型升级

山东省潍坊市总工会

制造业是国民经济的主体，是立国之本、兴国之器、强国之基。习近平总书记在致首届大国工匠创新交流大会的贺信中强调，技术工人队伍是支撑中国制造、中国创造的重要力量。山东省潍坊市拥有国民经济行业分类中所有的31个制造业行业，总量约占全省的1/10、全国的1/100，是全国制造业的一个缩影。全市规模以上工业企业有3885家，其中国家级制造业单项冠军企业17家、省级单项冠军企业90家、“隐形冠军”企业64家，数量均居全省第一；有国家级“专精特新”小巨人企业27家、省级“专精特新”中小企业304家、“瞪羚”企业107家；有80家企业的115种主导产品的市场占有率排在全球、亚洲、国内前3位，其中71种产品排在第1位，被誉为“冠军企业之都”“一座盛产‘隐形冠军’的城市”。2021年，潍坊市三次产业同比分别增长7.6%、10.0%和9.8%，三次产业结构由2020年的9.1∶39.8∶51.1调整为9.0∶40.4∶50.6，潍坊以制造业为龙头的工业拉动效应明显增强。

潍坊制造业顺利转型升级、蓬勃创新发展的背后，是一支富有工匠精神、创新品质的强大技能人才队伍支撑。近年来，潍坊工会以习近平新时代中国特色社会主义思想为指导，深入学习贯彻习近平总书记关于产业工人队伍建设改革重要指示精神，特别是关于培养高技能人才和大国工匠的重要指示精神，按照全国总工会统一部署，围绕潍坊市委、市政府工作大局，将工匠人才培育作为服务地方高质量发展、推动制造业转型升级的重要抓手，着力在思想上筑魂、在机制上强基、在创新上赋能、在环境上塑形，积极探索新时代工会服务发展的“工匠”密码、创新路径，取得了一定进展与成效。

## 一、着力强化思想政治引领，以工匠精神筑魂

强化产业工人思想政治引领，既是工会履行政治责任、贯彻落实以人民为中心的发展思想的基本要求，也是打牢职工团结奋斗的思想基础、引导职工踊跃投身经济社会发展的重要举措。潍坊工会始终注重以习近平新时代中国特色社会主义思想武装职工，通过组织劳模工匠宣讲团、“中国梦·新时代·新征程”百姓宣讲团、工会系统宣讲团3支宣讲队伍，把学习课堂搬到工厂车间、生产一线、发展前沿，推动党的创新理论走近职工、走进职工心里。始终注重将弘扬劳模精神、劳动精神、工匠精神与实施人才兴潍、“潍坊工匠”建设工程战略结合起来，先后举办“筑匠心促创新创业 聚红心庆建党百年”“创响新时代·共圆中国梦”等主题的潍坊市职工创新创业大赛，在强化思想政治引领和精神激励的同时，发掘和培育一批职工优秀技术创新项目和工友创业项目。始终注重加强“潍坊工匠”的示范引领，全面启动2022年潍坊劳模工匠“送技入企”服务、助力“暖企、扶企、强企”行动，以实施技术培训、技术交流、技术攻关、技术协作“四技服务”为核心，发挥劳模工匠的智慧、技术优势和“头雁领航”作用。

截至目前，潍坊市高技能人才总量近30万人，涌现出“大国工匠年度人物”1名、“齐鲁大工匠”2名、“齐鲁工匠”11名、“潍坊金牌工匠”50名、“潍坊工匠”349名，使工匠精神挺起了“隐形冠军”城市的硬脊梁。“大国工匠年度人物”王树军、“齐鲁大工匠”汤海威等一大批工匠人才涌现，在实现自我价值、助推企业发展的同时，更带动了更多职工走技能成才、技能报国之路。

## 二、着力打造多方共育机制，以制度体系强基

工匠人才培育是一项系统工程。潍坊市立足为制造业高质量发展提供高素质技术技能人才支撑，积极在基础职业教育、工匠人才塑造等方面深化实践探索，厚植工匠人才成长土壤。

一是构建工匠人才技能竞赛机制。广泛深入持久开展职工劳动和技能竞赛，连续举办全市“十百千万”职工技能大比武活动，推进集技能培训、技能比武、技能帮带、技能晋级、技能激励于一体的职工素质提升工程，积极开展技术攻关、技术革新、发明创造、合理化建议等群众性创新活动，不断做实技术工人技能提升渠道。

二是构建“双区共建”机制。潍坊市是省、部共建国家职业教育创新发展试验区和山东省职业教育创新发展示范区。近年来，潍坊市聚焦现代化职工职业教育体系，立足全省“十强产业”和潍坊产业体系，积极探索推进校企联合、产教融合，创办歌尔匠造学院、山东海事职业学院、山东化工职业学院、潍坊豪迈科技中等专业学校四种混合制办学模式，在全市职业院校布局了200个骨干专业，建设了100个特色品牌专业、20个产业发展亟须专业，建立起了职业教育与产业链紧密对接的专业体系。目前，潍坊职教的专业设置与产业匹配度达到85%以上。全市职业院校与2000余家企业建立长期稳定合作关系，潍柴等13家企业成为山东省首批产教融合型企业，歌尔成为全国首批产教融合型企业，为工匠人才的源头培育奠定了坚实基础。

三是构建三级工匠培育体系。着力实施“潍坊工匠”人才建设工程。2016年，在潍坊市委的重视支持下，潍坊市开启“潍坊工匠”评选认定工作。每年评出50名“潍坊工匠”和10名“潍坊金牌工匠”，并将“潍坊金牌工匠”纳入高技能人才序列，2022年又将“潍坊工匠”增加为100名；专门出台《关于在广大企业中建立三级工匠体系 助力全市高质量发展的实施意见》，通过在企业搭建“种子工匠、工匠、首席工匠”三级工匠体系，将“潍坊工匠”选、育、用、留机制落实到企业等基层单位。

四是构建“一二三”“一一三”工作体系。“一二三”，即紧紧围绕高技能人才队伍建设这条主线，充分发挥技工院校、重点行业龙头企业两个技能人才培养主阵地作用，扎实推进“金蓝领”技师（高级技师）、青年技师素质提升计划、企业新型学徒制等三个培训项目；“一一三”，即聚力打造“创新创优·匠筑潍坊”“才聚鸢都·技能兴潍”职业技能竞赛品牌，全面推行企业技能人才自主评价制度，规范开展潍坊市首席技师、潍坊市突出贡献技师、潍坊市技术能手三大评审，为技能人才的学、训、练、赛、升提供了广阔空间。潍坊市获全国职业院校技能大赛金牌数量连续10年全省第一。山东工业技师学院袁强获世界技能大赛金牌，实现山东金牌“零”突破。潍坊市已有自主评价资质企业405家，自主评价高技能人才4.3万余人。不拘一格的人才评价体系让企业和职工的活力被充分激发，让兢兢业业耕耘在生产一线的技能型人才有了更多盼头。

## 三、着力构建创新激励格局，以改革创新赋能

创新是发展的第一动力。习近平总书记在致首届大国工匠创新交流大会的贺信中强调，重视发挥技术工人队伍作用，使他们的创新才智充分涌流，向工人阶级和广大劳动群众发出为推动高质量发展、实施制造强国战略、全面建设社会主义现代化国家贡献智慧和力量的伟大号召。近年来，潍坊积极加强产业工人队伍建设改革。

一方面，通过打造平台载体促创新。通过创建“全员创新企业”“创新工作室”“智匠之家”职工赋能平台等培育机制，搭建职工实训赋能中心、职工创新创业创效联盟、劳模（工匠）创新联盟等，积极构建良好创新环境，切实做实产业工人素养提升实训阵地，推动大企业深挖创新、奋力建设世界一流企业，推动中小企业敢于创新、勇于成为隐形冠军和行业龙头，推动广大职工投身创新、积极助力企业健康发展。像潍柴集团发布的全球首款本体热效率50.23%的商业化柴油机，先后有200多名职工参与研发，这种多方合力加快建立完善的创新格局，让创新成为驱动制造业转型升级的最强动能。

另一方面，通过打通“三个通道”促创新。一是打通技术工人发展通道。潍坊全市各级工会积极开展集体协商，大力推广技术创新专项合同，推动工人技能水平与薪酬等级挂钩，健全产业工人薪酬激励机制，做到根据技术水平的高低给位子、给帽子、给票子，受益职工达到40万人。同时强化一线工人、技术工人和管理人员“同等评价、同等待遇”，建立技能人才和技术人才的“互

转”渠道。二是建立激励奖励通道。建立以政府奖励为导向，工会组织、用人单位和社会力量奖励为主体的技术工人奖励体系。潍坊市政府每年遴选首席技师、有突出贡献技师、技术能手，分别给予每人每月 600 元、200 元和一次性 2 万元奖励。潍坊市总工会每年评选劳模工匠创新工作室、全员创新企业和职工创新创业选手，分别给予 3 万元资金奖励和金融授信支持。企业采取多种形式对工匠技能人才实施自主奖励，如潍柴集团 2021 年度科技激励大会重奖“科技功臣”6441 万元；豪迈集团推行职工股权激励机制，其中农民工出身的全国劳模王钦峰因其为企业作出的突出贡献而累计获得股权激励近亿元。三是建立创新创业创效通道。潍坊市总工会连续举办 7 届潍坊市职工创新创业大赛，建立起平台支撑、展示交流、培训学习、资源嫁接、宣传推广“五位一体”的服务体系，形成“有氛围开展创新、有渠道申报创新、有平台推广创新”的工作格局。目前，累计培育技术革新项目 1936 项、发明创造项目 769 项，推广先进操作法 680 项，评选优秀创业项目 126 个。其中，培育了获得 2021 年度中国机械工业科学技术奖（科技进步类）一等奖的汤海威等一批“职工科学家”，这是近四年来全国第一个工人项目获此殊荣。

## 四、着力宣介新时代工匠文化，以良好环境塑形

近年来，潍坊工会不断挖掘和展示新时代工匠的精神内涵，让工匠精神成为社会的主流文化、价值取向和行为准则，让工匠融入城市记忆，不断丰富潍坊城市内涵，打响潍坊工匠文化品牌。在工会组织层面，大力选树、表彰、宣传优秀工匠人才，在职工队伍中树立良好的工匠成才导向。在企业层面，建立职工对企业工匠文化的参与机制，帮助更多企业构建饱含工匠精神的现代企业文化和激励机制。在职校层面，积极开展工匠文化进校园活动，将工匠精神培育与职业技能培养有机结合起来，提升职业教育的人文价值。从近年来潍坊的工匠精神弘扬实践来看，除了传统的宣教手段外，利用“齐鲁工惠”App、微信公众号、抖音等网络宣教阵地效果更加明显，通过讲好工匠故事、厚植工匠文化、铸就工会文化品牌，一批内容丰富、形式多样、呈现精彩的活动纷纷亮

相，让受众人群更加广泛，方便职工接受点滴浸润式的工匠文化熏陶。在生产实践中怀匠心、践匠行、出匠品、做匠人，让执着专注、精益求精、一丝不苟、追求卓越的工匠精神在潍坊大地蔚然成风。

“工匠也是人才”的理念、“大国工匠”的品牌效应正带来一系列的连锁反应，实实在在地激发了潍坊制造产业的发展活力，推动了潍坊制造业综合实力不断增强，探索走出了一条制造业转型升级与工匠人才培养同频共振的发展路径。下一步，我们将进一步认真学习贯彻习近平总书记关于工人阶级和工会工作的重要论述，特别是深入贯彻落实习近平总书记致首届大国工匠创新交流大会贺信的精神，把握发展机遇，直面困难挑战，在不断深化产业工人队伍建设改革和工会改革创新中持续将工匠精神、“工匠”密码融入发展、解锁未来，以实际行动迎接党的二十大胜利召开。

# 传承湖湘文化、弘扬工匠精神，把总书记为湖南擘画的宏伟蓝图变成美好现实

周农　何俊峰

2020年9月，习近平总书记在湖南考察时强调，“惟楚有材、于斯为盛”，不仅指历史上湖南这个地方代有人出，也指我们这个时代是一个英雄辈出的时代。习近平总书记还多次强调，要大力弘扬劳模精神、劳动精神、工匠精神，培养更多高技能人才和大国工匠。我们要牢记总书记嘱托，传承湖湘文化，弘扬工匠精神，培育湖湘工匠，为全面落实“三高四新”战略定位和使命任务，全面建设社会主义现代化新湖南注入强劲动力。

## 一、源远流长的湖湘文化孕育着具有湖湘特色的工匠精神

湖湘文化源远流长，“心忧天下、敢为人先、经世致用、坚韧不拔”既是湖湘文化的精髓，也是湖湘精神的生动概括，是湖南人的“精气神”。造纸鼻祖蔡伦、理学开山鼻祖周敦颐、清初大儒王夫之、近代中国“睁眼看世界”的先行者之一魏源、湘军创始人曾国藩、近代民主革命家黄兴，都是不同历史时期湖湘文化和湖湘精神的杰出代表。特别是近代以来，湖湘文化更富生机，在造就湖湘人才、推动中国社会进步过程中发挥了重要作用。以经世致用为精神特质的湖湘文化，本身就有着涵养工匠精神的深厚底蕴。“吃得苦、霸得蛮、耐得烦”是湖南人最重要的特质，是湖湘文化独特的文化品格和精神风貌，与执着专注、精益求精、一丝不苟、追求卓越的工匠精神一脉相承。

“吃得苦”是湖湘工匠淡泊名利、执着专注的底色。“吃得苦”是水滴石

穿、久久为功的韧劲，是干一行、爱一行的操守。“吃得苦”才能稳住心神，守住寂寞，心无旁骛，择一事终一生。“世界杂交水稻之父”袁隆平脚踏实地，专注田畴，一辈子潜心研究杂交水稻，把科技论文写在祖国大地，用烈阳下的身影、流淌在试验田中的汗水、几十年如一日的辛勤工作，向我们诠释了一位大国工匠的坚守，正是他的无私奉献，才使得中国人把饭碗牢牢地端在自己的手中。

“霸得蛮”是湖湘工匠勤奋敬业、攻坚克难的本色。“霸得蛮”是一种坚定的信念，是一股子钻劲、干劲，是永不服输、永不言弃、不达目的不罢休的精神。大国工匠艾爱国，秉持“做事情要做到极致、做工人要做到最好”的信念，坚守焊工岗位 50 年，攻克难关 400 多项，改进工艺 120 多项，练就了“钢铁”般的硬本领。电焊“花木兰”易冉勤学苦练，每天的焊接量是 125 米，20 公斤一盘的焊丝每天要消耗一盘半，工作量连男同志都吃不消。在新产品试制过程中，面对各种意想不到的技术难题，易冉却总是主动请缨，通宵达旦攻关，用实际行动诠释了新时代工匠精神。

“耐得烦”是湖湘工匠精益求精、一丝不苟的成色。“耐得烦”是严谨细致、兢兢业业的态度，是沉得住心气、耐得住性子的宁静，是摒弃浮华、忘我投入的境界，是精雕细琢、追求极致的品格。从被誉为“臻于极致”的青铜礼器四羊方尊、轻若烟雾的马王堆汉墓素纱禅衣，到湘绣、湘瓷、菊花石雕等举世闻名的传统工艺，无一不是工匠精神的沉淀与彰显。“数控湘女第一人”杨芳，通过数千个日日夜夜学习钻研，反反复复试验，打磨生产的精密核心零件精度达到微米级，她带领着团队不断刷新“中国制造”的精度，科研技术达到世界一流水平！

“心忧天下、敢为人先”是湖湘工匠探新求异、追求卓越的亮色。“心忧天下、敢为人先”是永不满足、永不停滞、敢闯敢试的创新精神。创新，是人类社会进步的不竭源泉，也是湖湘文化“心忧天下、敢为人先”的基本品格和精神特质。东汉时期的蔡伦，带着工匠们反复试验，将造纸技法创新抬升到一个新高度，试制出既轻薄柔韧，又取材容易、来源广泛、价格低廉的纸，成为一位改变世界文化面貌的伟大的中国发明家。湖南制造出的中国第一台航空发动机、第一台电力机车、第一块硬质合金，彰显着湖南工人阶级、湖湘工匠的智慧与力量。超级杂交稻、超级计算机、超高速轨道交通等享誉国内外的闪亮名片，都是优秀技能人才创新创造的成果，都浸润着湖湘工匠精益求精、追求卓越的匠心和匠意。

## 二、全面落实“三高四新”战略定位和使命任务需要大力弘扬工匠精神

幸福不会从天而降，梦想不会自动成真。全面落实“三高四新”战略定位和使命任务，奋力建设社会主义现代化新湖南，我们比任何时候都更需要依靠包括技术工人在内的全省广大劳动者心往一处想、劲往一处使的共同奋斗，比任何时候都更需要以具有湖湘文化特色的工匠精神引领社会风尚、激发奋进力量。

一是建设制造强省需要大力弘扬工匠精神。技能人才队伍是支撑制造业的重要力量。截至 2021 年底，全国技能劳动者总量超过 2 亿人，高技能人才超过 6000 万人，高技能人才占比达到了 30%；湖南省技能劳动者总量 532 万人，高技能人才 152. 5 万人，高技能人才占比约 28. 7%。与全国水平相比，湖南省在这方面还有一定差距，技能人才的数量和质量还不能很好地满足制造强省战略的需要。湖南要实现从制造大省到制造强省的跨越，就必须大力弘扬工匠精神，激励更多劳动者特别是青年人走技能成才、技能兴湘、技能报国之路，培养造就更多技能人才、湖湘工匠、大国工匠，为打造国家重要先进制造业高地提供有力的技能人才支撑。

二是打造创新高地需要大力弘扬工匠精神。湖南“十四五”规划和 2035 年远景目标提出：瞄准人工智能、量子信息、集成电路、空天科技、深地深海等前沿领域，实施一批具有前瞻性、战略性的国家重大科技项目。湖南省第十二次党代会明确提出把创新摆在现代化建设的核心位置，深化创新型省份建设，打造具有核心竞争力的科技创新高地。这就需要以工匠精神激发劳动者追求卓

越、创新创造的积极性主动性，引导广大劳动者立足本职岗位，从制造每一个零件、实施每一道工序、开展每一次实验做起，勇于创新、大胆突破，让创新活力竞相迸发、聪明才智充分涌流，成为助推湖南创新发展的强劲动能。

三是推动高质量发展需要大力弘扬工匠精神。湖南产业链持续升级、工业集群日益壮大，预计到2025年，湖南省将培育6个左右万亿级产业、8个以上千亿级企业；到2035年，基本建成富强民主文明和谐美丽的社会主义现代化新湖南。这是一个更加全面、均衡、协调的发展目标，对广大劳动者提出了更高的要求，也提供了更多人生出彩机会。“心心在一艺，其艺必工；心心在一职，其职必举。”在高质量发展阶段，工匠精神的时代内涵已经超越了制造业和工匠群体，延伸到各行各业，体现在经济社会发展的方方面面。只有每一个劳动者坚持以工匠精神鞭策自己，焕发劳动热情，厚植工匠文化，恪守职业道德，在干好每一项工作、做好每一件小事中一丝不苟、精益求精，力求将本职工作干到最好、干到最优、干到极致，把平凡的事情做到不平凡、把简单的事情做到不简单，必将能以千千万万个人的人生出彩成就湖南经济社会的高质量发展。

## 三、工会组织要在弘扬工匠精神培育湖湘工匠中展现更大作为

工会是党联系职工群众的桥梁和纽带，肩负着团结、动员、教育、引领职工的重要责任，弘扬工匠精神、培育湖湘工匠，工会组织责无旁贷，更具有独特优势。要以产业工人队伍建设改革为契机，以更大的力度、更实的举措，努力在弘扬工匠精神培育湖湘工匠中展现更大作为。

一要塑匠心、铸匠魂。质量之魂，存于匠心。匠心是淡泊名利、脚踏实地的“心境”，是不甘平庸、追求卓越的“心态”，是对职业的尊重与敬畏、对事业的执着、对产品和服务追求极致的价值取向，是当下最亟须的职业精神。塑匠心，要把加强思想政治引领作为首要政治责任，引导广大职工深刻领悟“两个确立”的决定性意义，增强“四个意识”、坚定“四个自信”、做到“两个维护”，坚定不移听党话、跟党走。塑匠心，要大力践行社会主义核心价值观，深化“中国梦·劳动美”主题教育，引导职工摒弃浮躁之心，秉持赤子之心，

不急功近利，不投机取巧，脚踏实地，固本铸魂，培养爱岗敬业、诚实守信的职业操守，形成根基雄厚的崇德向善力量。塑匠心，要从湖湘优秀传统文化中汲取营养，引导广大职工涵养“心忧天下、敢为人先”的格局胸怀，树立“吃得苦、霸得蛮、耐得烦”的职业精神，练就“扎硬寨、打硬仗”的本领能力。塑匠心，要加强劳动教育，把劳动教育纳入人才培养全过程，贯穿家庭、学校、社会各方面。湖南省总工会编写了《中国梦·劳动美——劳模精神伴成长》劳动教育系列读本，免费赠送给中小学校，并组织劳模工匠进校园，使广大学子近距离感受榜样力量。塑匠心，要健全完善湖湘工匠的激励机制。出台《湖湘工匠人才激励措施》，从就医、疗养、子女入学等方面给予优待，让工匠人才更有地位、更有尊严、更受尊重。

二要炼匠艺、育匠人。要广泛开展技能培训、技术比武、技艺创新和合理化建议等群众性经济技术活动，进一步助力技术工人的职业能力建设。要广泛开展劳动竞赛，深化拓展“十行状元、百优工匠”、“五湘”传统技艺、重点工程、长株潭“融城杯”等职业技能竞赛，搭建职工成长成才绿色通道。要大力推广“大汉工匠学院”经验做法，推动建设更多工匠学院、劳模和工匠人才创新工作室、职工创客空间，为广大技能人才开展技术交流、技术攻关、技术协作等创造更加适用管用的工作载体。要建立以能力和业绩为导向的评价体系，根据行业、专业特点，细化学识水平、实践能力、业绩成果等具体评价指标，突出工作实际水平和创新能力。要建立体现技能水平的收入分配和福利待遇制度，探索建立股权和期权激励机制，建立特殊津贴，实行特殊奖励，真正实现多劳多得、技高薪高，调动职工学技术、强技能的积极性。

三要树匠星、出匠品。要大力开展“湖湘工匠”“金牌工人”“技术能手”“首席技师”等选树活动，着力选树一批具有高超技艺、攻坚克难、创新超越的湖湘“匠星”，让技术人才走上星光大道，让工匠光芒闪耀三湘大地，营造劳动光荣、技能宝贵、创造伟大的时代新风，引领广大职工争当创新能手、争做湖湘工匠。习近平总书记指出，要弘扬“工匠精神”，精心打磨每一个零部件，生产优质的产品。弘扬工匠精神，最终目的是生产更多精品、优品、新品。

要组织广大技术工人在增品种、提品质、创品牌上深耕细作，培养更多工人发明家、革新者，着力改善产品的精致性、可靠性、适用性、耐久性等品质特性和技术水平方面的不足，打造更多让国人放心的“湘字号”品牌，经营出更多“百年老店”，使更多“湘字号”品牌伴随中国制造走向世界、享誉世界。

伟大事业孕育伟大精神，伟大精神引领伟大事业。立足新发展阶段，我们要大力传承湖湘文化，弘扬工匠精神，充分激发三湘大地干事创业热情，持续焕发三湘儿女创新创造活力，踔厉奋发，勇毅前行，以实际行动努力把总书记为湖南擘画的宏伟蓝图变成美好现实。

（作者单位：湖南省总工会）

# 创新探索新时代弘扬
# 劳模精神、劳动精神、工匠精神的思想路径

彭维锋

在我国社会主义革命、建设、改革的非凡历程中，党和国家始终坚持全心全意依靠工人阶级的方针，始终高度重视工人阶级和广大劳动群众在党和国家事业发展中的重要地位，始终高度重视充分发挥工人阶级主力军作用，始终高度重视充分发挥劳模工匠的示范带动作用。特别是党的十八大以来，习近平总书记多次就劳模精神、劳动精神、工匠精神发表系列重要论述，作出重要指示批示，深刻揭示劳模精神、劳动精神、工匠精神的本质特征、科学内涵和实践价值，对进一步弘扬劳模精神、劳动精神、工匠精神提出了新定位、新任务和新要求。在此背景下，进入新时代以来，各级党委政府和工会组织立足于大力弘扬劳模精神、劳动精神、工匠精神，不断探索精神弘扬的思路方法，不断加大精神弘扬的力度强度，推动全社会和广大劳动者对劳模精神、劳动精神、工匠精神的认可度不断提升，推动营造和树立劳动光荣的社会风气和精益求精的敬业风气。总结精神弘扬的实践经验，直面精神弘扬的现状与问题，创新探索新时代弘扬劳模精神、劳动精神、工匠精神的思想路径，重在做实、做深、做细、做透，重在做好以下四方面的工作。

## 一、在弘扬的内容层面，加强理论阐释，强化内容研发，推动精神弘扬的科学化、规范化、大众化

加强学术研究。大力弘扬劳模精神、劳动精神、工匠精神，理论研究是基

础。正如马克思所言，理论只要说服人，就能掌握群众；而理论只要彻底，就能说服人。所谓彻底，就是抓住事物的根本。新时代关于劳模精神、劳动精神、工匠精神的研究，应当是全方位、深层次、多领域的理论与应用研究，尤其要强调理论建构、理论创新和理论突破。新中国成立后，我国已经编纂出版了一大批相关的新闻报道、报告文学、传记、口述史等，并已形成了一大批丰富的基础性、资料性研究成果。在此基础上，我们亟须以马克思主义关于工人阶级的思想和劳动学说为理论基础，以习近平新时代中国特色社会主义思想特别是习近平总书记关于工人阶级和工会工作的重要论述为理论指引，从纷繁复杂的社会现象、重要事件、典型场景、先进事迹等出发，深入思考劳模精神、劳动精神、工匠精神产生发展的内在逻辑，不断挖掘劳模精神、劳动精神、工匠精神背后的理论增长点和学术生长点，将现象、事件、故事、人物、场景等，提炼归纳为具有科学性、客观性、规律性、普遍性的理论话语、理论框架和理论体系。

加强理论阐释。在 2020 年全国劳动模范和先进工作者表彰大会的讲话中，习近平总书记论述了劳模精神、劳动精神、工匠精神的科学内涵。我们亟须立足中国特色社会主义新时代的历史语境，遵循习近平总书记的思想理论逻辑，梳理总结习近平总书记关于工人阶级和工会工作的重要论述的轨迹和特点，精准阐释劳模精神、劳动精神、工匠精神的科学内涵，特别是针对三者之间的辩证逻辑关系作出权威解读，为全社会和广大劳动者提供理论严谨、逻辑自洽、体系规范、话语通俗的思想理论产品，廓清当前社会各界关于劳模精神、劳动精神、工匠精神的思想理论困惑，回答这一重大理论和实践问题。

加强实践解读。在党的领导下，我国工人阶级和广大劳动群众与祖国同成长、与时代齐奋进，弘扬和践行劳模精神、劳动精神、工匠精神，奏响了“咱们工人有力量”的主旋律，各条战线英雄辈出、群星灿烂；特别是进入新时代以来，在实现中国梦伟大进程中拼搏奋斗、争创一流、勇攀高峰，为决胜全面建成小康社会、决战脱贫攻坚、抗击新冠肺炎疫情发挥了主力军作用，用智慧和汗水营造了劳动光荣、知识崇高、人才宝贵、创造伟大的社会风尚，谱写了

“中国梦·劳动美”的新篇章。因此，我们亟须牢牢把握各个历史时期我国工人运动的时代主题，聚焦重大事件、重大成就、重大突破，特别是变革性实践、突破性进展和标志性成果，组织编撰一批精品力作和解读成果，展示劳模工匠群体在这一伟大斗争、伟大工程、伟大事业、伟大梦想中，立足本职、胸怀全局，始终以国家主人翁姿态，把个人梦与中国梦紧密联系在一起，自觉把人生理想、家庭幸福融入国家富强、民族复兴的伟业之中的理想抱负、历史使命和责任担当，深入解读劳模精神、劳动精神、工匠精神的中国实践。

加强故事编创。大力弘扬劳模精神、劳动精神、工匠精神，教育引导广大劳动者树立辛勤劳动、诚实劳动、创造性劳动的理念，推动全社会崇尚劳动、见贤思齐，关键在于讲好劳模故事、讲好劳动故事、讲好工匠故事。因此，我们亟须立足于当下广大劳动者特别是青少年受众审美体验方式及趣味的变化，精准定位典型特征、精准筛选典型故事、精准编创典型情节、精准塑造典型性格，精心编创一批典型人物的思想故事、奋斗故事、精神故事、技能故事。在具体故事编创中，摒弃“高大全”“脸谱化”“单向度”的人物塑造，杜绝材料拼凑、事迹堆砌和总结概括的故事编造，紧扣时代脉搏、强化情感渗透、彰显精神力量，真正呈现典型人物的内心世界和人性光辉，用客观的叙述、细腻的笔触、生动的细节、充沛的感情，让典型人物更加接地气、有生气、聚人气，可亲、可敬、可信、可学。

## 二、在弘扬的主体层面，抓住关键群体，强化主体责任，推动精神弘扬的积极性、主动性、创造性

提升劳模工匠群体的宣讲水平。劳模工匠是精神弘扬的主要群体。无论是劳模工匠大讲堂、先进事迹报告会，还是劳模工匠进农村、进机关、进校园、进企业、进社区、进网络，劳模工匠都是宣讲活动的主体和灵魂。尽管上述活动都取得了明显成效，但客观而言，劳模工匠的宣讲也存在重形式轻内容、重讲授轻互动、重结果轻过程、重事迹轻语言、重灌输轻技巧等诸多问题，在一定程度上导致宣讲的僵化、刻板、沉闷、说教。因此，我们亟须通过培养培育，

着力提升劳模工匠群体的综合素养，切实提升劳模工匠群体的宣讲水平。一是提升理论素养，学习马克思列宁主义、毛泽东思想、邓小平理论、“三个代表”重要思想、科学发展观、习近平新时代中国特色社会主义思想，坚定信仰、统观全局，精准定位、明确方向。二是提升技术素质，学习具有前瞻性、预见性、导向性、专业性的技术知识，丰富专业知识和专业素养，提高专业能力和专业水平。三是提升文化素养，学习各类社会科学知识，加强人文修养，提高文化品位、审美情趣、心理素质、情感态度、道德修养、言谈举止、人生境界。四是提升管理素养，学习各类管理知识，提高管理能力，加强团队建设和劳模工匠工作室建设，通过精神引领和技能引领，实现“传帮带”，扩大影响力。在此基础上，在相关领域专家的指导下，精心编写、反复打磨、生动讲述自己的奋斗故事，让精神弘扬入情入境、入脑入心。

强化各级党委、政府和工会组织的主体责任。各级党委、政府和工会组织要高度重视劳模工匠和技能人才工作，为他们干事创业创造环境和条件，大力弘扬劳模精神、劳动精神、工匠精神，更好发挥他们的榜样、示范、引领作用。一是进一步完善劳模工匠政策，适应新时代经济社会发展和劳模工匠需求，规范完善劳模工匠培养、选树、管理、服务等方面的体制机制，特别是劳模工匠动态管理机制、学习交流机制、宣传教育机制、示范引领机制。二是进一步提升劳模工匠政治、经济、社会等方面的地位，继续增加劳模工匠在各级党代会代表、人大代表、政协委员、群团组织大会代表中的比例；将劳模工匠纳入党管人才的总盘子中统筹考虑，放到与其他各类人才同等重要的位置；通过体制机制和政策举措，充分遵循市场经济的基本规律，制定与劳模工匠的贡献相对应的经济待遇标准，大大提升劳模工匠在经济待遇方面的获得感，让工人阶级和广大劳动群众看到辛勤劳动、诚实劳动、创造性劳动的美好前景，推动更多劳模工匠竞相涌现。三是进一步加大宣传力度，强化社会舆论导向，创新宣传手段，拓展宣传渠道，丰富宣传载体，在全社会营造崇尚劳动、尊重劳模工匠、热爱劳模工匠、关心劳模工匠、学习劳模工匠的良好氛围。

激发工人阶级和广大劳动群众特别是青少年学生的主体自觉。对工人阶级和广大劳动群众而言，一是进一步树立学习目标，努力向劳模先进学习，成长为知识型、技能型、创新型的劳动者。二是进一步刷新行动理念，自觉践行社会主义核心价值观，始终做坚持中国道路的柱石、弘扬中国精神的楷模、凝聚中国力量的中坚。三是进一步提升劳动品德，在劳模先进的精神感召下，进一步激发劳动热情、践行工匠精神、坚守职业道德。四是进一步培养劳动习惯，崇尚劳动、热爱劳动，始终坚持辛勤劳动、诚实劳动、科学劳动、创造性劳动。开展以“劳动创造幸福”为主题的宣传教育，解决学生在劳动价值观层面的问题，特别是解决学生不珍惜劳动成果、不想劳动、不愿劳动、不爱劳动的问题。在此基础上，把劳动教育纳入人才培养全过程，系统解决学生劳动价值观、劳动态度、劳动技术、劳动品德、劳动实践等方面的问题，增强对劳动人民的感情，让学生愿劳动、想劳动、爱劳动、懂劳动、会劳动，报效国家，奉献社会；强化实践体验，让学生亲历劳动过程，强化诚实劳动意识，提高创造性劳动能力。

## 三、在弘扬的平台层面，整合传播资源，彰显平台特色，推动精神弘扬的整体性、针对性、实效性

创新整合媒体资源。聚焦劳模精神、劳动精神、工匠精神的传播，坚持全媒联动，搭建集新闻传播、网络传播、社会传播、文艺传播等于一体的立体化传播格局，实施精细化、分众化传播。积极组织发动各类工会媒体资源，报、台、网、微、端、屏以及橱窗、海报、标语等一齐发力，广泛利用社交媒体、电子显示屏、车载电视、宣传栏等阵地，综合推出系列报道、专题报道、深度报道、评论以及长图、H5、短视频等新媒体产品。通过融合传播终端，全方位、立体化地展示劳模工匠形象，实现从“独白”传播到“对话”传播、从“说教”传播到“体验”传播、从“显性”传播到“隐性”传播的策略转变，实现从单一媒体、单形态传播转变为多媒体、多形态传播，叠加和放大典型宣传传播效果。

充分利用各类设施。充分利用工会系统各类设施，包括工人文化宫、工会

院校、劳模工匠学院、工人疗休养院、职工书屋、劳动者驿站等，用好、用活、用实红色工运资源特别是全国职工爱国主义教育基地，系统导入劳模精神、劳动精神、工匠精神元素，打造加强职工思想政治引领、开展理想信念教育的重要载体。

全力打造创新工作室。目前，我国创新工作室创建工作已取得重大进展，全国示范性劳模和工匠人才创新工作室达到 297 家，示范带动创建各级各类工作室 8.2 万余家。这些既具有较大数量又具备较高质量、既具有系统性又具有规范性的工作室，是弘扬劳模精神、劳动精神、工匠精神的重要阵地。应充分利用全国各级工作室资源，建立工作室共建共享机制，构筑走向劳模工匠、了解劳模工匠、感受劳模工匠、热爱劳模工匠、学习劳模工匠的桥梁；特别是针对大中小学劳动教育，鼓励吸纳专业对口的学校师生作为工作室成员，参与工作室创新实践活动，让学生在动手实践中出力流汗，接受锻炼、磨炼意志，培育勤俭、奋斗、创新、奉献的劳动精神，提升劳动能力、实践能力、创新能力和就业创业能力。

## 四、在弘扬的形式层面，强化时代特征，聚焦受众诉求，推动精神弘扬的丰富性、互动性、教育性

精心组织精神弘扬的各类活动。组织先进事迹报告会、座谈交流会、学习研讨会、展陈展览、巡回演讲等活动，以及组织各种重大“仪式”活动，都是弘扬劳模精神、劳动精神、工匠精神的重要活动方式。要针对受众的心理和诉求，加强活动策划，精准定位活动的方式方法，切实提高各种活动的质量和水平，增强活动的丰富性、互动性、教育性，实现精神弘扬、经验讲述、知识传授与价值引领相结合。

切实提升各类文本的质量和水平。聚焦劳模精神、劳动精神、工匠精神，组织创作一批小说、散文、诗歌、音乐、曲艺、影视剧、舞台剧、书法、绘画、摄影等艺术作品，使听众、观众、读者在接受传播内容的同时，不自觉地接受有关价值观念和精神熏陶，继而达到满意的传播效果。通过大众化、故事化、

时代化、生活化、日常化的文本编创和形式创新，推动劳模精神、劳动精神、工匠精神“飞入寻常百姓家”，进入劳动者日常的生产生活中，春风化雨、润物无声。

新时代新要求，新使命新方向。让我们秉持强烈的问题意识和实践导向，直面精神弘扬的现状和时代诉求，主动发力、积极作为，创新探索新时代弘扬劳模精神、劳动精神、工匠精神的思想路径，让劳模精神、劳动精神、工匠精神成为企业文化的制高点，成为职工文化的推动器，成为劳动教育的着力点，成为培育和践行社会主义核心价值观的重要抓手；让劳模精神、劳动精神、工匠精神在实现中华民族伟大复兴的中国梦之中绽放璀璨光芒。

（作者单位：中国劳动关系学院）

# 二等奖

# 突破职业教育发展瓶颈，厚植大国工匠沃土

李长安　高春雷

习近平总书记指出：“我国经济要靠实体经济作支撑，这就需要大量专业技术人才，需要大批大国工匠。”为此，要“加快构建现代职业教育体系，培养更多高素质技术技能人才、能工巧匠、大国工匠”。职业教育不仅承担着培养大国工匠的重任，还是培养工匠精神的重要场所。当前，我国职业教育在面临巨大发展机遇的同时，应不断突破各种制约发展的瓶颈，为培养更多的大国工匠奠定坚实的基础。

党的十八大以来，我国职业教育改革发展走上提质培优、增值赋能的快车道。目前，我国共有 1.13 万所职业院校、3088 万名在校生，已建成世界规模最大的职业教育体系，培养了一大批支撑经济社会发展的技术技能人才。全国职业学校开设了 1300 余个专业和 12 万多个专业点，基本覆盖了国民经济各领域，有力支撑我国成为全世界唯一拥有全部工业门类的国家。从已经评选出的大国工匠荣誉称号获得者的经历来看，有不少都具有职业教育的背景。比如技校毕业，29 岁成为航空高级技师，39 岁打破被国外长期垄断的金刚石滚轮加工技术的洪家光；2018 年全国五一劳动奖章获得者，被称为“设备名医”“技改大王”，学历只有中专水平的刘云清；技校毕业，被誉为“雕刻火药的大国工匠”的徐立平；等等。

但是，必须清醒地认识到，我国职业教育在发展过程中仍存在着不少的瓶颈，不仅影响了职业教育本身的发展，也削弱了培养大国工匠的基础，集中表现在以下几个方面。

第一，生源质量不高。生源质量差、整体素质不高，使职业教育几乎变成

了“差生教育”的代名词，生源较差已成为制约职业教育发展的一大障碍。对于不少考生来说，似乎只有成绩差的学生才会选择去报考职业院校。而在一些高职院校，对考生分数的要求已经低到了令人难以置信的程度，甚至“报考就招”的现象屡见不鲜。生源质量差大大降低了职业教育的培养质量，这也是造成我国技能型人才短缺的重要原因之一。

第二，毕业生就业质量不高。无论是中职学校还是高职院校的毕业生，虽然就业率不低，有时甚至比普通高校毕业生的就业率还要高，但总体来说，就业质量不高的问题较为突出。大多数职业院校毕业生都在生产和服务第一线，一些人劳动时间长、工作强度大、工资水平相对较低、社会保障不全、职业发展空间狭小。以制造业为例，国家统计局数据显示，2021 年全国规模以上企业就业人员年平均工资为 88115 元，比上年名义增长 10.3%。而生产制造及有关人员年平均工资仅为 68506 元，增长 9.4%。换句话说，制造业从业人员的年平均工资要比全国平均水平约低 22%，而且增速也相对较慢，差距还在进一步拉大。就业质量不高是导致职业教育缺乏吸引力的一个重要原因。

第三，技能型师资力量薄弱。目前，职业院校的教师队伍中力量薄弱、素质不高的问题比较突出。不少职业院校师资存在着学历层次较低、青年教师多、文化课教师多、专业技术教师少的问题。据教育部统计，目前我国高职学校中研究生及以上学历专任教师占比仅为 41%。不少教师缺乏职业教育的实践经验和专业特长，既懂技术技能又懂教学的技能型师资力量薄弱，合格的社会兼职教师又少。师资政策不畅、校企融合不深、编制管理僵化形成制约“双师型”教师队伍建设的瓶颈。特别是一些职业院校由于缺乏经费、设备简陋，导致技能培养能力不足，不少学生毕业后学无所用，依然未能掌握企业所需要的一技之长。

第四，企业内部培训不足。企业内部的技能培训是职业教育的延续。职业院校毕业生进入企业后，应该进行必要的职业技能培训，以熟悉企业的技术要求和操作规范。但许多企业对培训工作重视不够，投入较少。国家统计局发布的数据显示，2019 年全国规模以上企业就业人员年平均工资为 75229 元，按照企业职工教育培训经费不低于职工工资总额1.5%的要求，那么人均教育培训费用应该不低于1128元。然而，根据中智咨询2019年的调查，有55%的企业表示其人均培训费用低于1000元，其中还有19%的企业低于500元。这就意味着，有超过一半的企业在职工教育培训投入方面存在不足。相较于规模以上企业，大量中小微企业的教育培训投入更低。此外，一些企业的培训工作缺乏系统化和规范化，培训中存在一定的盲目性，部分企业对员工的培训内容仅停留在简单的技能操作上，多以应急式的业务培训为主；培训方式也比较单一，主要采用集中式课堂教学法。近些年来，新型学徒制在不少企业中得到推广，据统计，目前人力资源和社会保障部已完成企业新型学徒制培训124万人。但新型学徒制也面临着企业积极性不高、培训补贴到位慢甚至不到位、培训内容与职业技能规范不对应等问题。

第五，工匠精神教育存在薄弱环节。一些职业院校片面追求短期的经济效益，盲目扩大招生规模、开设热门专业等，以迎合市场的短期需求，从而影响工匠精神的培养。而职业教育的老师很多都没有经过工匠师傅的历练，本身就缺乏工匠精神，因此也无法起到对学生工匠精神的引导作用。在企业内部，新型学徒制在实践中重技术培训、轻工匠精神传承的问题也比较突出。

基于以上分析，笔者提出如下建议：

第一，转变观念，吸引更多优质生源进入职业学校。职业教育要摘掉“差生教育”的标签，需政府、职业院校和考生家长共同努力。对政府来说，要高度重视职业教育的战略地位，扭转“先普教后职教”的办学理念，现阶段更应该对职业教育“高看一眼、厚爱一分”。对于职业院校来说，要加快教学体系的改革步伐，坚持以市场急需的人才为导向，培养更多优秀的技术技能型人才。对于广大考生来说，要转变“考不好才进职校”的观念，通过努力钻研技术技能，使自己成为社会需要的技能型人才。

第二，大力提高职业教育培训的获得感。要提高职业教育培训的吸引力，就必须在提高职业教育培训的获得感方面多下功夫。良好的就业和待遇是吸引更多优质生源的法宝。应当允许职业院校在专业设置、校企合作等方面拥有更大的自主权，畅通劳动力市场供需信息，努力提高职业教育人才培养的精准度。在新修订的《职业教育法》中，已经就打通职业教育与学历教育通道、拓宽职校毕业生就业渠道以及中职学历劳动者参与职称评定等方面作出了明确的规定，必须在具体实践中认真加以落实。确保培训补贴及时足额到位，对于培训成绩优秀者予以相应奖励，不断提高技能劳动者的薪酬待遇，多渠道解决他们关心的职称评定以及子女教育、养老医疗、住房等切身问题。这对于吸引更多高质量学生就读职业院校、主动参与技能培训具有十分积极的意义，也为未来涌现更多大国工匠奠定了基础。

第三，高度重视师资队伍建设，提高教育培训实效。建设一支具备工匠教育理念、综合素质优良、专业教学能力强、乐于成为“工匠引路人”的“双师型”教师队伍，是培养工匠人才的必要条件。要不断改善职业院校教师的工资、社保、福利等方面的待遇，特别是在职称评定方面，打通技能人才与学术人才职称的通道，破除“五唯”。同时，要广开渠道，采取“校内培养、校外引联”的方法，增加职业教育师资队伍的来源。聘请有特殊技术的能工巧匠和企业界的成功人士授课，打造一支高素质的“双师型”教师队伍。

第四，高度重视工匠精神的培养，充分发挥新型学徒制“传帮带”作用。职业教育不仅要传授技术，更应该将培养工匠精神作为重点和核心。职业院校要将工匠精神的培育贯穿于教育教学改革全过程，在课程设置、实践教育、思想政治教育和顶岗实习等教学环节中加强精神教育的内容。利用校企合作的人才培养模式改革平台，加强工匠精神的养成教育、体验教育和实践教育，从而使工匠精神与技术活动、技能培育有机结合起来，并内化于学生的精神之中。在推进新型学徒制的过程中，注重关于工匠精神的“传帮带”。努力营造劳动光荣、技能宝贵、创造伟大的社会氛围。

第五，创新职业教育模式，多支柱构建现代职业教育体系。不断创新职业教育模式，拓展互联网、人工智能、数字技术等在职业教育中的应用。培养大国工匠，要加快职业教育数字化转型。充分利用和开发“互联网+”新技术，在职业教育中建立示范性虚拟仿真实训室和示范性虚拟仿真实训基地，缓解职业院校开展实训教学过程中高投入、高损耗、高风险及难实施、难观摩、难再现的痛点难点。加快引入“全息教室”场景，完善异地协同教学模式，通过高同步的两地现场数据传递，解决企业师傅无法现场指导、有限的企业实训设备无法满足教学需要、未经培训的学生无法在真实的厂区亲身实践等几大难点，为线上线下教学提供安全可行的远程教学模式。同时，要采取多种措施鼓励社会资本兴办职业教育，切实推动企业参与共建职业院校，允许外资独资兴办职业教育培训机构，形成多方共举的局面，加快构建完善有效的职业教育新体系。

（作者单位：对外经济贸易大学政府管理学院、北京市工会干部学院）

# 把劳模精神、劳动精神、工匠精神学习好传承好弘扬好

王子洋

习近平总书记始终高度重视、关心关爱工人阶级和广大劳动者，特别礼赞劳动创造，一贯倡导弘扬劳模精神、劳动精神、工匠精神，每到一地考察都深入基层看望劳动模范和一线职工，多次与劳模工匠座谈，每逢“五一”国际劳动节，都会通过不同形式向工人阶级和广大劳动群众致以节日问候。2022年的“五一”国际劳动节到来之际，习近平总书记向首届大国工匠创新交流大会致贺信，饱含深厚人民情怀，对弘扬劳模精神、劳动精神、工匠精神提出明确要求，汇聚起了亿万职工群众团结奋斗的磅礴力量。

## 一、深入学习劳模精神、劳动精神、工匠精神的科学内涵

2020年11月，习近平总书记在全国劳动模范和先进工作者表彰大会上指出，“在长期实践中，我们培育形成了爱岗敬业、争创一流、艰苦奋斗、勇于创新、淡泊名利、甘于奉献的劳模精神，崇尚劳动、热爱劳动、辛勤劳动、诚实劳动的劳动精神，执着专注、精益求精、一丝不苟、追求卓越的工匠精神”，强调“劳模精神、劳动精神、工匠精神是以爱国主义为核心的民族精神和以改革创新为核心的时代精神的生动体现，是鼓舞全党全国各族人民风雨无阻、勇敢前进的强大精神动力”。习近平总书记明确界定劳模精神、劳动精神、工匠精神的科学内涵，充分肯定其在中华民族伟大复兴进程中的地位和作用，丰富和深化了我们党对劳动、劳动价值的认识，对在新时代大力弘扬劳模精神、劳

动精神、工匠精神具有重大的理论意义和实践意义。

劳模精神、劳动精神、工匠精神贯穿着马克思主义立场观点方法。劳模精神反映劳动模范在生产实践中的职业素养、职业能力、职业品质；劳动精神是劳动者劳动意识、劳动理念、劳动态度、劳动习惯的集中展示；工匠精神不仅是大国工匠群体特有的品质，更是广大技术工人心无旁骛钻研技能的专业素质、职业精神。劳动精神是劳模精神、工匠精神的根基，劳模精神和工匠精神是劳动精神向更高水平的发展、在更高层次的升华。“三个精神”旗帜鲜明地站在工人阶级和人民大众的立场上，揭示劳动是人的本质，是人的本质力量得以确证的实践方式，是人实现自我提升的途径，是推动人类社会进步的根本力量，贯穿于马克思主义哲学、政治经济学和科学社会主义，集中反映了马克思主义劳动观。习近平总书记对劳模精神、劳动精神、工匠精神的科学界定，不仅深刻指出了“三个精神”之间的内在联系，而且在秉承坚定的政治立场、人民立场的基础上，随着时代发展，使劳模精神、劳动精神、工匠精神的涵盖范围越来越广，实践要求越来越高，引领价值越来越大，蕴含了马克思主义唯物辩证、实事求是、群众路线的思想方法和工作方法，集中体现了习近平总书记对劳动模范的引领作用、劳动者的实践价值和大国工匠的时代意义的充分肯定。

## 二、深刻把握劳模精神、劳动精神、工匠精神的发展脉络

中华民族是勤于劳动、善于创造的民族，特别是在 1921 年中国共产党诞生后，中国工人阶级开始在党的领导下，为党的事业矢志奋斗，劳模精神、劳动精神、工匠精神开始孕育、形成，并不断发展、光大。

新民主主义革命时期，党的主要任务是反对帝国主义、封建主义、官僚资本主义，争取民族独立、人民解放，为实现中华民族伟大复兴创造根本社会条件。这一时期是劳模精神、劳动精神、工匠精神的孕育时期，例如陕甘宁边区开展的群众性劳动竞赛活动和“大生产运动”、1933 年瑞金召开的春耕生产运动大会，其作用是打破敌人的封锁与生产条件的限制，“用自己动手的方法，达到了丰衣足食的目的”，为战争的胜利创造良好的物质条件。

社会主义革命和建设时期，党的主要任务是实现从新民主主义到社会主义的转变，进行社会主义革命，推进社会主义建设，为实现中华民族伟大复兴奠定根本政治前提和制度基础。这一时期是劳模精神、劳动精神、工匠精神的形成时期，例如召开第一次全国工农兵劳动模范代表会议并形成制度、为实现国家计划开展劳动竞赛、开展先进生产者运动等，其作用是团结工农兵恢复经济生产，巩固社会主义制度，为“建设一个新世界”奠定坚实的物质基础，积累宝贵经验和精神财富。

改革开放和社会主义现代化建设新时期，党的主要任务是继续探索中国建设社会主义的正确道路，解放和发展社会生产力，使人民摆脱贫困、尽快富裕起来，为实现中华民族伟大复兴提供充满新的活力的体制保证和快速发展的物质条件。这一时期是劳模精神、劳动精神、工匠精神的发展时期，例如组织动员工人阶级为实现四个现代化作贡献、劳模精神被赋予新的时代内涵、群众性技术创新活动蓬勃开展等，其作用是解放和发展生产力，齐心协力推进经济社会的高速前进，推进中国大踏步前进。

中国特色社会主义进入新时代，党的主要任务是实现第一个百年奋斗目标，开启实现第二个百年奋斗目标新征程，朝着实现中华民族伟大复兴的宏伟目标继续前进。这一时期是劳模精神、劳动精神、工匠精神的光大时期，例如习近平总书记从党和国家战略全局的高度重视劳模精神、劳动精神、工匠精神，更加突出选树以技术工人为代表的一线劳动者作为劳动模范等，其作用是决胜全面建成小康社会、统筹疫情防控和经济社会发展、推进供给侧结构性改革等，向第二个百年奋斗目标全面迈进。

可以看出，劳模精神、劳动精神、工匠精神始终围绕党的事业不同历史时期的不同任务发挥不同作用，其发展趋势呈现的特点有：一是在生产实践基础上覆盖领域不断延伸。劳模精神、劳动精神、工匠精神基于生产劳动的运动而得以形成、发展，又不断延伸到各行各业各个领域，引领价值不断扩大。二是从苦干实干型向创新创造型转变。从解决资源供求矛盾，到推动经济高速发展，再到推进经济高质量发展，对劳动者的创新创造意识和能力提出更高要求，知识型、技能型、创新型劳动者成为时代要求。三是价值表达和利益表达并重。在展现劳模精神、劳动精神、工匠精神巨大引领价值的同时，更加注重对劳模、工匠的激励和自我价值实现，充分体现对劳动者权益的维护和保障，引领劳动者通过劳动创造幸福。

## 三、大力弘扬劳模精神、劳动精神、工匠精神的现实路径

实现中华民族伟大复兴的中国梦，根本上要靠全体人民的劳动、创造、奉献。新征程上，要牢牢把握工人运动时代主题，深入理解劳模精神、劳动精神、工匠精神的科学内涵，深刻把握其发展脉络和时代要求，激励广大职工为实现中华民族伟大复兴的中国梦不懈奋斗。

### （一）始终坚持党的领导

历史和实践充分证明，劳模精神、劳动精神、工匠精神，始终围绕党的事业，始终服务党的中心工作，是中国共产党人精神谱系的重要组成部分。在新时代大力弘扬劳模精神、劳动精神、工匠精神，必须毫不动摇地坚持党的领导，坚持全心全意依靠工人阶级的方针，通过广泛开展“中国梦·劳动美”主题宣传教育、劳动模范和先进工作者评选表彰、大国工匠的培育和选树等工作，引导工人阶级和广大劳动者始终站稳政治立场、人民立场，深刻领悟“两个确立”的决定性意义，增强“四个意识”、坚定“四个自信”、做到“两个维护”，紧紧围绕在党的周围，朝着第二个百年奋斗目标不懈奋斗。

### （二）着力提高技能素质

当今世界，综合国力的竞争归根结底是人才的竞争、劳动者素质的竞争。新一轮科技革命和产业变革正在蓬勃兴起，高质量发展成为我国发展主题，创新驱动成为支撑高质量发展的主要动力。这对工人阶级和广大劳动者素质提出了更高要求。要把提高劳动者技能素质作为大力弘扬劳模精神、劳动精神、工匠精神的重要着力点，深化产业工人队伍建设改革，特别是在完善现代职业教育制度，畅通技术人才职业发展通道，完善和落实技术工人培养、使用、评价、考核机制等方面取得新突破，激励更多劳动者特别是青年人走技能成才、技能

报国之路，培养更多高技能人才和大国工匠，为中国制造、中国创造提供强有力的人才支撑。

（三）广泛开展劳动教育

从劳模精神、劳动精神、工匠精神的科学内涵上看，从劳动精神到劳模精神、工匠精神，是一个逐渐递进和升华的过程，也是劳动者成长成才的过程。从现阶段社会现状看，在一定程度上存在着“重学历、轻技能”观念。从思想淬炼上看，劳动是淬炼思想的有效办法，正如习近平总书记指出：“劳动，是共产党人保持政治本色的重要途径，是共产党人保持政治肌体健康的重要手段，也是共产党人发扬优良作风、自觉抵御‘四风’的重要保障。”因此，要广泛开展劳动教育实践活动，贯穿劳动者成长成才全过程，贯穿学校、家庭、社会各方面，推动形成劳动光荣、技能宝贵、创造伟大的浓厚社会氛围，推动对劳动的认可、对劳模的尊重、对工匠的推崇日益深入人心。

（四）做好维权服务工作

劳模精神、劳动精神、工匠精神充分体现了工人阶级和广大劳动者的人生理想、家庭幸福和国家富强、民族复兴的高度统一、血肉融合，更是我们党坚持人民至上的集中体现。大力弘扬劳模精神、劳动精神、工匠精神，必须把维护职工群众的合法权益放到更加突出的位置，完善劳模政策、提升劳模地位、落实劳模待遇，为劳模、工匠发挥作用搭建平台、提供舞台，为劳模、工匠传承技能、传承精神创造条件。要加快构建联系广泛、服务职工的工会工作体系，不断提高职工生活品质，让广大劳动者共享改革发展成果，心无旁骛地岗位建功，使得劳模精神、劳动精神、工匠精神发扬光大、代代相传。

（作者单位：河北省地质调查院）

# 精心育“匠”，助力振兴

陈志军

劳动者素质对一个国家、一个民族发展至关重要。当今世界，综合国力的竞争归根到底是人才的竞争、劳动者素质的竞争。习近平总书记强调：“各级党委和政府要高度重视技能人才工作，大力弘扬劳模精神、劳动精神、工匠精神，激励更多劳动者特别是青年一代走技能成才、技能报国之路，培养更多高技能人才和大国工匠，为全面建设社会主义现代化国家提供有力人才保障。”近年来，吉林省直机关工会工委发挥工会建设职能，精心培育工匠人才，助力吉林全面振兴、全方位振兴。

## 一、新时代培育工匠人才的重要意义

第一，推动产业转型升级需要更多工匠人才。习近平总书记强调：“我国经济要靠实体经济作支撑，这就需要大量专业技术人才，需要大批大国工匠。”不论是传统制造业还是新兴制造业，不论是工业经济还是数字经济，高技能工匠人才始终是中国制造业的重要力量。近年来，我国各技术等级或专业技术职称的人才需求旺盛，高素质技能人才的短缺已经成为影响我国产业转型升级的重要因素。立足新发展阶段，贯彻新发展理念，构建新发展格局，推动高质量发展，实现中国制造向中国创造转变、中国速度向中国质量转变、中国产品向中国品牌转变，离不开工匠精神，更离不开数量众多的高技能工匠人才。

第二，实现共同富裕目标需要更多工匠人才。促进全体人民共同富裕，是我国迈向第二个百年奋斗目标，全面建设社会主义现代化国家新征程的终极目标。实现共同富裕是一项系统性工程、战略性任务，远比脱贫攻坚任务更加繁重、情况更加复杂、要求更加具体，需要更多的工匠人才作为支撑。古往今来，人才都是富国之本、兴邦大计。从实践上看，我国拥有超过2亿人的庞大技能劳动者群体，要让这一群体成为共同富裕之路上的“神助攻”，不仅需要站在全局的高度去看待工匠人才的重要性，更需要在服务上多用心用情用力，提升这一群体的收入水平与社会地位，合理缩小不同学历劳动者之间的收入差距，实现社会晋升通道的多元化，切实使这一群体成为实现共同富裕的强大引擎。

第三，突破“卡脖子”关键技术需要更多工匠人才。习近平总书记强调：“战略人才站在国际科技前沿、引领科技自主创新、承担国家战略科技任务，是支撑我国高水平科技自立自强的重要力量，要把建设战略人才力量作为重中之重来抓。”全方位培养、引进、用好工匠人才，突破“卡脖子”关键核心技术缺失的制约，确保产业安全和战略主动，事关我国建设世界科技强国和实现中华民族伟大复兴。突破关键核心技术，不仅需要科学巨擘，也需要能工巧匠。当前，突破“卡脖子”关键核心技术，我们补齐了一些短板，设置了集成电路类专业，为破解关键技术提供了更丰富的工匠人才支持。只有大力弘扬工匠精神，在培养高素质工匠人才上下功夫，在拓宽工匠人才培养渠道上想办法，在创造工匠人才成长环境上使实劲，才能使更多工匠人才不断涌现，彻底解决“卡脖子”问题。

## 二、培育工匠人才存在的不足

工会作为党联系职工群众的桥梁和纽带，在培育工匠人才上有着自身优势，做了大量工作，但也存在一些需要改进的问题。

一是工会宣传不到位，工匠人才培育思想认识不足。一些工会在积极主动宣传方面还存在缺位，在工匠精神入脑、入心大力宣传工作上用力不够、办法不多。部分单位和职工对工匠精神的引领作用认识不足，重视不够，认为大国工匠离自己很远，自己做好本职工作就行了，争当工匠、赶超先进的意识还有待进一步激发，尊重劳动、崇尚劳动的社会氛围还有待进一步营造。

二是培养训练不到位，工匠人才技能提高速度不快。有的地区运用劳动技能竞赛、劳模和工匠人才创新工作室等载体培育高素质技能人才的探索不足、方式方法不多，技能竞赛覆盖面不高，竞赛的内容、质量需要进一步精细设计。对工匠人才的培训多以讲座、参观、研讨为主，对于互联网、情景展现等新方法探索和运用不足，职工的综合素质提升较慢。

三是维权保护不到位，工匠人才的流失现象还存在。有些单位对于工匠人才的培养兴趣不高，有担心人才流失的顾虑，存在“挖墙脚”现象。对于单位辛苦培育起来的优秀工匠人才，有些效益好的单位以高薪高职为诱饵，想方设法将工匠人才聘走，致使有的单位担心职工技术级别越高，被挖走、跳槽的概率就越大，对于工匠人才培养不积极。反过来，有的职工对于提高技能水平也不主动，仅满足于能应付岗位工作。

四是经费保障不到位，基层工会精力投入还不够高。开展职工经济技术创新活动、技能培训等技能人才队伍建设面临的最大困难是经费保障不足，有的单位只注重生产效益，对一线职工职业技能培训和提高重视不够，教育培训经费不列支或列支较少。有些基层工会的工会干部大多是兼职，精力有限，往往在主业工作上投入得多，在兼职工作上投入得少，工会工作存在“忙起来不要”的现象。

## 三、新时代培育工匠人才的思考与对策

一是强化政治引领，锻造“红专并进”的大国工匠。旗帜鲜明讲政治，是大国工匠成功的关键。要把讲政治放在首位，坚决维护以习近平同志为核心的党中央权威和集中统一领导，对党绝对忠诚。要站稳政治立场，坚定正确政治方向，深刻领悟“两个确立”的决定性意义，增强“四个意识”、坚定“四个自信”、做到“两个维护”，坚定不移向党中央看齐，向党的理论和路线方针政策看齐，向党中央决策部署看齐，坚决做到在思想上对标对表、行动上紧跟紧

随、执行上坚定坚决，把忠诚核心、拥护核心、维护核心、紧跟核心作为最大的忠诚，不断增强对中国共产党和中国特色社会主义的政治认同、思想认同、理论认同、情感认同，并把这种认同转化为提高技术水平的实际行动，做带头真心拥戴核心的大国工匠。

二是强化技能竞赛，打造让工匠人才脱颖而出的竞技舞台。“心心在一艺，其艺必工；心心在一职，其职必举。”工匠人才的培养需要适合他们的竞技舞台。各级工会要广泛开展劳动技能竞赛活动，使技能竞赛成为工匠人才成长成才的主要阵地。要扩大岗位练兵、技术比武活动范围，形成以世界技能大赛为龙头、以国内技能竞赛为主体、以企业岗位练兵为基础的劳动技能竞赛体系。通过竞赛展现技能水平和技能人才风采，打造技能竞赛品牌，建设技能高超的工匠人才队伍。要以创新工作室建设为抓手，建设好各级示范性劳模和工匠人才工作室，充分发挥工作室带头人的引领作用，带动广大职工整体素质的提高。要依托创新工作室，做好革新、发明、创造、培训等活动，努力打造知识型、技能型、创新型劳动者大军。

三是强化奖励激励，创造优待工匠人才的成长环境。要制定工匠人才激励办法和鼓励工匠人才干事创业的政策措施，加大对工匠人才的奖励力度，完善技能人才成长成才的保障机制，按照有关政策落实相应待遇，使其在聘任、工资、带薪学习、培训、出国进修、休假、体检等方面得到同等对待。要维护好工匠人才的合法权益，激发他们的工作积极性，使广大“蓝领”工匠成为中产阶层的主体。要加强工匠人才的表彰工作，在典型选树上向他们倾斜，扩大工匠人才享受国务院政府特殊津贴人数。对劳动技能竞赛中涌现出的优秀工匠人才，要给予充分的精神和物质奖励，不断激励他们砥砺奋进，再创佳绩。

四是强化舆论宣传，营造崇尚工匠精神的社会风气。要积极开展多种形式的宣传教育，开展大国工匠事迹宣传、组织工匠精神主题研讨等活动，把质量为先的理念、品质为核心的意识深深融入社会，深深镌刻在广大人民的脑海，使踏实务实、执着专注、精益求精、创新超越内化成每个人的内在品质，外化成对工作成果的追求，使工匠精神成为一种自觉，成为一种习惯。奋进新征程、建功新时代，我们要大力弘扬工匠精神，树立职业英雄，营造劳动光荣的社会风尚和精益求精的敬业风气，将“行行出状元”的理念播撒到全社会，培养更多高素质技术技能人才、能工巧匠、大国工匠，造就一支有理想守信念、懂技术会创新、敢担当讲奉献的工匠人才队伍。

（作者单位：吉林省直机关工会工委）

# 社会主义劳动竞赛：大国工匠的“孵化器”

郭秋萍　邹卫民

2022 年 4 月，习近平总书记在致首届大国工匠创新交流大会的贺信中强调：“技术工人队伍是支撑中国制造、中国创造的重要力量。”劳动者素质对一个国家、一个民族发展至关重要。产业工人队伍质量是一个国家产业结构的决定性力量之一，而大国工匠是职工队伍中的高技能人才。培育大国工匠，是中国工会义不容辞的责任担当。习近平总书记明确指出：“工会要协同各个方面为劳动模范、大国工匠发挥作用搭建平台、提供舞台，培养造就更多劳动模范、大国工匠。”工会开展的劳动竞赛是培育造就大国工匠的有效载体之一，是弘扬工匠精神、提升工匠技能、造就工匠人才的平台，是大国工匠的“孵化器”。

## 一、培育大国工匠是国之所需

大国工匠是指独具匠心，以工匠精神造梦、筑梦的先进劳动者。《周礼·考工记》中有：“知者创物，巧者述之，守之世，谓之工。”① 《说文解字》中对“工”的解释是“工，巧饰也”②。因此，“工匠”一词最初就是指有工艺专长的能人。我国自古就有尊崇、歌颂工匠的优良传统。从“如切如磋，如琢如磨”到“炉火纯青”“庖丁解牛”，这些妙语佳句彰显了工匠们谦虚谨慎的态度和追求卓越、成就经典的品质。无数工匠身上体现的工匠精神是中华民族严谨认真、坚韧不拔、追求卓越的民族气质，劳模精神（劳动精神、工匠精神）成为中国共产党人精神谱系的重要组成部分。在 2020 年召开的全国劳动模范和先

---

① 闻人军：《考工记导读》，北京：中国国际广播出版社，2008 年。

② （汉）许慎：《说文解字》，北京：中华书局，1963 年。

进工作者表彰大会上，习近平总书记精辟概括了工匠精神的深刻内涵——执着专注、精益求精、一丝不苟、追求卓越。

培育大国工匠是产业工人队伍建设的迫切需要。当前，产业工人职业发展通道狭窄、制度空间受限的现实，已经成为影响产业工人队伍发展、挫伤产业工人积极性的突出问题。截至目前，我国技能劳动者超过 2 亿人，其中高技能人才超过 6000 万人。但技能劳动者占就业人口总量不到三成，技能人才总量仍然不足。因此，壮大技术工人队伍，培养更多高素质技术技能人才、能工巧匠、大国工匠，既是产业工人队伍建设的当前之需，也是长远之计。

培育大国工匠，也是壮大实体经济、做强中国制造的需要。习近平总书记强调："实体经济是我国经济的重要支撑，做强实体经济需要大量技能型人才，需要大力弘扬工匠精神。"不论是传统制造业还是新兴制造业，不论是工业经济还是数字经济，高技能人才始终是中国制造业的重要力量，他们身上蕴藏的工匠精神始终是创新创业的重要精神源泉。大国工匠是支撑中国制造的重要力量，也是锻造"创新中国"的劳动者大军。正是一代代劳动者对工匠精神的继承与发扬，才使我国从一个基础薄弱、工业水平落后的国家，成长为世界制造大国。

## 二、社会主义劳动竞赛是大国工匠的培育平台

劳动竞赛是中国工会的传统工作品牌，在我国有着悠久的历史，是社会主义制度下充分发挥劳动者的积极性、主动性和首创精神，发挥工人阶级主力军作用的有效形式，也是大国工匠的培育平台。《宪法》《劳动法》等法律中都明确规定，国家提倡社会主义劳动竞赛。社会主义劳动竞赛作为提高职工素质、推动企业进步、促进经济发展的重要途径，作为工会围绕中心、服务大局的重要载体，在新中国发展史上具有重要意义。

我国的劳动竞赛始于 20 世纪 30 年代党领导下的中央苏区。新中国成立以来，在中国共产党带领人民进行社会主义现代化建设的进程中，在劳动竞赛中涌现出一大批追求极致、精益求精的工匠。赖若愚指出："当劳动竞赛开展起

来之后，就必然要求提高，要求技术方面的革新，这是一个客观的趋势。”① 从1953年“一五”计划开始，围绕国家对技术革新的需要，工会在全国组织开展了以技术革新运动为主的劳动竞赛活动，掀起了“比学赶帮超”的热潮。这个阶段劳动竞赛“着重于劳动与技术相结合”。20世纪50年代末60年代初，一大批能工巧匠和优秀技术工人积极推广先进技术与先进操作方法，开展厂际技术交流、技术协作和技术攻关。职工技术协作活动就是在这一时期兴起的。职工技术协作活动是劳动竞赛的新发展，它进一步丰富了工会经济技术工作的内容。工人阶级在劳动竞赛中创造出了一批先进的工作法，也产生了倪志福、王崇伦等一大批工匠人物。

进入21世纪以来，创新已成为时代发展的新诉求。伴随着我国创新驱动发展战略的提出，劳动竞赛也与时俱进，进入了一个“与创新相结合”的新阶段。特别是进入“十二五”时期后，全国总工会组织动员广大职工开展了以技术创新竞赛等为重点的各类劳动竞赛以及“劳模工匠创新工作室建设”“名师带高徒”等活动，推动劳动竞赛服务于“中国制造”向“中国创造”转型发展，也培育铸就了一大批在高科技领域锐意创新的工匠人才。

## 三、新时代劳动竞赛助力培育大国工匠的实践路径

习近平总书记指出：“要完善和落实技术工人培养、使用、评价、考核机制，提高技能人才待遇水平，畅通技能人才职业发展通道，完善技能人才激励政策，激励更多劳动者特别是青年人走技能成才、技能报国之路，培养更多高技能人才和大国工匠。”新时代，工会要搭建好社会主义劳动竞赛这一平台，助力培育造就更多的大国工匠。具体来说，要做到以下几个方面。

### （一）让工匠精神在竞赛中弘扬

新时代劳动竞赛要积极构建和倡导以劳模精神、劳动精神、工匠精神为核心的竞赛文化。劳动竞赛的开展要以社会主义核心价值观引领职工树立正确的

① 《李立三赖若愚论工会》，北京：档案出版社，1987年。

劳动态度，大力弘扬爱岗敬业的职业道德，始终把执着专注、精益求精、一丝不苟、追求卓越的工匠精神贯穿于竞赛宣传和组织的全过程，让“劳动光荣、创造伟大”成为时代强音。

新时代劳动竞赛要大力营造崇尚工匠、学习工匠的浓厚氛围。树立典型模范、宣传先进精神是激励广大劳动者锐意进取的有效形式，也是社会主义劳动竞赛的一大法宝。新时代劳动竞赛应充分利用网络技术扩大竞赛覆盖范围，同时借助主流媒体平台和微博、微信、App 等新媒体，建设劳动竞赛宣传主阵地，加强宣传覆盖。通过大力宣传劳动竞赛中产生的工匠等先进人物的先进事迹，弘扬工匠精神，充分发挥劳模工匠的示范引领和带动作用，让工匠精神在全社会产生强大的影响力。

（二）让工匠技能在竞赛中提高

新时代劳动竞赛要以技能提升为目标，把技术创新活动融入劳动竞赛，把劳动竞赛与创新发展相结合。新时代劳动竞赛要构建公平公正的竞争环境，激发参赛者的好胜心，促进参赛者在竞赛中“比学赶帮超”，实现工匠技能的提升。对竞赛中产生的工匠人才要给予适当奖励和社会认可，为劳动者提供技能展示和自我实现的平台，树立“技能强国”的自豪感和荣誉感，增强提升技能的自觉性。

新时代劳动竞赛要坚持“互相学习、互相帮助、取长补短、共同提高”的原则。这一原则提倡了国家集体利益与个人利益的深度融合，保证了社会主义劳动竞赛是具有鲜明社会主义特色的互帮互助、共同提高式的良性竞争。劳动竞赛可以与青工技能培训、高师带徒、职工安全意识、班组建设、工艺提升、操作规程等内容结合起来，帮助技能人才提高技术素质，实现岗位成才。社会主义劳动竞赛要在开展过程中注重搭建平台，加强技术交流，让竞赛参与者相互学习借鉴，在实现自身技能进步的同时也带动全社会技术水平的共同提升。

新时代劳动竞赛要特别注重发挥以赛促训、以赛促评的作用，按照国家职业技能标准和行业企业评价规范要求，让竞赛结果与职业技能等级认定相衔接，推动实现“赛证合一”“赛训合一”“赛评合一”。例如，上海市浦东新区 2020

年“建功新时代”三大倍增主题立功竞赛的30个项目全部采取“赛训合一”的办法来提升参赛者的技能水平，在张江药谷生物医药实验技能大赛中，由上海张江生物医药职业技能培训中心根据企业需要，开发相关岗位技能证书，将竞赛和培训相结合，实现了“赛训合一”。

（三）让工匠人才在竞赛中涌现

劳动竞赛作为产业工人技能评价的重要方式之一，是选树工匠人才的重要平台。新时代劳动竞赛要与高技能人才、工匠培育选树相衔接，树立技术和创新的选拔考核导向，通过劳动竞赛建立工匠人才培养、考核、使用、激励机制，通过岗位技术练兵、技术比武等活动提高职工的岗位技能，通过劳动竞赛引导职工树立继续学习、终身学习的理念，提高学习知识的能力、运用技术的能力、改革创新的能力。劳动竞赛的考核评估要避免单一化、简单化，应全面反映工匠人才的德能勤绩等各方面的素质。借助专业机构的力量探索建立科学的劳动竞赛评估指标体系，增强考核评估的科学性、专业性和权威性。

新时代劳动竞赛应完善竞赛荣誉体系，形成劳动成果、劳动贡献与物质利益、社会荣誉相统一的激励机制。对在竞赛中取得优异成绩的人才，应及时落实按规定晋升相应职业技能等级，打破产业工人职业晋升的壁垒。对于竞赛中表现突出的工匠人才，一方面要通过媒体进行广泛宣传、给予社会认可，另一方面要在培训进修、先进评选等政策方面适当倾斜，为其成长搭建更多平台、提供更多资源、创造更多机会。同时，推动建立首席技师工作站和工匠创新工作室，广泛开展师带徒活动，实现工匠人才的“传帮带”，实现工匠人才的延续和不断涌现。

（四）让工匠成果在竞赛中落地

新时代劳动竞赛要搭建工匠成果和经验交流平台，畅通工匠创新成果的转化应用渠道，提高创新成果转化应用成效。在劳动竞赛中要广泛开展创新成果评选、展示交流等活动，及时总结推广工匠的先进操作法和实践案例；广泛开展以工匠、高技能人才名字命名先进操作法或工装器具活动，及时总结推广职工创新成果；深化劳模和工匠人才创新工作室创建并探索创建跨区域、跨行业和跨企业的劳模和工匠人才创新工作室联盟，加强技术交流与合作。

新时代劳动竞赛要以竞赛为平台，推动工匠创新成果产业化、规模化应用。各级工会要广泛开展竞赛成果大比拼活动，开展好政策咨询、技术指导、创新支持、奖励申报等成果转化服务，促进创新链和产业链精准对接。同时，竞赛的后期服务还应包括加强知识产权保护方面的制度规定和政策落实，利用技术市场开展技术转让和技术服务，形成“成果—转化—效益—成果”的创新生态链，推动成果有效落地。

（作者单位：上海工会管理职业学院）

# 以提升职业技能水平为切入点，深入推进新时代产业工人队伍建设改革

金文峰

提升新时代产业工人队伍技能素质，是深入学习贯彻习近平总书记关于工人阶级和工会工作的重要论述特别是关于培养造就大国工匠和高技能人才的重要指示批示精神，加快推进新时代产业工人队伍建设改革的重要内容和有效举措，也是实现嘉兴高质量发展的迫切要求。

为全面了解浙江省嘉兴市产业工人队伍技能素质情况，嘉兴市总工会组成调研组，走访了嘉兴市人力资源和社会保障局、平湖经济开发区科创中心、恒锋工具股份有限公司、浙江欣兴工具有限公司、天通控股股份有限公司、海宁技师学院等单位，全面了解全市产业工人技能素质情况，分析存在的问题和原因，为深入推进新时代产业工人队伍建设改革提供参考意见。

## 一、嘉兴市产业工人队伍技能素质现状

近年来，在各级党政的日益重视和社会各界的大力推动下，嘉兴市劳动力特别是技能人才数量和素质呈平稳上升趋势，但仍存在技能人才总量不足、结构不合理等问题，劳动力技能素质偏低，不足以支撑 1 万亿元 GDP，与推动高质量发展的要求还有很大差距。

第一，技能人才总量不足。截至 2020 年末，嘉兴市约有劳动者 336 万人，其中第一产业 25.3 万人，第二产业 180.04 万人，第三产业 130.16 万人，三次产业从业人员比约为 1∶5∶4。产业工人中技能人才 91.7 万人，占从业人员数

的27.3%。技能人才中高技能人才27.96万人，其中技师及以上人才达5.17万人，高技能人才占技能劳动者比重达到30.5%。

第二，高技能人才学历较低。企业中高技能人才学历主要集中在大专、高中及以下两个层面，第一产业、第二产业和第三产业的高技能人才的学历层次为高中及以下的占比分别为41.5%、60.6%和62.4%。

第三，高技能人才年龄老化。第二、第三产业中，35岁以下高技能人才的占比分别为54.72%、47.37%。高技能人才呈现老龄化，青年高技能人才严重短缺。随着老一代高技能人才的逐渐退休，许多企业原本就稀缺的高技能人才将后继乏人，有的则会出现断档。

## 二、产业工人队伍技能素质建设滞后的原因分析

提升产业工人队伍技能素质的工作绩效和社会效益、经济效益不会立竿见影。虽然很多部门、企业认识到其重要性，但仍没有作为当务之急的工作来推动。职业教育规模偏小、企业自主培养积极性不高和工资待遇未产生叠加效应等成为制约产业工人技能素质提升的瓶颈。

第一，高等职业教育规模小，高技能人才供给不足。嘉兴市已建职业教育院校20所，其中高职院校2所、技师学院3所，在校学生共6.8万人，每年职业院校毕业生达到高级工技能等级的有近5000人。全市共有各类职业技能培训机构约230家，每年培训各类人员5.6万人次。这些远远不能满足企业对高技能人才的需求。同时，高技能人才的培养依赖于先进的实践设备和高水平的教师，而嘉兴市职业院校师资和设施不足，具有技师以上技能等级的“双师型”教师偏少，基础建设、实训设备不能适应现代化高职院校的教学需求。

第二，企业自主培养技能人才的积极性不高。技能人才需要通过实践锻炼和企业的长期培训才能逐步成长为高技能人才。目前嘉兴市不少企业在高技能人才培养上重视不够，舍不得在人才培养上投入，担心培养的人才流失。嘉兴市大中型企业每年用于职工培训的资金不到单位工资总额的1%，没有达到国家规定的职工工资总额1.5%~2.5%的要求，一些小企业更少。2012年至今，

嘉兴市共有 3310 家企业开展自主培养和评价，累计培养技能人员 35731 人次，其中高技能人才 17467 人次。

第三，高职院校产教融合仍处于初级阶段。目前，嘉兴市产教融合才刚起步，政府在统筹协调产业融合、校企合作方面缺少统一规划，尚未建立产教融合的机制、模式。由于校企合作过程中企业投入较大，后期回报难以确保，影响了企业投入积极性。职业院校习惯按自己的模式培养人才，与企业需要存在脱节，校企合作存在“两张皮”现象。需要政府部门牵头，高职院校、行业、企业等利益相关者积极参加，共同研究制定工作规划和机制。

第四，高技能人才待遇总体偏低。社会上仍存在“重学历、轻技能”的片面的人才观，企业管理人员、专业技术人员与技能工人的社会地位和待遇存在一定差距，企业技能人才缺乏成长激励机制和上升通道，技能人才对所得回报与劳动付出存在预期差距，职业荣誉感、获得感较低。

## 三、提升产业工人队伍技能素质的建议

提升产业工人队伍技能素质是一项系统工程，需要统筹规划、久久为功，更需要政府、企业和社会各界凝心聚力、合力推进。

第一，在“建”字上下功夫，大力加强职业教育基地建设，提升高技能人才有效供给。进一步完善政府主导、社会参与的技能人才培养体制。调整部分普通本科院校人才培养方向，支持嘉兴南湖学院、同济大学浙江学院等院校培养嘉兴市急需的高技能人才。扩大嘉兴职业技术学院等现有高等职业技术学院的办学规模，整合现有的职业技术院校力量，支持民办职业技术院校做大做强，给予上海交大嘉兴南洋职业技术学院等民办学校更多政策鼓励，让更多的社会力量依法享受教育、财税、土地、金融等相关政策，进一步提高社会力量办学的积极性。同时，探索完善高技能人才认定办法，为应对政府部门取消大多数工种技能等级证书的实际情况，把虽然没有获得技能等级证书但具备真才实学的人才纳入高技能人才队伍。

第二，在“融”字上下功夫，大力支持产教融合试点工作，提升技能人才

培养水平。按照《国家产教融合建设试点实施方案》的要求，成立推进产教融合工作领导小组，统筹协调推进产教融合工作，建立职业教育部门联席会议制度，制定出台《加强区域现代职业教育治理体系建设的意见》，发挥优势企业和高水平院校的引领作用，支持嘉兴职业技术学院建成全省乃至全国有一定影响的知名职业院校。提高职业院校专业设置与全市主导产业的契合度，坚持以市场为导向，以就业为根本，根据企业用工需求及职业院校办学特点，培养一批特色专业，打造与全市产业发展相适应的职业教育专业集群。选择部分转型升级的制造业企业开展产教融合试点，税务、教育、人社、经信、金融等部门分别在办学政策、人才师资引进以及融资、税收等方面给予政策支持。同时，借鉴发达国家技能人才培养经验，学习德国“双元制”校企合作培养模式，受训者在企业接受实践训练，同时在职业院校接受相关理论文化教育。允许嘉兴市试点企业在岗职工接受高等职业教育，支持有条件的企业实行校企共招，联合培养高技能人才。企业向职业教育提供一定的经费、必要的设备、生产实习场地和选派部分专业教师，学校根据企业提出的岗位培养目标，设置专业和培训项目，并参与企业新技术、新产品的开发等，为企业提供职工培训、技术咨询等服务。

第三，在“育”字上下功夫，充分发挥企业培养高技能人才的主体作用，满足企业对人才的需求。针对新冠肺炎疫情影响，出台激励政策，鼓励企业化危为机，苦练内功，加强高技能人才培养和储备。建立和完善企业职工培训制度，采取自办培训、委托培养等方式，加强上岗培训和岗位技能培训，加快培养高技能人才。鼓励企业推行企业培训师制度和名师带徒制度，建立技师研修制度，并通过技术交流等活动促进高技能人才成长。鼓励企业结合技术创新、技术改造和技术项目引进，利用国内、国际两种资源，开展新技术、新工艺、新材料等相关知识和技能培训，并通过研发攻关等活动，促进高技能人才培养。指导企业建立技能人才自主评价体系，让更多的企业开展技能人才自主评价工作，提升职工岗位成才的信心。

第四，在“优”字上下功夫，进一步优化技能人才待遇，建立技能导向的激励机制。大力提升高技能领军人才待遇水平，加强对高技能领军人才的服务保障，鼓励高技能领军人才开展科研攻关，保护他们的知识产权和技术创新成果。鼓励企业为高技能领军人才制定职业发展规划和年资工资制度，试行高技能领军人才年薪制和股权期权激励机制。鼓励用人单位对在聘的高级工、技师、高级技师在学习进修、岗位聘任、职务职级晋升等方面，比照相应层级工程技术人员给予同等待遇；对引入的高技能人才给予本科生以上待遇。企业在聘的高级技师，经与有关方面协商和人社部门批准，试行延迟退休的办法。政府相关部门要为高技能人才解决生活困难，如住房、子女教育方面问题。指导企业建立符合技术工人特点的企业工资分配制度，鼓励企业在工资结构中设置体现技能价值的工资津贴。建立企业技术工人工资正常增长机制，推动企业建立反映劳动力市场供求关系和企业经济效益的工资正常增长机制。

第五，在“宣”字上下功夫，进一步加大宣传引导力度，形成良好的职业教育舆论环境。进一步加强新修订的《职业教育法》和职业教育政策宣传，选择全市各行各业技能人才的先进典型进行宣传，大力弘扬劳模精神、劳动精神、工匠精神，提高群众对技能人才的认可度。积极搭建职教合作发展平台，定期组织有关部门、职业院校、行业、企业和社会有关方面，对职教发展和产教融合开展深入探讨，逐步凝聚社会各界对职业教育的思想共识，形成加快职业教育发展的强大合力。

（作者单位：浙江省嘉兴市总工会）

# 创新打造“齐鲁工匠”品牌，加快培育高素质产业工人大军

刘贵堂

党的十八大以来，习近平总书记就弘扬工匠精神、培育工匠人才作出一系列重要指示批示，要求大力弘扬执着专注、精益求精、一丝不苟、追求卓越的工匠精神，培养更多高素质技术技能人才、能工巧匠、大国工匠。党中央、国务院部署实施产业工人队伍建设改革，就贯彻落实习近平总书记重要指示要求作出一系列制度性安排。山东省第十二次党代会提出，要大力弘扬劳模精神、劳动精神、工匠精神，培养造就一大批“齐鲁大工匠”。近年来，山东省认真贯彻落实习近平总书记重要指示要求和党中央决策部署，把实施“齐鲁工匠”建设工程、培养造就一大批工匠人才，作为深化产业工人队伍建设改革的重要抓手，作为助推全省经济高质量发展的有力支撑，创新体制机制，强化工作落实，使“齐鲁工匠”品牌越来越响亮，工匠人才队伍越来越壮大，为新时代社会主义现代化强省建设提供了坚强保障。

## 一、“齐鲁工匠”建设工程的创新实践

聚焦黄河流域生态保护和高质量发展、新旧动能转换等重大战略实施，将“齐鲁工匠”建设工程有机融入强省建设大局，抓住关键环节，创新五大机制，贯通培育、选树、激励和作用发挥全过程，“齐鲁工匠”被山东省委深改委评为2020年度全省32项改革品牌之一，全国人大常委会副委员长、全国总工会主席王东明同志给予批示肯定。

一是创新工匠培育机制。着眼促进更多工匠人才脱颖而出，积极搭建平台、提供舞台，激励广大职工学技能、强素质、当工匠。聚焦全省“十强产业”“十大扩需求”“十大创新”，每年组织开展100项全省示范性、引领性劳动和技能竞赛；大力构建以企业岗位练兵和技术比武为基础、以省级竞赛和行业竞赛为主体、国内竞赛与国际竞赛相结合的竞赛体系，在“比学赶超”中提升职业技能，培育工匠人才。围绕提升职工数字素养、提高数字技能，山东省总工会联合有关部门出台了《关于组织动员全省广大企业和职工推进数字变革创新的意见》，举办首届山东省数字变革创新大赛，充分发挥山东省职工网上学习系统作用，着力培养更多数字领域高技能人才。

二是创新工匠选树机制。聚焦新旧动能转换重点产业，面向全省各行各业在职职工，每年培育“齐鲁大工匠”10名、“齐鲁工匠”40名。2022年增设“鲁班首席工匠”2名，“齐鲁工匠”数量增至100名。选树工作中，坚持竞争择优、好中选好，坚持群众公认、社会认可，坚持自下而上、层层推荐。通过组织初审确定提名人选并向社会公开，综合专家评审成绩和公众投票情况确定入选结果并予以公示，保证了“齐鲁工匠”培育推荐工作的严肃性，确保推选出的“齐鲁工匠”层次高、分量重、质量好。

三是创新激励保障机制。着力保障政治待遇，把“齐鲁工匠”纳入党委联系专家范围，积极推荐提名为各级党代会代表、人大代表、政协委员、职工代表等人选。着力保障经济待遇，对“齐鲁工匠”给予专项创新资金资助，鼓励企业为“齐鲁工匠”制定职业发展规划和年资（年功）工资制度，对于业绩突出的允许破格晋升技术技能等级或申请工程专业技术职称，“齐鲁大工匠”优先推荐申报“泰山产业领军人才”。着力保障社会待遇，把“齐鲁工匠”纳入劳模疗休养范围，每年组织部分工匠人才开展疗休养活动；组织“齐鲁工匠”赴国外交流学习，为提升技能水平创造条件。

四是创新作用发挥机制。认真落实“加大对产业工人创新创效扶持力度”全国产改试点任务，在全国率先建成全省统一的职工创新创效服务体系，建设实体化山东省职工创新创效服务基地，搭建山东省职工创新创效互联网平台

“鲁班双创网”，为职工创新创效提供全链条创新资源支撑。联合省委组织部、省科技厅等5部门开展全省职工创新创效竞赛，参照省科学技术奖模式，每年发布100项左右省级职工优秀创新成果并给予重奖，特等奖奖励100万元。安排专项资金支持创建省级劳模和工匠人才创新工作室267个，带动各级创建劳模和工匠人才创新工作室1.31万个。建成全国最具影响力的劳模精神劳动精神工匠精神教育基地，成立劳模工匠党组织书记宣讲团，持续开展“齐鲁工匠”“五进”巡讲活动，通过多种途径集中展示“齐鲁工匠”风采、讲好“齐鲁工匠”故事。

五是创新工作推进机制。“齐鲁工匠”建设工程在省人才工作领导小组统一领导下，由省总工会牵头实施，列入各级党委、政府人才发展规划，获评第三届全省人才工作创新优秀案例。山东省总工会将其纳入全省工会“三个工程”“三个十条”总体布局，列为全省工会年度重点工作，持续深入、持续推进。市、县两级工会广泛发动、狠抓落实，每年组织开展工匠培育活动，建立起工会牵头组织、企业主体实施、职工广泛参与、多方协同配合的工作格局，形成了省、市、县（区）、企业（基层）四级联动，梯次培育的良好局面。

## 二、“齐鲁工匠”建设工程的主要成效

经过4年多创新实践，“齐鲁工匠”建设工程取得了显著成效，工匠人才大量涌现，工匠精神发扬光大，工匠文化更加浓厚。

一是人才培养硕果累累。以培育选树“齐鲁工匠”为牵引，加快高技能人才队伍建设。实施“鲁班首席工匠”“齐鲁大工匠”“齐鲁工匠”人才培育攀登计划，各级各类工匠人才梯次培育格局已经形成。截至2021年，全省已培育“齐鲁大工匠”40名、“齐鲁工匠”160名，带动各级选树培育各类工匠人才4.34万名。15名“齐鲁工匠”入选“泰山产业领军人才”。在首届10位“大国工匠年度人物”中，山东独占2席。截至2021年底，全省高技能人才达350万人，总量居全国前列。

二是创新创效争当先锋。充分发挥“齐鲁工匠”在推动企业技术创新、培

养造就高技能人才等方面的示范引领作用，全省各类劳模和工匠人才创新工作室共取得创新成果 18.45 万项。首届全省职工创新创效竞赛评出的 102 项职工优秀创新成果中，2 项特等奖第一完成人均为“齐鲁大工匠”，20 项一等奖第一完成人中，45%是“齐鲁工匠”。

三是助推产改走在前列。“齐鲁工匠”建设工程的持续推进、强力实施，为山东产业工人队伍建设改革注入了源源不断的动力，技能成才、技能报国逐渐深入人心，产业工人地位持续提高、待遇稳步提升，全省制造业职工 2020 年平均工资较 2017 年增长 30.8%。山东省 3 次在全国产改工作会议上发言，全国产改专报 6 次推广山东做法，全国总工会、省委、省政府主要领导同志 7 次作出批示。

## 三、“齐鲁工匠”建设工程的几点启示

一是发挥工会主导作用、整合用好各方资源是推进“齐鲁工匠”建设工程的重要保障。培育工匠人才是一项系统工程，需要党委、政府、工会、企业等各方面力量协同配合、同向发力。在山东省人才工作领导小组领导下，省总工会牵头，联合省委组织部、省委宣传部、省人力资源和社会保障厅、省发展改革委、省工业和信息化厅、省教育厅、省科技厅、省财政厅、省国资委组成“齐鲁工匠”建设工程推进工作委员会，有效统筹各方资源，形成强大工作合力。

二是坚持系统谋划、整体推进、形成闭环是培育工匠人才的有效路径。山东省总工会坚持培育选树、作用发挥、督导评估等工作一体推进、形成闭环，带动全省各级各部门积极构筑工匠人才“蓄水池”，实现“齐鲁工匠”优中选优、持续赋能，推动全省工匠人才队伍不断壮大、素质持续提升。

三是构建长效机制、搭建优质平台是改善工匠人才培养环境的必然要求。紧紧围绕培育选树“齐鲁工匠”、发挥“齐鲁工匠”作用，研究出台 47 份务实管用的政策性文件，打造了劳动和技能竞赛、数字变革创新大赛、职工创新创效竞赛、职工创新创效服务基地等一系列平台载体，使广大职工学有平台、比有竞赛、创有激励，工匠人才成长的土壤更加肥沃。

四是注重品牌打造、放大示范效应是增强“齐鲁工匠”建设工程实效的关

键举措。推动将“齐鲁工匠”建设工程相关内容写入山东省第十二次党代会报告、政府工作报告，高规格举办“齐鲁大工匠”暨全员创新企业颁奖典礼，充分利用线上线下平台广泛宣传“齐鲁工匠”典型经验和先进事迹，不断提升“齐鲁工匠”建设工程的品牌美誉度和社会影响力，使学习“齐鲁工匠”、弘扬工匠精神、争当工匠人才更加深入人心，示范引领广大职工特别是青年职工走技能成才、技能报国之路。

（作者单位：山东省总工会）

# 以新时代工匠方阵引领“技能豫军”打造

寇武江

习近平总书记在致首届大国工匠创新交流大会的贺信中明确指出，“技术工人队伍是支撑中国制造、中国创造的重要力量”，多次强调要大力弘扬劳模精神、劳动精神、工匠精神，激励更多劳动者特别是青年一代走技能成才、技能报国之路，培养更多高技能人才和大国工匠，为我们深入推进产业工人队伍建设改革、全面提升职工队伍技能素质指明了方向。近年来，河南省各级工会抓住多层级工匠人才选树培养这个“牛鼻子”，以新时代工匠方阵引领“技能豫军”打造，就找准了工会围绕中心、服务大局的切入点着力点，为广大职工搭建和拓展了建功立业的时代大舞台。

## 一、构建万名中原工匠方阵，激励劳动者释放技能成才报国激情

人才兴则产业兴，技能强则产业强。河南省总工会连续实施“十三五”“十四五”万名工匠人才选树培养计划，联合省人力资源和社会保障厅每年选树命名“中原大工匠”，构建起以“大国工匠十大年度人物”杨金安为引领、127名“中原大工匠”为中坚、1700名省辖市及省行业系统大工匠为骨干、遍布各行各业的1.3万名县级大工匠和重点企业工匠为主体的“中原工匠人才体系”。河南省委、省政府将培育“中原大工匠”写进省“十四五”规划、列入全省长期人才发展战略。河南省委组织部、省人社厅出台《关于深化体制机制改革加快推进高技能人才工作的若干意见》，将“中原大工匠”纳入全省高技能人才库进行管理。从省级层面到各省辖市，纷纷以重金奖励工匠人才，“中原大工匠”“郑州大工匠”“河洛大工匠”“鹰城大工匠”“豫宛大工匠”“天中

大工匠”以及“河南军工大工匠”等省辖市级工匠和省产业系统工匠品牌效应叠加显现。

## 二、锻造万家劳模工匠创新工作室矩阵，契合工匠学院力量放大职工创新聚合效应

让广大技能人才的创新创造活力竞相迸发、充分涌流，工会同样能够释放群团组织的独特优势，架起创新创造的“桥梁纽带”。一是以创新矩阵广覆盖。河南省各级工会在企业生产一线建立万家创新工作室，动员技能型劳模、工匠人才领衔担纲，组织整合各类创新资源，针对生产中的技术难题和“卡脖子”问题开展联合攻关。二是以全域联盟强聚合。抓住全国产改协调小组赋予河南省创建“劳模和工匠人才创新工作室联盟改革试点”的契机，整合5600多家骨干创新工作室资源，线上建立云端联盟平台、线下构建纵横联盟体系，形成包括18个省辖市在内的横向地域联盟和10多个省级产业工会在内的纵向产业联盟，以大国工匠和全国示范性创新工作室等为纽带的跨区域、跨行业、跨企业“网状”联盟。近年来，创新工作室联盟平台孵化创新项目1.49万个，开展协同攻关3700多次，培训技术工人30万余人。三是以工匠学院促提升。各级工会推进工匠学院和工匠实训基地建设，南阳、平顶山、开封、安阳4市的工匠学院和省国防邮电工匠学院聚焦产业链、人才链、创新链深度融合，成为打造高技能人才的“孵化器”。全国总工会发布的工匠学院建设七大创新案例中，河南省洛阳工匠学院“产教融合办学”典型案例、中建七局许纪平工匠学院“劳模和工匠人才创新基地”典型案例位列其中。

## 三、叫响万项职工技能竞赛，铺设千万职工技能提升新赛道、建功立业大赛场

劳动和技能竞赛这项工会传统工作，在知识经济和数字经济时代不断被赋予新内涵。河南省各级工会坚持“经济发展处处是赛场、岗位建功人人要争先”，搭建“万项职工技能竞赛”平台，组织千万职工全员参赛提素质。河南

省总工会每年直接组织开展近200项省级竞赛，各省辖市工会组织开展1000项以上市级竞赛，引领县级以上工会和重点企业开展1万项以上技能竞赛。同时，在省市县各级重点工程项目普遍开展重点工程建设竞赛；在高能耗高排放企业开展节能减排绿色发展竞赛；在建筑施工、交通运输、煤矿及非煤矿山、化工等重点行业开展安全发展竞赛；在全省企业开展班组创新竞赛，激活基层班组这个创新创优创效的“细胞”。全省各级各类劳动竞赛和技能竞赛既轰轰烈烈又扎扎实实，契合时代需要和职工需求，在经济发展与科技创新的时代赛场形成千帆竞发、百舸争流的生动局面，在竞赛比拼中涌现出更多劳模工匠。

## 四、选树万个“师带徒匠带兵”样板，强势拉动助推“技能河南”建设

在全省开展“师带徒匠带兵”行动，各级工会重点推动签订“师带徒匠带兵”协议1万份，以万个样板的示范力量，推动工匠人才多带徒、勤传技。聚焦省委、省政府提出的高质量推进“人人持证、技能河南”建设目标，围绕千万劳动者参加职业技能培训并取得相应证书的具体任务，倡导全省万名工匠积极带头倾心传授技艺技能、万家创新工作室发挥优势作用打造“技能培训大课堂”、万项劳动技能竞赛以赛促培促训锻造人才。“中原大工匠”吕献然带徒36人，16人成长为行业技术能手，5人被评为全国优秀技能人才；“中原大工匠”景天豪带徒19人，师徒先后取得技术革新成果48项，为企业创效3850万元；“中原大工匠”高中汉的多名徒弟入选市级大工匠和省行业系统大工匠、荣获省级和市级五一劳动奖章。

## 五、擦亮万面劳模工匠墙，厚植弘扬劳模工匠精神沃土

大力弘扬劳模精神、劳动精神、工匠精神，是工会工作不变的步伐和旋律。河南省总工会结合劳模工匠评选表彰选树，先后在18个省辖市、116个县（市、区）推进“劳模宣传一条街”“劳模宣传广场”建设，在全省企业推动建立“劳模工匠星光大道”“万面劳模工匠墙”。在电视台开办大型电视专题栏

目《劳模工匠竞风流》，对400余名劳模工匠进行深度报道。联合省委网信办开展“身边的大国工匠”大型网络采访活动并全网推送。编纂《中原工匠》一书，向社会集中宣传百名工匠典型，让劳模工匠精神看得见、摸得着、学得好、传得开，向全社会传递劳动光荣、技能宝贵、创造伟大的强大正能量。

回顾总结近年来河南省各级工会加大工匠人才选树、以“技能豫军”推动“技能河南”建设的探索与实践，形成了以下几点深切体会：一是必须坚持政治引领。深入学习领会和全面贯彻落实习近平总书记关于技能人才工作的重要指示精神、关于产业工人队伍建设改革的重要指示精神，站在政治、全局、战略、历史和时代的高度，持续发力、久久为功推进大国工匠和多层级工匠技能人才队伍建设。二是必须注重载体创新。精准聚焦中国制造、中国创造、中国建造的宏伟目标，以改革的思维、创新的手段点题破题立题解题，做好广大职工特别是产业工人队伍技能素质整体提升这篇大文章，建好用好工匠队伍、劳模工匠创新工作室及其联盟体系，办好新时代的“工会大学校”“技能大课堂”。三是必须完善激励措施。河南省总工会对“中原大工匠”每人奖励2万元，对省产业工会选树的行业大工匠每人奖励1万元。每年对每项省级职工技能竞赛前三名选手，分别奖励3000元、2000元、1000元，同时对获得各工种项目竞赛第一名且符合条件的职工授予“河南省五一劳动奖章”。各级工会纷纷拿出真金白银重奖职工技能人才，职工“娘家人”“贴心人”和发展“引路人”的形象更加深入人心。四是必须加强社会联动。河南省委、省政府高度重视技术工人和技能人才，各有关职能部门和社会各方也要同频共振、集中发力，营造工匠技能人才“政治上有荣誉、经济上得实惠、社会上有地位、创新上有平台、发展上受重用”的浓厚氛围，激励广大劳动者对标工匠、争当工匠，以匠心筑梦、以匠艺立身、以匠技报国。

（作者单位：河南省总工会）

# 弘扬劳模精神
# 是新时代高职院校加强思想政治教育的重要内容

瞿彦剑

党的十八大以来，以习近平同志为核心的党中央始终关心劳模工作，弘扬劳模精神。2020 年 11 月 24 日，在全国劳动模范和先进工作者表彰大会上，习近平总书记对劳模精神作出了全面系统阐述，“爱岗敬业、争创一流，艰苦奋斗、勇于创新，淡泊名利、甘于奉献”这 24 个字蕴含了劳模精神的深厚内涵与独特价值。习近平总书记关于工人阶级和工会工作的重要论述，丰富了党对劳动的认识，为新时代高职院校弘扬劳模精神、提升思想政治教育提供了重要理论支撑和实践指导。

## 一、劳模精神具有丰富的理论价值与时代意蕴

### （一）劳模精神是马克思主义劳动观的生动体现

马克思在《1844 年经济学哲学手稿》中对劳动进行了分析，深刻揭示了劳动在人类社会实践中的基础作用。在马克思看来，劳动是人类本质的生成机制，人类通过劳动生产物质产品满足身体机能需求，只有在劳动这一对象化活动中，人才能有意识地、能动地改造外部世界，以满足生命和发展需要。同时，马克思也深刻揭示了劳动对于价值观的基础决定性作用，指出只有彻底消灭资本主义私有制，实现对异化劳动的超越，人类才能真正热爱劳动、尊重劳动。

劳模精神是社会主义劳动者在劳动中推动社会发展和提升精神文明的实践产物，是对马克思主义劳动观的继承与发展。一方面，劳模精神继承了马克思

主义劳动观。通过对劳模精神的解读，我们所说的劳动者包含了经济生活在内一切社会活动的主体，也就确立了劳动的绝对主导地位。生产要素只是劳动开展的外部条件，只有与劳动及劳动者相结合才能创造价值，这为马克思主义劳动价值论的现实解释提供了依据。另一方面，劳模精神发展了马克思主义劳动观。随着科技发展以及国家创新驱动发展战略的实施，劳模群体中的高科技人才不断涌现，劳动者的创新活力被不断激发，在具体实践中推动了马克思主义劳动观的发展。

（二）劳模精神是中华优秀传统劳动文化的时代传承

劳模精神是中华民族优秀传统文化在劳动实践中的延续与传承。古人认为劳动是值得自豪的事情，有了劳动的滋润，事物才会变得伟大，人也才会幸福。《古今药石・续自警篇》中写道："民生在勤，勤则不匮，是勤可以免饥寒也。"生动阐述了人们的生计在于勤劳，勤劳就不会缺衣少食。李绅在《悯农》中写道："锄禾日当午，汗滴禾下土。谁知盘中餐，粒粒皆辛苦。"将珍惜食物与辛勤劳动结合起来，塑造着中国人勤俭节约的美德。古代资源匮乏、自然条件恶劣，勤劳的中华儿女自强不息，积极劳动探索，举世闻名的兵马俑、巍峨的长城、巧夺天工的都江堰、贯通南北的大运河，素纱禅衣、榫卯结构等，无一不是劳动者勤劳智慧的伟大成果，尽责乐业、精益求精的劳动精神使这些瑰宝成为历史的烙印和民族精神的重要内核。

劳模精神作为一种价值追求，源于古而成于今，是中国特色社会主义文化自信在劳动实践领域的生动诠释。劳模精神汲取了中华优秀传统文化的养分，以劳动创造美、劳动不分高低贵贱的观念为价值准绳，辩证地对传统文化基因加以创新变革，实现了中华优秀传统文化的继承与发扬。

（三）劳模精神是党领导人民长期奋斗的实践结晶

习近平总书记指出，劳动模范是共和国的功臣，要大力弘扬劳模精神。劳动模范以自身的模范行动和崇高品质，生动诠释了中国人民伟大的创造精神、伟大的奋斗精神和伟大的梦想精神，彰显了以爱国主义为核心的民族精神和以改革创新为核心的时代精神。

人民创造历史，劳动开创未来。在我们党团结带领人民进行革命、建设、改革各个历史时期，劳模始终是一个闪光的群体。革命战争年代，面对敌人围堵封锁，边区军民依靠勤劳的双手创造了陕北变江南的南泥湾奇迹。社会主义建设时期，淘粪工人时传祥获得了再多的荣誉仍每天默默地背着粪桶穿梭在大街小巷，宁肯一人脏换来万家净。改革开放时期，“杂交水稻之父”袁隆平为解决中国人的温饱问题，不断追梦，勇于创新。进入新时代，劳模精神在千万青年劳动者中赓续传承，从“铁路小巨人”巨晓林到“焊接大师”艾爱国，从“中国第一打磨匠”洪家光到“守护万家灯火的光明使者”张黎明……他们在实践中让劳模精神赓续传承。

### （四）劳模精神是社会主义核心价值观的具体践行

劳模精神集中体现了社会主义核心价值体系的要求。先进思想的武装、共同理想的激励、民族精神的传承、时代精神的塑造、价值观念的校正，都注入了劳模精神的形成过程，成为劳模精神的构成要素，弘扬劳模精神就是用社会主义核心价值观影响人们思想行为的实践过程。

从内涵上看，劳模精神与社会主义核心价值观具有本质上的契合性。劳模在平凡工作中践行着“爱国、敬业、诚信、友善”的公民价值，平凡的劳动造就了国家富强、民族振兴、人民幸福的坚实物质基础，这正是社会主义核心价值观在国家和社会层面所倡导的“富强、民主、文明、和谐，自由、平等、公正、法治”的体现；从机制上看，传承劳模精神与培育社会主义核心价值观具有同步性。劳模精神是社会主义核心价值观在职业领域的体现，弘扬劳模精神就是践行社会主义核心价值观。从实施保障上看，弘扬劳模精神与践行社会主义核心价值观具有主体一致性。一切社会主义的劳动者都是践行社会主义核心价值观的对象，弘扬劳模精神就是让劳动者成为建设“富强、民主、文明、和谐”国家和“自由、平等、公正、法治”社会的合格公民。

## 二、劳模精神对新时代高职院校思政教育具有重要意义

### （一）劳模精神有利于青年坚定理想信念

习近平总书记强调：“只要有坚定的理想信念、不懈的奋斗精神，脚踏实

地把每件平凡的事做好，一切平凡的人都可以获得不平凡的人生，一切平凡的工作都可以创造不平凡的成就。”实现中华民族伟大复兴的历史征程，为广大劳动者提供了宝贵机遇和广阔舞台，只有坚定理想信念才能让劳动者在实践中实现价值。

1958 年，邓稼先在接受研制原子弹任务的那天晚上对妻子说：“我的生命就献给未来的工作了，做成了这件事，我的一生都会过得很有意义，就算死了也值得。”不承想他一走便 28 年杳无音信。茫茫大漠中，他苦干惊天动地事，却甘做隐姓埋名人。直到 1986 年 6 月的一天，他的名字突然出现在各大媒体报道中，他的身份才公之于众。而这时，他已为中国核武器事业耗尽了毕生心血。一个多月后，邓稼先在北京逝世，临终之际还在叮咛“不要让人家把我们落得太远”。

中国梦是国家梦、民族梦，也是每个中国人的梦。青年弘扬劳模精神，就要向邓稼先等老一辈劳动者学习，以民族复兴为己任，自觉把人生理想融入国家富强、民族振兴、人民幸福的时代伟业中，矢志追求更有高度、更有境界、更有意义的人生，为党和人民的事业甘于奉献，知重负重，勇毅笃行，以“小我”成就“大我”。

（二）劳模精神有利于青年端正劳动观念

劳模精神集中体现了劳动模范的优秀品质，有极强的德育示范效应。当前，一些不良价值倾向，如实用主义、功利主义、享乐主义、消费主义、极端个人主义等肆意挑衅人们的道德底线，使得一些人妄图不劳而获，投机钻营，不愿脚踏实地，只求个人利益却不愿为民奉献。弘扬劳模精神有助于纠正社会不良风气，鼓舞劳动者在新时代勇于担当作为。

勤朴劳动是劳模精神的价值源泉，从背着锄头下地干活，到带领群众上山绿化；从实验室里不知疲倦的努力，到载人航天工程的巨大成就，劳动的形式随着时代变化而变化，但是无论劳动形式怎么变，勤朴劳动始终是劳模这个群体不变的品质。勤朴劳动使得一批普通劳动者成长为品德高尚、技艺精湛的模范，他们的勤奋成就了自身，也为国家作出了贡献。

弘扬劳模精神有助于促进青年对劳动的理性认同，让“劳动光荣”的价值观深入人心，让勤于劳作、敢于担当、忠于奉献的价值观武装青年思想，也有助于劳模精神深入人心，不断提高青年的劳动技艺水平。

（三）劳模精神有利于青年塑造担当品格

青年作为中国特色社会主义事业的接班人，更应弘扬劳模精神，树立终身学习的理念，养成勤于思考的习惯，埋头苦干，以敢为人先的勇气、攻坚克难的锐气、蓬勃向上的朝气，在全面建设社会主义现代化国家新征程中展现担当作为。

在我们党团结带领人民进行革命、建设、改革各个历史时期和中国特色社会主义新时代，广大劳模以卓越的劳动创造、强烈的责任担当、忘我的拼搏奉献，谱写了一曲曲无私奉献的劳动赞歌。弘扬劳模精神可以强化青年的担当奉献教育，引领青年吃苦在前、享受在后，克己奉公、甘于奉献，服务党和国家需要，以“功成不必在我”的忘我境界和“功成必定有我”的使命担当，为实现中国梦汇聚青年力量。

不管社会如何发展，时代如何变化，任何时候都需要劳模精神。新时代青年弘扬劳模精神，要努力把责任“扛起来”，把身子“沉下去”，在关键时刻要冲得上去，在危难关头要豁得出来，要发扬真干实干、勤干苦干的精神，绘就青春担当奉献的最美底色。

（四）劳模精神有利于青年提升职业素养

习近平总书记强调，劳动者素质对一个国家、一个民族发展至关重要。技术工人队伍是支撑中国制造、中国创造的重要基础，对推动经济高质量发展具有重要作用。劳模精神集中反映了劳动模范在生产实践中的职业素养、职业能力和职业品质。

“爱岗敬业、争创一流”是劳动者应该坚守的职业本分。从革命时期到新时代，无数劳动者以行动践行爱岗敬业、争创一流的职业素养。作为新时代青年，更应在职业道路上孜孜以求，干一行、爱一行、敬一行，以对事业的无限热爱寻找奋斗的精神坐标。“艰苦奋斗、勇于创新”是劳动者应该具备的工作追求，是党的伟业继往开来、再创辉煌的重要保证。作为新时代青年，艰苦奋斗的好传统不能丢，创新创造的力量应加强。“淡泊名利、甘于奉献”是劳动者应该深刻理解的工作内涵。作为新时代青年应见贤思齐，不论身处何种岗位，都要以专注的态度、沉稳的心境去面对，远离急功近利、追名逐利，要时刻充盈心系报国的正能量。

进入新时代，综合国力的竞争就是人才的竞争、劳动者素质的竞争。弘扬劳模精神必须落实到提高劳动者职业素养上，广大青年要走好技能成才、技能报国之路，时刻保持学习的热情，密切关注行业产业前沿和知识技术进展，勤学苦练，不断提高自身的技术技能水平。

## 三、将劳模精神融入新时代高职院校思政教育路径探析

高职院校担负着培养面向生产、建设、服务、管理第一线需要的高级技能型人才和应用型人才的重要使命。高职院校以劳模精神引领青年思想发展是一项长期系统工程，不仅要将劳模精神融入专业标准、课程标准、实践标准和毕业标准的制定中，更要通过科学研究、思政教学、社会实践、文化建设等，将劳模精神融入思政教育全过程。

### （一）将劳模精神融入科学研究新范畴

劳模精神作为马克思主义中国化新的理论成果，要深入研究阐释其理论生成逻辑，构建新时代劳动教育体系，不断发展中国特色劳动理论。一是加强学理性研究。要把劳模精神的理论生成逻辑与核心要义阐释清、丰富内涵和时代价值阐释透。二是拓展大众化阐释。要紧贴青年成长，推出大众化宣教成果，聚焦内容、活用语言、紧贴现实、讲好故事，将劳模精神融入生动育人实践中。

### （二）将劳模精神融入思政教学全过程

思政课是思想政治教育的主渠道，要及时更新教学设计，拓展劳模精神融入思政课教学的广度与深度，运用马克思主义基本原理，多维度多角度阐释好劳模精神的生成机理、丰富内涵、具体内容和时代价值，帮助学生多角度理解劳模精神。在多媒体素材选择过程中，多选用劳动模范、大国工匠等素材，增强教学吸引力、感染力和说服力，让学生在耳濡目染中感受劳模精神。同时，将劳模精神有机融入其他专业课程，加强“课程思政”设计，推动思政课程与

课程思政同向同行。

### （三）将劳模精神融入实践教育各环节

实践教育是“立德树人”不可缺少的重要环节。劳模精神属于意识形态层面的抽象表达，需要在生动实践中加强体认。要开展丰富的实践活动引领青年弘扬劳模精神。例如，开展劳模教育主题讲座、主题班会、主题征文、演讲比赛等丰富的活动，讲好劳模故事，激发青年的时代使命感。要组织开展实习实践、暑期“三下乡”等工作，引导青年深入生产一线，在劳模手把手的教学实践过程中感悟劳模工作作风和工作态度，提升工作技能与本领，体悟劳模精神的深厚内涵。

### （四）将劳模精神融入文化建设多维度

弘扬劳模精神要从校园文化建设维度营造浓厚氛围，发挥好文化育人功能，使师生在潜移默化中受到滋养。要强化视觉表达，在校园主要文化干道或走廊布置劳模事迹展览，围绕习近平总书记关于工人阶级和工会工作的重要论述等，以宣传海报、图片、文稿等形式营造浓厚育人氛围。要丰富传播手段，发挥校园广播、电台以及校刊校报等传统媒体的传播作用，发挥微信、微博以及视频等新媒体的宣传优势，打造系统多元的、融入青年生活的网络学习空间，弘扬劳模精神，强化社会主义核心价值观的引领。

时代在变，劳动的形式在变，但劳动的精神内核始终未变，弘扬劳模精神是新时代高职院校立德树人的要求，是加强高职院校思想政治教育的重要内容，是高职院校的重大政治任务、重要政治责任和光荣政治使命。高职院校在提升青年技能素质中要大力弘扬劳模精神，引导青年坚定理想信念，树立终身学习理念，不断增强技能本领，为实现中华民族伟大复兴培养更多的高技能、应用型专门人才。

（作者单位：湖南城建职业技术学院）

# 关于新时代深化工匠技能人才培育工作的思考

## ——基于广东的实践与探索

广东省总工会研究室

工匠是职工队伍中高技能人才的代表，在推动高质量发展、实施制造强国战略、全面建设社会主义现代化国家的进程中发挥着不可替代的重要作用。广东省是经济大省、制造业大省，工匠技能人才队伍一直是支撑广东制造强省、科技创新强省建设的重要力量。近年来，在全国总工会和广东省委的坚强领导下，广东省工会深入学习贯彻习近平总书记致首届大国工匠创新交流大会贺信精神，以产业工人队伍建设改革为总抓手，以工匠精神为引领，持续加大工匠技能人才培养力度，全面打造工匠技能人才聚集高地，为广东省培养造就一支有理想守信念、懂技术会创新、敢担当讲奉献的宏大产业工人队伍添砖加瓦。

### 一、广东省培育工匠技能人才的主要做法和成效

广东省工会全面构建工匠技能人才技能提升、培育选树、激励保障、作用发挥一体化全方位链条式工作机制，探索走出工匠技能人才培养“广东路径”。2022 年，广东省技能人才总量为 1804 万人，其中高技能人才 593 万人，占比 32.9%，均居全国前列。

#### （一）思想政治引领不断加强

把学习贯彻习近平新时代中国特色社会主义思想作为第一位任务，贯彻落实加强和改进新时代产业工人队伍思想政治工作的意见，广泛开展“永远跟党走”“中国梦·劳动美”主题宣传教育，深化“3 个 100”宣传（100 个红色革命遗址、100 个红色故事、100 张红色文化名片）等活动，在全省修缮、改造中

华全国总工会旧址纪念馆、第一次全国劳动大会旧址纪念馆、省港大罢工旧址纪念馆等一批红色工运纪念场馆，把红色工运资源教育和社会主义核心价值观融入技能人才培养全过程，引导产业工人心系“国之大者”、厚植“家国情怀”，打牢广大工匠技能人才永远跟党走、奋进新征程的思想基础。

（二）新时代“南粤工匠”培育工程形成社会影响力

高度重视劳模和工匠技能人才培养，全面打造以“大国工匠”为龙头，以“南粤工匠”为重点，以“羊城工匠”“深圳工匠”等市级工匠和“宝安工匠”“禅城大工匠”等县（区）级工匠为主体，以企事业单位工匠为基础的工匠技能人才培养格局，形成省、市、县（区）、企业四级工匠技能人才布局，引领带动各领域各层次工匠技能人才竞相涌现。2018 年起，在全国首创“劳模工匠本科班”，到目前已有 330 名劳模工匠学员提升了学历层次。连续 6 年组织开展“南粤工匠”学习宣传活动，形成以“执着专注、精益求精、一丝不苟、追求卓越”的工匠精神为标准，凝聚新时代广东省技能人才高质量发展的特色品牌。截至 2021 年底，全省共评选出 100 名具有社会影响力的“南粤工匠”。

（三）职工创新创造硕果累累

广泛开展技能竞赛和群众性创新活动，深化广东工匠学院、粤港澳大湾区工匠学院建设，创建大湾区劳模和工匠技能人才创新工作室联盟，带动全省建成各级各类创新工作室 1.16 万家。高质量实施“粤菜师傅”“广东技工”“南粤家政”技能培训工程，工匠技能人才整体技能素质大幅提升。常态化举办劳模工匠进企业进校园、南粤工匠先进事迹巡回报告会、新华网“劳模工匠说”主题系列专访等活动，打造首个劳模工匠主题地铁站，推出首列劳模工匠主题地铁列车，聘任劳模工匠担任职业院校德育导师，影响带动更多劳动者成长为工匠技能人才。

（四）服务保障提质增效

制定实施《关于进一步加强高技能人才队伍建设的若干意见》《关于提高我省技术工人待遇的实施意见》等 108 项政策举措，实施工资激励计划，技术工人工资年均增长 8.23%。加快构建工匠技能人才成长“立交桥”，目前，已有2500多名工匠技能人才获得专业技术职称。为“南粤工匠”授予“广东省五一劳动奖章”，将中华技能大奖获得者、世界技能大赛获奖选手等纳入人才优粤卡服务范围，享受安居保障、子女入学、社会保险等优惠便利服务。

### （五）首届大国工匠创新交流大会彰显工匠精神

大会在深圳会展中心共设置了大国工匠、全国职工创新成果、巾帼工匠及各全国产业工会、各省（区、市）总工会、副省级城市、中央企业等77个交流区，展示总面积约18000平方米，共展示各级工匠550多位、各类实物和模型展品近800件、职工创新成果1300多项，在全社会大力弘扬“执着专注、精益求精、一丝不苟、追求卓越”的工匠精神。习近平总书记给大会发来贺信，强调我国工人阶级和广大劳动群众要大力弘扬劳模精神、劳动精神、工匠精神，适应当今世界科技革命和产业变革的需要，勤学苦练、深入钻研，勇于创新、敢为人先，不断提高技术技能水平，为推动高质量发展、实施制造强国战略、全面建设社会主义现代化国家贡献智慧和力量。

## 二、广东省工会培育工匠技能人才的几点体会

总结近年来工匠技能人才培育工作实践，我们有以下几点认识和体会：

一是始终坚持以政治引领为根本。坚持不懈用党的创新理论武装头脑、指导实践、推动工作，把广大工匠技能人才紧紧团结凝聚在党的周围，听党话、感党恩、跟党走。

二是始终坚持以工匠精神为主线。把“执着专注、精益求精、一丝不苟、追求卓越”的工匠精神落实到培育全过程各方面，打造立得住、叫得响、过得硬的工匠技能人才。

三是始终坚持以人才发展为目标。树立正确人才观，始终在人才队伍发展大局下谋划推进工匠培养，以工匠技能人才队伍建设实效夯实人力资源基础，助推高质量发展。

四是始终坚持以技能提升为导向。聚焦打造宏大的高素质劳动者大军目标，引导工匠技能人才以技能素质为立身之本、立业之本，坚定走技能成才、技能

报国之路。

五是始终坚持以工匠福祉为中心。把解决工匠技能人才的“急难愁盼”问题作为培育工作的出发点和落脚点，推动改革发展成果更多更公平惠及广大工匠技能人才。

六是始终坚持以宣传引导为助力。大力宣传工匠技能人才的先进事迹和突出贡献，提升工匠的品牌辨识度和社会影响力，在全社会营造崇尚技能、争当工匠的良好氛围。

## 三、广东省工匠技能人才培育工作中存在的普遍性问题和进一步推进培育工作的对策建议

广东省工匠技能人才培养仍存在一些体制机制障碍，同时也面临一些新情况新问题：各地工匠培育主体不一，导致资源力量分散、管理多头、品牌效应降低等问题，培养选树机制还需健全；企业作为工匠培养的重要基础主体，其参与度和积极性并不高；相当部分工匠技能人才收入水平低于新就业形态劳动者平均水平，职业技能等级评价工作不健全，福利待遇和发展空间有待进一步提高拓展；崇尚工匠的社会氛围还未完全形成；等等。

当前，我国正从制造大国迈向制造强国，亟须高素质工匠技能人才助力制造业攀升至全球价值链中高端。根据教育部、人社部、工信部等部门联合发布的《制造业人才发展规划指南》，预测到2025年，我国制造业10大重点领域人才缺口将接近3000万人，缺口率高达48%。广东省人社厅指出，针对当前技能人才供需矛盾，广东省将遵循技能人才培育、使用、评价规律，打造“产教评”融合型技能生态组织，实现技能人才人力资本投资、人力资源使用、社会政策多方面社会价值。广东省工会要继续深入贯彻落实习近平总书记致首届大国工匠创新交流大会贺信精神，根据全国总工会部署要求，配合党委政府做好工匠技能人才培育工作，聚焦重点任务和关键环节，进一步完善体制机制、创新工作模式、加大工作力度，推动新时代工匠技能人才培育工作高质量发展。

### （一）强化技能形成

创新现代职业教育制度，深化产教融合，推行校企合作、订单培养等“双

精准”人才培养模式，推动职业院校根据企业市场需求、产业发展形势转变培养方式及专业设置，提升职业教育效能。深化工匠技能人才终身技能培训，做优做强工匠学院、劳模工匠本科班、高技能人才公共实训基地等培养平台和“互联网+”远程培训模式，为广大工匠技能人才提供贯穿学习和职业生涯的技能培训服务。完善职业教育资金保障机制，加大就业专项资金、人才专项资金以及职业培训补贴、技能鉴定补贴向工匠技能人才的倾斜力度，落实好职工教育经费税前扣除等政策。

（二）强化培育管理

探索实施国家工匠技能认证制度，推行工匠职业从业资格考试和工匠技能等级认证模式，提高工匠职业资格水准和职业荣誉感。形成工作合力，有效整合宣传、人社、工信、工会、企业等各方资源，建立健全党委领导、政府支持、工会牵头、企业配合的工匠技能人才培养格局。规范培育管理，建立科学全面的评价、认定、使用量化指标体系，推动工匠培育管理精细化、规范化。健全竞赛选拔机制，广泛开展各类技能竞赛、岗位练兵等，及时发现选拔优秀工匠技能人才。聚焦新技术发展和新职业开发，培育更多具有工匠精神、创新意识和专业技能的智能时代“新工匠”。

（三）强化激励保障

提升工匠技能人才地位，建立工匠技能人才担任“两代表一委员”、担任职工代表等优先推荐机制，提高其在各级各类劳动模范和先进代表评选中的比例。把工匠技能人才纳入党管人才总盘子，加大服务资源力量投入，在落户、子女入学、社会保障等方面给予便利。建立符合工匠技能人才特点的分配制度，推动企业建立以技能和创新为导向的薪酬分配和岗位津贴制度，加大对优秀工匠技能人才的奖励力度。拓展工匠技能人才发展空间，实行企业人事管理和工人劳动管理相统一的人力资源管理制度，畅通高技能人才与专业技术人才职业发展通道。

（四）强化作用发挥

充分发挥示范带动作用，深化工匠进校园、进机关、进企业活动，探索打造工匠导师、工匠辅导员、工匠宣讲员等“工匠+”品牌。充分发挥创新交流作用，运用好大国工匠创新交流大会成果，激发工匠技能人才在解决技术技能难题、组织重大技术技能革新、技术攻关等方面的创新创造潜能，强化技术革新成果的展示、交流和应用。充分发挥技术传承作用，聚焦全面推行企业新型学徒制，依托技能大师（专家）工作室、劳模和工匠技能人才创新工作室等技能人才培养阵地，鼓励动员工匠技能人才积极参与“名师带高徒”“师徒结对子”活动，实现技能代际传承。

（五）强化宣传教育

深化工匠精神教育，将工匠精神融入公民意识教育体系，纳入大中小学各学段和家庭、学校、社会各方面，贯穿人才培养全过程。厚植工匠文化，探索设立全国工匠宣传日，推广工匠便民福利卡、绿色通道等礼遇措施，打造工匠广场、工匠公园、工匠绿道等工匠主题设施，在全社会形成尊重工匠、争当工匠的良好氛围。加强宣传引导，充分利用主流媒体、工会媒介和企业文化阵地，叫响做实工匠颁奖典礼、工匠巡回宣讲、工匠创新交流等活动品牌，注重选树身边的工匠技能人才、讲好工匠故事，在全社会营造劳动光荣的社会风尚和精益求精的敬业风气。

# 完善工匠精神培育体系，为实现制造强国注入强劲动力

吴小芳　孙中伟　张祖耀　徐喜溶

神舟飞天、蛟龙深潜，中国制造的强劲发展离不开一支有理想、有信念、有本领、敢担当的产业工人队伍的有力支撑。习近平总书记在致首届大国工匠创新交流大会的贺信中指出，我国工人阶级和广大劳动群众要大力弘扬劳模精神、劳动精神、工匠精神。工匠精神既包括对工作岗位的热爱、坚守与奉献，也包括对精湛技能孜孜不倦的追求，还意味着对产品、工艺或流程的开拓创新。因此，提升和弘扬工匠精神是推动我国制造业创新驱动和高质量发展，迈向制造强国的重要内驱力。

为深入了解我国产业工人工匠精神培育状况，挖掘新时代工匠精神的内涵与外延，广东省总工会联合华南师范大学劳动与社会保障研究中心于 2022 年 7~8 月在广东省 21 个地市展开了大规模在线问卷调查，最终搜集到有效问卷 34103 份，这是近年来覆盖广东一线产业工人最大规模的一次问卷调查。广东省作为我国传统的制造业强省，有近 2500 万名产业工人，约占全国产业工人总量的八分之一。近年来，按照党中央“深化产业工人队伍建设改革”的战略部署，广东省委、省政府和省总工会高度重视工匠精神的弘扬和大国工匠的培育，推出了一系列有力举措，成效显著。

本文将利用广东省调查数据对当前我国工匠精神的理论内涵、培育现状、现实困境展开分析，并提出相关政策建议，希望为广东省乃至全国持续推进产业工人队伍建设改革、大力培育弘扬工匠精神提供一些参考和借鉴。

## 一、我国工匠精神的培育现状

第一，产业工人队伍建设改革成效显著，技能人才存量显著扩大、学历结构不断优化、技能水平逐渐提高。据统计，截至2021年12月，广东省技能人才总量达1762万人，其中高技能人才593万人，居全国前列。从学历上看，34%的产业工人为初中及以下学历，职业类院校（技校、职业高中和高等职业院校）出身的产业工人占据11%，更加让人欣喜的是，17%的产业工人具有本科及以上学历；从职业等级评定的情况来看，初级工、中级工和高级工的比例分别达到13.5%、8.7%和4.4%。学历结构的优化和技能水平的提升为瞄准大国工匠的“高精尖缺”培养目标提供了有力支撑。

第二，经过多年培育，以敬业、创新和奉献为基本内涵的工匠精神已被广泛认可。工匠精神的实践性和时间性是在劳动者的每一个行动细节中得以呈现的。我们认为，工匠精神至少包括敬业精神、创新精神和奉献精神三个维度。本次调查数据显示，从敬业精神上看，超过七成工人认为，自己“尽最大努力去做好这份工作”。从创新精神上看，近六成的工人认为，“自己在工作中追求完美和精益求精”，64%的产业工人在工作中“经常琢磨如何提高工作效率或质量”，47%的工人认为“自己在工作中有很多新想法或点子”。从奉献精神看，近七成的工人“愿意为了完成工作任务加班加点”并且“在工作中专注细心”。从“中国制造”到“中国智造”，工匠精神作为一种职业信仰渐渐深入人心，成为广东省一线产业工人的基本素养。

第三，“中国制造”的刻板印象渐被破除，产业工人对于“中国制造”的信心不断提升，逐步呈现出积极正向的职业价值观。对于中国制造业水平，45%的工人不认同“中国制造业技术水平远远落后于发达国家”，33%的工人不认同“中国制造业一直在模仿，缺乏核心科技”，32%的工人不认同“中国产业工人技能水平偏低”。对于中国品牌，38%的工人不认同“外国产品虽然贵，但是质量更好”。当代工匠是打造“中国制造”的人才基石，是实现“中国品牌”走向世界的核心竞争力，树立积极的职业价值观有利于增强职业认同感。

## 二、当前我国工匠精神培育的现实困境

培育和弘扬工匠精神需要政府、社会、企业以及劳动者的共同参与、形成合力，但目前这四个主体及其采取的举措仍有较大的提升空间，主要表现在以下方面：

第一，制度设计包容不够，产业工人尤其技能型产业工人仍被排斥在一些人才评价体系、职称评定体系以及荣誉表彰体系之外。产业工人虽然有技术，但因学历偏低、分布在非公企业等，缺乏职称评定渠道，也没被纳入人才引进目录。比如，调查显示，66%的工人没有“考取过任何职业资格证书”、68%的工人没有“评定过职业等级”。既有的国家职业资格认定与企业衡量工人技能水平高低存在“脱节”现象，导致产业工人无法参与职业资格认定，也无法享受到当地政府一系列落户、住房、教育等人才支持政策。

第二，社会认同偏低，技术工人普遍面临“有技术无地位”的尴尬境遇，社会地位偏低阻碍工匠精神的养成。从工资收入上看，制造业从业者的收入相对较低，33.5%的工人的到手工资为4000元以下，尤其是制造业毕业生起薪相对于其他行业更低。收入偏低也导致产业工人职业认同度低，31%的工人强烈同意“年轻人在制造业缺乏发展空间”。产业工人的技术技能无法转化为“应得的社会地位”，中国技术工人总体面临“有技术无地位”的困境，这阻碍了产业工人职业认同和敬业奉献精神的形成。

第三，企业支持体系不健全，无法全面支撑产业工人的收入提升、学历提升和工匠精神的形成。工匠精神养成的背后实质上是技术工人培育和发展问题，企业作为用人单位，是第一责任主体。调查数据显示，产业工人收入水平仍然较低，约70%的产业工人收入水平处于企业的中下层，还有约20%的产业工人认为企业收入分配不公平。产业工人技能培训覆盖面仍然有待提升，调查表明，近年来，近一半的员工没有参加过企业组织的技能培训，也没有参加过企业组织的职业态度与工作精神的培训。

第四，职工流动频繁，培育工匠精神缺乏稳定的雇佣关系作为基础。稳定

的雇佣关系是工匠精神得以形成的制度土壤。比如，广受赞誉的日本工匠精神正是建立在其终身雇佣制基础之上的。当前我国产业工人主体主要是农民工，尤其是“80后”“90后”的新生代农民工，工作流动频繁，无法与企业建立起稳定的、长期的契约关系，导致企业和劳动者对技能投入回报缺乏预期，技能提升动力不足。调查数据显示，36%的员工在本企业的就业时间为两年及以下，近六成员工对于自己是否仍留在本企业存疑，更有10%的员工表现出明确的离职倾向。

## 三、完善工匠精神培育体系的对策建议

产业工人队伍建设改革实施5年来，以敬业、创新和奉献为基本内涵的工匠精神已初具格局，为进一步完善工匠精神培育体系，本文建议如下：

第一，改进人才评价和职称评定制度，畅通产业工人的职业与社会发展渠道。国家和政府制度包容性不够是导致产业工人缺乏工匠精神的主要原因。一是要进一步深化职称评定的“放管服”改革，扩大企业职称评定的自主权，畅通“技术工人—技能人才—高技能人才—大国工匠”的成长通道和发展路径。二是要加快探索技能人才与工程技术人才职业发展贯通办法，实行职业资格证书和学历证书、职称证书的互通互认等，使技术工人成为中等收入群体的重要组成部分。三是要鼓励企业将技能人才职业发展通道与经营管理人才、专业技术人才职业发展通道并行设置、层级互相对照，以提高岗位吸引力。四是要将工匠人才纳入技术技能人才序列，有助于此类群体更好地获得地方政府人才政策的红利，契合中国经济社会发展现实。

第二，引导社会舆论观念，宣扬工匠文化，提高产业工人的社会地位和职业认同。工匠精神需要在长期的价值激励中逐渐形成，这需要一个良好的社会氛围。一是要倡导锐意创新和崇尚技术的企业文化，通过各种激励机制引导技能人才在关键领域、核心技术上大胆突破、解决难题。二是要举办好技能大赛、“最美职工”等评选活动，使得技能人才得到应有的社会认同和尊重，打破“蓝领”相比“白领”低人一等的观念。三是提高产业工人的收入水平，给予

工匠人才更高的物质回报，使其社会地位与贡献相匹配。

第三，强化企业主体责任，改善产业工人工作待遇，优化企业内部管理制度。企业是培育产业工人和弘扬工匠精神的第一主体。一是要提升企业技能培训的积极性，健全培训经费税前扣除政策，畅通培训补贴直达企业机制，鼓励企业支持员工开展学历和技能提升。二是推动企业实施机器换人和自动化改造，改善工作环境，降低劳动强度，提高产业工人的工作体验。三是要推动企业优化收入分配机制，不断提高产业工人的收入水平。四是要推动企业与劳动者建立长期稳定的雇佣关系。

第四，推动工作伦理教育，引导青年一代树立正确的职业观念。工匠精神作为一种职业伦理，主要表现为劳动者的工作态度和工作行为，因此培养弘扬工匠精神的关键是如何帮助青年一代劳动者树立以敬业、创新和奉献为基本价值追求的职业观念。一是要利用校园平台，面向在校初高中生、大学生广泛开展劳动价值观教育。二是要发扬“工会是一个大学校”的优良传统，面向企业和社会广泛宣传、表彰工匠精神和劳模文化。三是要利用各种新媒体，以年轻人喜闻乐见的方式传播新时代工匠精神。四是要警惕“躺平”“混日子”“内卷”等不良工作观念的社会传染，用正确的职业态度引领当代青年为实现中华民族伟大复兴的中国梦而努力奋斗。

（作者单位：华南师范大学劳动与社会保障研究中心、广东省总工会经济工作部）

# 制造强国战略下“大国工匠”型人才培育问题与对策研究

牟丽娇

制造业是国民经济的主体，是立国之本、兴国之器、强国之基。党的十九大报告明确提出，加快建设制造强国，加快发展先进制造业。《中华人民共和国国民经济和社会发展第十四个五年规划和2035年远景目标纲要》专门作出“深入实施制造强国战略”战略谋划。习近平总书记强调，技术工人队伍是支撑中国制造、中国创造的重要力量；应加快构建现代职业教育体系，培养更多高素质技术技能人才、能工巧匠、大国工匠。以高级技工、技师、高级技师等高技能人才为代表的“大国工匠”，是核心技术和关键技术的发明者，是行业内最顶尖的领军人才，是建设制造业强国的强大动力和根本保障，承载着大国使命担当中所蕴含的深沉厚重的价值追求。德国、日本等制造强国的发展史充分证明，在中国制造向中国创造、中国速度向中国质量、制造大国向制造强国转变的进程中，必须有一支结构合理、技艺精湛的大国工匠队伍。

本文运用典型调研法进行实地调研，共实地调研重庆市23个单位，包括13家企业、3个职业院校、4个市级部门，以及2个工业园区、1家行业组织，并分别发放重庆市“大国工匠”型人才培育调查问卷，以人力资源领导及员工、“大国工匠”型人才所在车间管理人员、“大国工匠”型人才代表为重点调研对象，从不同主体、不同角度、不同层面，多层次、多维度地开展调查，共发放调查问卷1000份，回收829份，形成了系统、权威的第一手资料，为本文实证研究奠定了基础。

## 一、制造强国战略下“大国工匠”型人才队伍存在的主要问题

### （一）工匠精神日渐缺失

制造业转型升级和实现制造强国战略更加呼唤工匠精神。重庆市以标准化、检验检测、认证为主要手段的质量强市战略实施以来，制造业质量竞争力指数虽然连续十多年位居西部首位，但工匠精神缺失的现象较突出：一是传承和发扬工匠精神的环境和制度基础逐渐被忽视；二是部分技能工人片面追求短期物质利益，缺乏精益求精、追求卓越的工匠精神；三是有些企业过于追求规模效应和短期效益，重数量轻质量，重生产轻品牌，在成为工业强市的同时，也造成产能过剩、高能耗高污染、发展不可持续等问题。调研显示，认为技能人才不具有工匠精神和少部分具有工匠精神的为67%，仅有33%的人认为大部分具有工匠精神。

### （二）人才数量短缺较严重

据国务院统计数据显示，2019 年我国技能型人才缺口约 2000 万人；根据相关预测，到 2025 年我国制造业重点领域人才需求缺口近 3000 万人。当前重庆市大力发展新能源汽车、高端装备等战略性新兴产业集群，以及适应制造业数字化、网络化、智能化重大变化亟须的“大国工匠”型人才紧缺，有些领域甚至“一才难求”，全市制造业转型升级的技术支撑能力不强，严重影响和制约重庆经济社会发展。调研显示，认为高技能人才较少的为 41%，认为高技能人才严重缺乏、经常加班、一个人要干几个人的活的比例为 40%。

### （三）人才供给与需求匹配度较低，人才素质不高

一是职业教育难以满足企业需求。职业院校专业设置没有及时瞄准新技术、新产业、新业态、新模式的发展对人才的需求，以及课程设置学科化倾向严重、课程开发能力不强、“双师型”教师队伍稀缺、教学模式传统等问题。学生理论知识较强，动手实践能力较弱，创新创业能力不足，难以满足产业发展与企业实际需求。调研显示，51%的受访者认为，技能人才所学专业与从事工作完全不相关，22%的受访者认为，在学校所学知识与企业需求完全不相关，19%

的受访者认为在学校所学知识与企业需求基本不相关，52%的受访者认为企业对人才的需求与高校或职业院校培养的技能存在脱节，11%的受访者认为存在严重脱节问题。二是人才素质不能满足企业发展需求。随着企业转型升级，制造业向数字化、网络化、智能化发展，企业对人才的知识和能力提出了更高要求，由传统单一的操作技能转向更高的技术能力和综合素质，然而现有专业知识、技能结构、职业素养难以满足企业需求。

（四）人才发展环境不佳

调研显示，53%的高技能人才对重庆市人才环境评价“一般”和“不满意”，5%的高技能人才认为重庆市人才环境“不适合”自身发展。

一是晋升较难。企业部分员工实践操作能力较强，理论知识较弱，而职业院校学生理论知识较强，工程实践能力较弱，往往较难通过理论与实践并重的职业技能鉴定。二是待遇偏低。调研显示，受访者认为薪酬不满意的占22%，认为薪酬一般的占52%，且无论是物质奖励还是精神奖励，都相对较少，收入与贡献不对等；34%的高技能人才认为收入与贡献不匹配，14%的高技能人才认为收入与贡献严重不对等。三是培训交流机会少。部分企业重用轻培现象严重，企业内部组织的技能人才培训较少，外出交流学习考察的机会更少，尤其农民工技能培训参与率低，技能提升慢，人才成长发展空间受限。调研显示，认为企业引进人才多和较多的比例为48%，企业偶尔培训和不培训的比例为68%。四是人才流失较严重。调研显示，认为企业高技能人才流失多和较多的比例为53%，待遇低、发展空间受限是人才流失的主要原因。

## 二、制造强国战略下“大国工匠”型人才培育的对策建议

### （一）弘扬工匠精神，营造全社会尊重工匠的浓厚氛围

我国在新的时代条件下弘扬工匠精神，政府和企业应采取有效举措加强引导。一是大力倡导尊重劳动、尊重知识、尊重人才、尊重创造的社会价值观。二是应通过完善制度培育和弘扬工匠精神。比如，可以建立健全工匠精神评价机制。三是发挥企业主体作用，大力弘扬严谨认真、精益求精、追求完美的工

匠精神。比如，企业实施精细化质量管理，提高质量在线监测、控制和产品全生命周期质量追溯能力，倒逼员工在工作中精益求精。

（二）推动现代职业教育大改革大发展，畅通“大国工匠”型人才培育主渠道

2022年国务院政府工作报告强调指出：发展现代职业教育，增强职业教育适应性。既有利于缓解当前就业压力，也是解决“大国工匠”型人才短缺的战略之举。一是坚持需求导向，推动现代职业教育大改革大发展。围绕加快发展先进制造业和现代服务业，推动互联网、大数据、人工智能和实体经济深度融合，推进职教院校专业设置与产业需求对接、课程内容与职业标准对接、教学课程与工作过程对接，推广“校企双制、工学一体”办学模式。二是建立现代职业教育体系，畅通职业发展通道。建立从中职到本科层次的现代职业教育体系，打破职业教育止步于专科层次的“天花板”。例如，上海构建了中职—高职—应用本科—专业学位硕士应用型人才培养体系。三是搭建产教融合、校企深度合作平台。对职业院校进行科学布局，形成类型梯次比例适当、专业结构均衡、匹配的发展格局，鼓励强强联合、优势互补，盘活用好技工教育的优质资源、资产和资金，组建跨区域、跨行业、跨专业的技工教育集团或高技能人才培养基地联盟，打造职业教育的“航空母舰”，并加快“大国工匠”型人才生产性实训基地的建设。四是坚持内涵发展，打造“双一流”职业院校。加强校企合作、专业建设、课程改革、师资培养、招生就业、质量评估等，建设一批精品特色专业，培养一批国际一流师资，打造一批国家级“双一流”职业院校。

（三）建立终身职业技能培训体系，持续提升“大国工匠”型人才技能水平

职业培训是提升技能人才专业素质、技艺水平和创新能力的重要途径，也是培养造就“大国工匠”型人才队伍的必由之路。一要以企业行业为主体、职业院校为基础、社会培训为补充，构建覆盖城乡全体劳动者、贯穿劳动者学习工作终身、适应劳动者需求的职业培训体系，大规模开展职业培训。二要以重

大平台为载体，支持建设公共实训中心、职业训练院、高技能人才培训基地和技能大师工作室，发挥国家级和市级平台在培养“大国工匠”型人才的集聚、辐射、引领和带动作用。三要以交流合作为抓手，深化产教融合，拓展校企、校校、校地、企企、企地合作的空间，鼓励和引导有条件的优质培训机构积极开展国际交流合作，选派优秀“大国工匠”型人才到发达国家培训学习，参加国际技术交流活动，增强国际竞争意识，学习、紧跟、超越世界一流技能水平，培养一批又一批、一代又一代忠党爱国、技贯中西、品德高尚的“大国工匠”。

### （四）建立健全评价激励机制，充分调动各方参与积极性

一要健全政策法规。编制高技能人才发展规划，出台加强“大国工匠”型人才队伍建设的优惠政策，完善职业院校教师的职称评定细则，探索完善社保政策、财政支持、税收减免等方式，解决学生在企业实习实践期间的管理成本高、安全风险大等问题，引导企业主动融入产教融合的现代职业教育体系，让企业真正成为职业教育的主体。二要健全“大国工匠”型人才评估鉴定体系。突破和创新现有评价机制，进一步放松在年龄、职称方面的要求，打破传统论资排辈的评价体系，充分发挥三大责任主体在人才评价方面的作用，并加快学历证书和职业技能等级证书互通衔接。更新和开发职业培训和认证标准，同时对职业院校的培养体系和模式不断优化，提高职业院校培养和输出人才的质量。三要进一步提高“大国工匠”型人才的经济待遇、政治地位和社会影响。例如，河南能源集团印发的《深化薪酬分配制度改革方案》，将薪酬分配进一步向生产一线、核心骨干和高技能人才倾斜。

（作者单位：重庆科技学院）

# 关于四川省劳模工匠高技能人才发展状况的调研报告

尹超　管雷　安恒　谢详

习近平总书记高度重视劳模工匠高技能人才工作，多次发表重要讲话，作出重要指示。2020年11月24日，习近平总书记在全国劳动模范和先进工作者表彰大会的讲话指出："技术工人是支撑中国制造、中国创造的重要基础。要完善和落实技术工人培养、使用、评价、考核机制，提高技能人才待遇水平，畅通技能人才职业发展通道，完善技能人才激励政策，激励更多劳动者特别是青年人走技能成才、技能报国之路，培养更多高技能人才和大国工匠。"习近平总书记关于工人阶级和工会工作的重要论述，为做好劳模工匠高技能人才工作提供了根本遵循、指明了工作方向。四川省委、省政府认真落实习近平总书记重要指示精神，高度重视劳模工匠高技能人才工作，出台和实施了一系列政策措施。另外，也要看到，当前，劳模工匠技能人才发展还存在着一些瓶颈问题亟待解决。

为了深入研究四川省劳模工匠高技能人才发展状况，客观分析瓶颈问题，为全省劳模工匠高技能人才工作提供决策参考，四川省总工会开展了专题调研。我们从产业工人相对集聚的地区和产业抽取了成都、绵阳、德阳、自贡、宜宾、内江、泸州、达州8个地区，以及省机电冶煤、省国防、西南油气田、攀钢、水电五局5个产业（单位），从各级评选的劳模、工匠和具备高级工以上的高技能人才中抽取1101名作为调查样本，运用问卷调查、实地考察、座谈交流等方式，就当前劳模工匠高技能人才发展情况进行专题调研。现将调研情况报告如下。

## 一、四川省劳模工匠高技能人才职业发展基本情况

截至2020年底，四川省技能人才总量突破1000万人，全省产业工人综合素质得到明显提高，劳模工匠高技能人才职业发展待遇、通道、平台、环境越来越好。

一是劳模工匠高技能人才收入待遇大为改观。据调查，目前70.72%的劳模工匠高技能人才的年收入在10万元以上。其中，年收入为11万~20万元的占51.91%，年收入为21万~30万元的占13.27%，年收入为31万~40万元的占3.09%，年收入在40万元以上的占2.45%。

二是劳模工匠高技能人才职业发展通道更为顺畅。据调查，64.45%的劳模工匠高技能人才不存在“无法进入管理岗位或专业技术岗位”方面的问题。

三是劳模工匠高技能人才跨行评职称已经在探索实施。据调查，19.09%的劳模工匠高技能人才已经从职业技能等级转到专业技术职称。

四是劳模工匠高技能人才能力提升平台更加丰富。据调查，77.73%的劳模工匠高技能人才通过培训提升自己，参加技能比赛或单位组织师带徒也是很重要的提升自己能力水平的平台。

五是劳模工匠高技能人才社会地位和获得感进一步增强。据调查，84.73%的劳模工匠高技能人才除了在本职岗位上发挥能力外，还通过带领团队、工作室、师带徒等方式发挥自己的能力。54.27%的劳模工匠高技能人才能强烈地感受到社会对自己非常尊重或比较尊重。68.63%的劳模工匠高技能人才非常有获得感或比较有获得感。

六是政策保障对劳模工匠高技能人才职业发展的促进作用进一步显现。近年来，四川省各级工会组织相继出台了支持劳模工匠高技能人才职业发展的政策性文件，并开展了一系列活动，如四川省总工会出台了《贯彻落实〈四川省产业工人队伍建设改革实施方案〉省总工会负责任务实施方案》《贯彻落实〈四川省产业工人队伍建设改革实施方案〉工作举措清单》《四川省

职工职业技能比赛管理办法》等；坚持开展一年一度、三年一届的省级职工职业技能比赛，并对全省职工职业技能大赛各工种前10名选手、省级行业职工职业技能比赛前5名选手，按程序提请职业资格晋升，发放物质奖励；在评选五年一届的四川省劳动模范和一年一度的四川省五一劳动奖章时，注重向高技能职工倾斜，数量不低于职工劳模和五一劳动奖章获得者的60%；自2015年起，开展四川省劳模和工匠人才创新工作室、四川省“十佳”劳模和工匠人才创新工作室创建工作，并分别给予2万元和10万元的经费补助，大力推动开展创新工作室联盟，印发《创新工作室管理办法》《创新工作室领衔人手册》等；每两年开展一届“寻找四川工匠”活动，并从2019年起实施“工匠技艺留存计划”，通过现代信息技术手段，记录下顶尖“四川工匠”的先进技艺并予以广泛传播。

## 二、当前四川省劳模工匠高技能人才职业发展面临的困难和原因分析

### （一）部分人员收入待遇较低，与白领有差距

调查数据显示，约30%的劳模工匠高技能人才年收入在10万元以下，其中85%的人员处于单位中等或以下水平，主要存在下面几类情况。一是部分劳模工匠高技能人才反映收入比管理人员低，有的反映“技能人才与管理人员差距大”，有的反映收入“与普通员工没区别，按公司职员级别薪酬”。二是部分劳模工匠高技能人才反映收入比专业技术人员低，有的反映“工资薪酬不能与工艺研发人员薪酬同等”。三是部分劳模工匠高技能人才反映奖励绩效较低，有的反映“评为工匠后薪酬没变化”，有的反映“获评后无专业津贴”。

### （二）职业发展通道存在一定障碍，身份限制依旧较多

调查数据显示，21.64%的劳模工匠高技能人才反映技能岗位无法进入管理岗位。技能工人转换到干部管理岗位通道较难，管理制度中“干部”和“工人”的身份界定尚未从根本上消除，限制了技能人才多领域、多层次、多方位发展。同时，尽管近年来国家层面和省级层面均出台了一系列人才新政，但个别地方、企业对有关政策研究不多、宣传不够，缺乏“闯改创”意识和实践，

一些企业和工匠人才反映的职业晋升瓶颈问题，实际上利用现有政策都能解决，但有关部门宣传和主动靠前服务不够，导致存在政策执行“最后一公里”不通的现象。

（三）跨行评职称意愿强烈，评价标准待完善

调查数据显示，64.18%的劳模工匠高技能人才有从职业技能等级转到专业技术职称的意愿。但是，从职业技能等级转到专业技术职称面临的问题依旧存在。存在“职业技能等级与专业技术职称无法衔接，技能人员目前高级技师就到头了，无法评高级工程师等正高级职称”问题的占28.18%；存在“过于看重学历文凭、自己文化程度较低”问题的占27.27%；存在“过于看重论文”问题的占16.73%；存在“外语、计算机限制”问题的占15.55%。在专业职称评定标准上，重学历、职称，轻能力、实绩的倾向仍然存在。评价方式主要采取定期集中进行，周期较长，第三方评价机构培育不足，一定程度上存在“外行评内行”现象。一些领域评而未聘矛盾比较突出，部分专业技术人员取得资质后由于没有岗位聘任，不能及时享受到相应职称水平待遇，导致部分人才流失。同时，人才表扬体系不健全，行业性、低层次的评选较多，高规格、全方位的评选较少。

（四）个人能力成长缺乏平台，培训学习针对性不强

调查数据显示，64.55%的劳模工匠高技能人才“外出参观交流少”，23.36%的劳模工匠高技能人才“培训时间少，培训内容没有针对性”。部分企业对培养技能人才缺乏专门规划，技能工人技能提升缺乏平台，客观上导致技能工人难以满足职称评定所需条件。具体表现为：培训费使用不到位，企业没有提取或没按规定比例提取职工教育培训经费；企业对技能人才的培养缺乏主动性，顾虑重重，不敢投入，怕人才“翅膀硬了飞走了”；企业缺乏发展的长远规划，一些企业在培养方向上只限于当前岗位需要考虑，不与国家职业资格鉴定接轨，对高技能人才造成了影响；很多企业只看重眼前经济利益，对职工只使用不培养，特别是劳动密集型企业，根本不对本企业职工进行培训。

### （五）能力发挥不充分，社会认可度需再提升。

调查数据显示，除了在本职岗位上发挥能力以外，15.27%的劳模工匠高技能人才缺乏能力发挥的平台。75%的劳模工匠高技能人才认为当前宣传工匠精神的“社会影响力不够”。由于传统人才观念的影响，技能人才的地位和作用还没有完全被社会认可，大环境存在“角色忽视”现象，社会上“重仕轻工”的观念仍较有市场，在相当多的企业中，技能人才的地位和作用没有得到很好的尊重和发挥。同时，产业工人工作辛苦且重复性高，工厂生活相对枯燥、交友面窄，导致相当一部分年轻人认为当工人是“不体面、不光荣”的职业，不愿进工厂当工人的现象仍在一定程度上存在。

## 三、对策和建议

### （一）进一步完善高技能人才职业发展通道

一是提高收入水平。建议政府相关部门建立健全以体现技能价值为导向的技能人才薪酬分配制度，科学体现为岗位付酬、为能力付酬、为绩效付酬的付酬因素，合理规划技能人才与其他人才工资分配关系，使技能人才薪酬分配与职工技术能力水平相衔接。积极指导企业建立首席技师制度、金牌工人制度，开展名师带徒、选树工匠活动等，通过推动实行年薪制、协议薪酬制、专项特殊奖励、股权期权激励、超额利润分享、岗位分红等方式，进一步提高高技能人才经济待遇，突出典型带动效应。

二是优化职业发展通道。指导企业科学设计全职业周期的技能人才职业发展通道，形成横向、纵向，既体现技能人才个人能力，又反映岗位差别的有机体系。进一步贯通工程技术领域操作技能与工程技术序列融合发展的路径，推动技能人才职业发展通道与企业的经营管理类、专业技术类职业发展通道并行设置，不断交叉融合，总结推广企业建立不同序列晋升通道的做法，拓展技能人才成长空间。

三是贯通专业技术职称领域。建议政府相关部门尽快出台四川省打通高技能人才与专业技术人才职业发展通道的实施办法，逐步淡化学历、论文、外语、计算机等限制性要求，强化职业能力和技能贡献，不断扩大高技能人才参加职称评审的专业领域。建立高技能领军人才评职称的绿色通道，建议对认定的高技能领军人才可直接申报评审正高级或副高级职称，杜绝“卡脖子”现象。

### （二）进一步丰富技能人才能力提升平台

一是深化职工职业技能比赛。各级党委政府要大力支持一年一度、三年一届的省级职工职业技能大赛，努力打造行业和区域相互交融、共同提高的技能比赛格局，扩大技能比赛覆盖面。把主导技术、前沿技术、急用技术作为技能比赛的重点，实现比赛工种从传统制造业向先进制造业和现代服务业延伸，从传统工种向新兴工种和科技含量高的工种拓展。积极推广网上练兵、网上对标竞赛等做法，做好赛后的技术等级晋升，推动形成技能人才培训练兵、技能比赛、等级晋升的一体化成长机制。

二是完善技能培训方式方法。紧跟时代发展变化和技能人才不同需求，建立健全层级递增、内容丰富、方式多样的职工职业技能培训体系。为广大产业工人提供普适性培训，以线上培训为主，丰富内容，拓宽覆盖面，让职工随时可学能学。为高技能人才提供针对性培训，以“理论+实践”“培训+晋级”的一体式培训为主，着重解决高技能人才在工作实践中遇到的代表性问题。为劳模工匠提供再培养服务，通过与知名院校密切合作、课堂授课和实地研学相结合，为劳模工匠保持先进性、岗位再成长创造良好条件。

三是搭建职工技术创新平台。进一步健全职工技术创新活动开展机制，完善相关奖励办法，不断拓展活动覆盖范围，推动活动规范化、长效化发展。建立职工优秀创新成果信息库，积极探索推进职工技术创新成果展示交易平台建设，加强职工知识产权保护，探索职工优秀创新成果开发、展示、转化和激励机制，努力让更多优秀的职工技术创新成果转化为现实生产力。

### （三）进一步提高技能人才社会地位

一是营造有利于技能人才成长的社会环境。灵活运用短视频、直播、微博等网络平台，加强对技能人才的重点宣传和长期氛围营造，使宣传方式更接地气，宣传内容更深入人心。进一步广泛深入开展“四川工匠”“天府工匠”等选树活动，把选树工匠的过程化作弘扬工匠精神的过程，引导社会各界更加关注和尊重高技能人才。

二是增强高技能人才的获得感和荣誉感。健全工匠人才建立工作室制度，引导和推动企业给高技能人才配备充分的团队成员、工作场所、设施设备和资金支持等，以赋予高难度高价值工作、示范引领带团攻坚增强高技能人才获得感，不断满足高技能人才对实现自身价值的追求。在开展省劳动模范、省五一劳动奖章评选过程中，注重从企业生产一线推荐选树，表彰名额向高技能人才倾斜，不断提升高技能人才的荣誉感和社会地位。

三是出台配套政策解决高技能人才后顾之忧。建议政府相关部门明确领军型高技能人才认定办法并形成联动机制，建立健全即时共享相关人才库，为他们在住房、医疗、教育等配套方面提供便利并落地实施，切实解决高技能人才的实际难题，免除后顾之忧，让尊重技能、崇尚技能在全社会蔚然成风。

（作者单位：四川省总工会课题组）

# 试论劳模精神、劳动精神、工匠精神与“两路”精神、老西藏精神、青藏铁路精神的协同弘扬

宋连申　田皓　洛桑次仁

习近平总书记指出，人无精神则不立，国无精神则不强。精神是一个民族赖以长久生存的灵魂，唯有精神上达到一定的高度，这个民族才能在历史洪流中屹立不倒、奋勇向前。劳模精神、劳动精神、工匠精神和“两路”精神、老西藏精神、青藏铁路精神是中华民族跨越时空的宝贵精神财富，是中国共产党人精神谱系的重要组成部分，为社会主义现代化建设和西藏的边疆建设提供了强大的精神动力。本文从梳理西藏这片热土诞生的“两路”精神、老西藏精神、青藏铁路精神出发，分析协同弘扬劳模精神、劳动精神、工匠精神与“两路”精神、老西藏精神、青藏铁路精神的现实路径。

## 一、“两路”精神、老西藏精神、青藏铁路精神形成的历史过程

习近平总书记在2014年川藏、青藏公路建成通车60周年的重要批示中指出，60年来，在建设和养护公路的过程中，形成和发扬了“一不怕苦、二不怕死，顽强拼搏、甘当路石，军民一家、民族团结”的“两路”精神，强调要继续弘扬“两路”精神。“两路”精神和“特别能吃苦、特别能战斗、特别能忍耐、特别能团结、特别能奉献”的老西藏精神，以及“挑战极限、勇创一流”的青藏铁路精神，不是凭空产生的，共产党人的崇高理想是其产生的思想来源，西藏特殊的地理环境、发展水平等是其产生的社会历史条件，党领导西藏各族

人民走向解放、实现西藏经济社会历史性跨越的伟大社会实践是其产生的实践基础。

（一）孕育

“两路”精神和老西藏精神诞生于20世纪五六十年代西藏和平解放初期，是先辈们在行军打仗、建设西藏过程中用生命和热血孕育出来的。1950年，以中国人民解放军第十八军为主力的四路进藏部队，遵照党中央“和平解放西藏”的伟大号召，肩负着党和人民的重托，胜利完成了进军、筑路、生产等各项任务。在进军西藏过程中，进藏军民始终发扬“以苦为荣、以苦为乐”“让高山低头、叫河水让路”的革命英雄主义精神，既是“战斗队”又是“生产队”，既是“工作队”也是“宣传队”，不仅完成了和平解放西藏的任务，而且形成了宝贵的精神财富。

（二）发展

西藏和平解放后，为了进一步巩固党在西藏的执政地位，保障西藏的长治久安和繁荣发展，驻藏人民解放军和进藏各族干部担负起发动群众进行民主改革、帮助建立基层政权的光荣任务。在这个过程中，进藏军民与各族人民群众同甘共苦、相互支援鼓励的集体主义精神，“一不怕苦、二不怕死”的革命英雄主义精神以及长期建设西藏、为人民服务的思想，进一步发展了“两路”精神和老西藏精神。

（三）形成

党的十一届三中全会以后，西藏的生产力水平还不高，经济文化和人民生活水平仍然处于比较落后的状态。这一时期，一批又一批来自祖国四面八方的进藏干部、援藏干部和部队官兵，舍弃常人所拥有的，放弃常人所追求的，抛弃物欲的诱惑，再次叫响了“艰苦奋斗、无私奉献”“血汗洒边关、丰碑树高原”的豪迈誓言，涌现出一批又一批像孔繁森、李万智一样的模范人物。在修筑青藏铁路过程中，铁路建设者面对雪域高原的恶劣环境，创造了人类铁路建设史上的奇迹，凝聚成了“挑战极限、勇创一流”的青藏铁路精神。

（四）光大

在新时代，进藏干部、援藏干部、当地干部、驻藏部队和建设者们深入贯彻落实习近平总书记关于西藏工作的重要指示和新时代党的治藏方略，踏着“老西藏”① 们的足迹，同西藏各族劳动群众一起，继续发扬“两路”精神、老西藏精神、青藏铁路精神，坚持缺氧不缺精神、艰苦不怕吃苦、海拔高境界更高，为建设团结富裕文明和谐美丽的社会主义现代化新西藏付出了勤劳汗水、贡献了智慧力量，赋予了“两路”精神、老西藏精神、青藏铁路精神新的时代内涵。

## 二、劳模精神、劳动精神、工匠精神与“两路”精神、老西藏精神、青藏铁路精神协同弘扬的价值共振

习近平总书记指出，在长期实践中，我们培育形成了爱岗敬业、争创一流、艰苦奋斗、勇于创新、淡泊名利、甘于奉献的劳模精神，崇尚劳动、热爱劳动、辛勤劳动、诚实劳动的劳动精神，执着专注、精益求精、一丝不苟、追求卓越的工匠精神。劳模精神、劳动精神、工匠精神和“两路”精神、老西藏精神、青藏铁路精神同体、同源、同向，从外在表现看，都具有艰苦奋斗、无私奉献、一往无前等显著特征；从内在本源看，都集中体现了无产阶级世界观、人生观、价值观，传承着中国共产党人的红色基因和优良革命传统。

（一）精神主体的共性：劳动者

劳模精神、劳动精神、工匠精神根植于中国土壤，其精神主体是劳动者。习近平总书记指出，“必须大力弘扬劳模精神、发挥劳模作用”“我们要在全社会大力弘扬劳动光荣、知识崇高、人才宝贵、创造伟大的时代新风，促使全体社会成员弘扬劳动精神”“要弘扬‘工匠精神’，精心打磨每一个零部件，生产优质的产品”。劳动精神的主体是广大的普通劳动者，劳模精神的主体是为社

---

① 20 世纪 60 年代后进藏的援藏人员，把 20 世纪 50 年代进藏特别是第一批进藏的人员称为“老西藏”，再往后，随着进藏人员的增多，人们也普遍把 20 世纪 80 年代前进藏的人员叫作“老西藏”。

会作出突出贡献的劳动模范群体，工匠精神的主体是拥有专业特长的技术工人，三者是以劳动者为基础的逐步递进、不断深化的关系。

“两路”精神、老西藏精神、青藏铁路精神是在长期复杂的西藏革命和建设实践中形成的劳动人民精神品格，其精神主体也是劳动者。自20世纪50年代初中国人民解放军进军西藏，到2006年青藏铁路全线正式通车，进藏军人、工作人员与西藏人民一道攻克艰难、成就伟业，绽放着劳动者的光芒。9万青藏、川藏筑路大军与2万藏族民工①，克服“两路”工程的艰险，孕育了“两路”精神；以中国人民解放军十八军为主力的四路进藏部队，履行着“生产队”的职能②，孕育了老西藏精神；铁路建设者攻克高寒缺氧、多年冻土、生态脆弱的世界难题，创造了人类铁路史上的建设奇迹，孕育了青藏铁路精神。综上所述，尽管上述各种精神的创造主体各有差异，但都拥有强烈的劳动者属性。

### （二）精神来源的共性：马克思主义劳动学说的发展

劳模精神、劳动精神、工匠精神是马克思主义劳动学说的理论发展。马克思说，任何一个民族，如果停止了劳动，不用说一年，就是几个星期，也要灭亡。这是对劳动极端重要性的强调。习近平总书记在有关重要讲话中曾多次引用中国古代名家的“勤劳”名言，深刻诠释了劳模精神、劳动精神、工匠精神的实质，这是中国优秀劳动文化与马克思主义劳动学说相结合的产物。

“两路”精神、老西藏精神、青藏铁路精神是马克思主义劳动学说的实践发展。马克思曾经设想，人与人之间的兄弟情谊在他们那里不是空话，而是真情，并且他们那由于劳动而变得坚实的形象向我们放射出人类崇高精神之光。西藏的革命、建设和改革成果充分证明了马克思关于劳动的美好设想是正确的且已经得到实现，先有进藏、建藏大军，后有数以万计的入藏科技人员、大学生、解放军官兵、地方干部，他们同西藏人民一起艰苦创业、团结奉献，为西

---

① 王戎、罗婷、庞跃辉：《论“两路”精神的内涵特质》，《重庆交通大学学报（社会科学版）》2019年第9期。

② 杨彦辉：《新时代老西藏精神的继承与弘扬探析》，《西藏发展论坛》2020年第4期。

藏的稳定、繁荣和发展作出了重要贡献。从“人与人之间的兄弟情谊”到“民族与民族之间的兄弟情谊”，无不是人类崇高精神之光在雪域高原绽放的生动体现。

（三）精神内涵的内在逻辑：内涵的共性与独特的个性

劳模精神、劳动精神、工匠精神和“两路”精神、老西藏精神、青藏铁路精神具有共同的理论内涵，后者是前者的具体实践，“两路”精神、老西藏精神、青藏铁路精神是劳模精神、劳动精神、工匠精神与西藏高寒缺氧气候恶劣的特殊环境相结合的更为深刻的特殊表现。此外，“两路”精神、老西藏精神、青藏铁路精神还具有独特的内涵，其体现了与西藏民族地区、军民共建的特殊区情相结合而产生的精神内涵，是中华民族团结精神的具体呈现。

## 三、协同弘扬劳模精神、劳动精神、工匠精神和“两路”精神、老西藏精神、青藏铁路精神的策略

当今中国正处在中华民族伟大复兴的关键时期。以习近平同志为核心的党中央亲切关怀西藏各族人民，亲自为西藏长治久安和高质量发展把舵领航、指引方向。西藏工人阶级和广大劳动群众必须牢记领袖嘱托，不断感恩奋进，大力协同弘扬劳模精神、劳动精神、工匠精神和“两路”精神、老西藏精神、青藏铁路精神，并将其结合起来、展现出来、传承下去，为实现中华民族伟大复兴的中国梦，建设团结富裕文明和谐美丽的社会主义现代化新西藏作贡献。

（一）引领劳动群众做“两个确立”的忠诚拥护者

协同弘扬劳模精神、劳动精神、工匠精神和“两路”精神、老西藏精神、青藏铁路精神，必须毫不动摇坚持党的领导，深入学习贯彻习近平新时代中国特色社会主义思想，深刻领悟“两个确立”的决定性意义，增强“四个意识”、坚定“四个自信”、做到“两个维护”，更加紧密地团结在以习近平同志为核心的党中央周围，以强烈的使命感和责任感当好主人翁、建功新时代。坚持不懈用习近平新时代中国特色社会主义思想武装头脑，学深悟透、真信笃行党的创新理论，从中汲取真理的力量、信仰的力量、奋进的力量，紧跟党的步伐、听

从党的指挥，筑牢党执政的坚实依靠力量和深厚社会基础。

（二）提高劳动群众技术技能素质

劳动者素质对于弘扬劳模精神、劳动精神、工匠精神和“两路”精神、老西藏精神、青藏铁路精神至关重要，对于推进西藏长治久安和高质量发展至关重要。必须引导工人阶级和广大劳动群众自觉用协同弘扬的方法和策略鞭策自己，激发劳动热情，厚植工匠文化，恪守职业道德，通过劳动创造播种希望、锤炼意志、收获果实。必须引导工人阶级和广大劳动群众牢固树立自觉学习、终身学习的理念，立足岗位勤学苦练、实干钻研，与时俱进更新知识体系、锤炼实践能力，练就一身真本领、掌握一手好技术，成为掌握新知识、新本领的技能型人才。必须引导工人阶级和广大劳动群众坚定走技能成才、技能报国之路，提升适应新发展阶段、贯彻新发展理念、服务融入新发展格局的过硬本领，主动投身劳动和技能竞赛，积极参加群众性创新活动，推动技术工艺革新、管理服务出新、业态模式创新，为高原经济高质量发展注入创新动能。

（三）充分调动劳动群众建功立业的积极性主动性创造性

社会主义是干出来的，新时代是奋斗出来的。要动员西藏全区工人阶级和广大劳动群众围绕党中央决策部署，立足岗位敬业奉献、苦干实干，自觉主动开展反分裂斗争，形成维护稳定的铜墙铁壁；坚持高质量发展要求，在基础设施建设、特色产业发展、创新驱动发展、推进乡村振兴等重点任务中主动作为；贯彻以人民为中心的发展思想，在教育、科技、文化、卫生、社保等民生工作中展现专业技能，不断满足人民对美好生活的向往；牢固树立绿水青山就是金山银山、冰天雪地也是金山银山的理念，像保护自己的眼睛一样保护生态环境，像对待生命一样对待生态环境，让西藏的天更蓝、山更绿、水更清、环境更优美；坚持屯兵和安民并举、固边和兴边并重，坚决扛起维护国家主权和领土完整的使命，守土有责、守土负责、守土尽责，打造巩固国防的钢铁长城；大力弘扬法治精神，善于用法治思维和法治方式处理劳动纠纷、表达利益诉求，做到办事依法、遇事找法、解决问题用法、化解矛盾靠法。

（四）带领广大劳动群众培育和践行社会主义核心价值观

广泛开展“中国梦·劳动美”“劳动创造幸福”“民族团结进步创建”等主题宣传教育活动，擦亮叫响“新时代西藏最美职工”“西藏工匠”等品牌。在全社会大力宣传劳动模范和先进工作者典型事迹，弘扬中华民族优秀文化和传统美德；大力践行以爱国主义为核心的民族精神和以改革创新为核心的时代精神；自觉践行社会主义核心价值观，引导西藏全区工人阶级和广大劳动群众牢固树立以辛勤劳动为荣、以好逸恶劳为耻的劳动观；自觉把人生理想、家庭幸福融入国家富强、民族复兴的伟业之中；争做新时代的奋斗者，通过劳动创造更加美好的生活，始终保持热爱祖国、奉献人民的家国情怀，自强不息、砥砺前行的奋斗精神，积极进取、崇德向善的高尚情操。

（作者单位：西藏自治区总工会）

# 宁夏建设知识型、技能型、创新型劳动者大军情况的调研报告

宁夏回族自治区总工会研究室

建设一支有理想守信念、懂技术会创新、敢担当讲奉献的知识型、技能型、创新型劳动者大军，是国家和自治区政府实施科教兴国战略、人才强国战略、创新驱动发展战略的重要支撑和基础保障，也是企业可持续、高质量发展的迫切需求。当前，宁夏知识型、技能型、创新型劳动者大军队伍建设整体向好，但与党的十九大提出的“建设知识型、技能型、创新型劳动者大军”和《关于新时期产业工人队伍建设改革实施意见》的具体要求相比，还有很大差距，亟待进一步深化改革，注重知识型、技能型、创新型劳动者大军的建设培育，全面提高我区技能型产业工人的能动力与创新力。为此，宁夏工会理论研究课题组围绕宁夏知识型、技能型、创新型劳动者大军的基本情况、工作特点、存在问题，进行了问卷和实地调查。

## 一、宁夏知识型、技能型、创新型劳动者大军的基本情况

截至目前，宁夏全区已建工会单位拥有职工 122.9 万人，工会会员 120.5 万人，有县以上地方工会 29 个，产业工会（工委）10 个，基层工会组织达 11740 个，基层工会涵盖单位达 25387 个。产业工人覆盖制造业、电力、热力、燃气、交通运输、仓储及邮政业等 40 余个行业。其中，技术型工人约占整体产业工人的 17%，其中 80% 的工人在非公企业从事技术工作，89% 分布在建筑、服务、纺织、采矿等产业。总体来看，全区的技能型产业工人数量明显不足。

以银川市为例，全市仅有6000多名产业工人获得高级工以上职业资格证书，高级技师仅有604人。调查发现，全区职工学历为高中、中专、技校及以下的占比为44.75%，技能型人才总量偏少，高技能人才占技能人才的比例约为15.01%，与我国发达地区高技能人才占比差距悬殊。

## 二、宁夏知识型、技能型、创新型劳动者大军队伍建设主要特点

宁夏知识型、技能型、创新型劳动者大军队伍建设过程中，在人才政策、制度保障等方面做了大量的工作，各级工会及企业也积极推进人才队伍建设。

### （一）大力推进知识型、技能型、创新型劳动者大军队伍建设与改革

2017年，中共中央、国务院印发了《新时期产业工人队伍建设改革实施方案》（以下简称《方案》）。《方案》印发后，宁夏回族自治区总工会积极行动，形成了《贯彻落实〈新时期产业工人队伍建设改革实施方案〉工作安排台账》，将加强全区知识型、技能型、创新型劳动者大军队伍建设作为重要任务，各级工会对照《方案》要求，推出相应人才队伍建设实施方案，在组织建设、思想引领、激励机制、互联网工作体系等方面给予了重要的政策、技术、资金支持。

银川市总工会根据市人民政府印发的《新时期银川市产业工人队伍建设改革实施方案》的精神，围绕提升产业工人技能素质，先后打造“凤城工匠”“十佳五小”“六比一创”等助推品牌。2018年，宁东管委会出台《宁东基地人才政策十条》，提出了支持企业建立技能大师工作室、每年评选“宁东工匠”的工作计划；中卫市推动“创带提”工程，发挥劳动模范、技能人才、首席技师创新工作室的辐射引领和示范带动作用，出台《中卫市劳动模范、技能人才、首席技师创新工作室实施办法》，在制度保障和财力供给等方面给予平台保障支持；吴忠市通过“三个平台”建设，不断提升网络服务能力，为产业工人发展提供了信息共享平台。

### （二）各级工会多维度助力技术工人成长

目前，宁夏回族自治区各级工会积极配合党委政府，通过经济补贴、平台

建设等多项举措，合力推进技术工人技能素质提升。

一是突出激励机制改革，推动产业工人自主成长。为了更好提高产业工人职业素质，全区各级工会组织积极引导企业开辟职工技能提升激励通道。在吴忠市利通区，非公企业内部职称评聘体系已经在符合条件的13家非公企业全面推广实施，全区497名一线职工相关职称待遇得到落实。在宁东管委会，对新引进的技术工人给予90%的住房租赁补贴。这些举措将企业发展与职工利益结合起来，充分调动了技术工人干事创业的积极性。

二是突出打造学习环境，助力技术工人成才。宁夏回族自治区总工会坚持广泛深入开展各类读书活动，引导和推动广大职工读书学习、增长才干；各企业工会积极与行政部门共同开展创新型企业试点，落实技能人才培养规划，推动完善有利于技术工人成长的制度机制。

三是突出平台建设，提供人才发展保障。宁东管委会以宁夏人才强区工程为主线，以煤化工人才高地建设为抓手，以中高级技能人才培养为重点，开展技术工人引进和培养行动。在对企业技能人才培养情况的调研中，67.11%的企业开展了“名师带徒”活动，56.89%的企业开展了网上学习培训。同时，在农民工集中的行业，广泛组建工会，推动规范用工、合同签订、工资发放、安全卫生、素质提高等工作深入开展，破除农民工社保、户籍、子女入学等方面的机制障碍，也一定程度地鼓励了农民工的就业信心和发展决心。

### （三）企业人才队伍建设中凸显技术发展导向

为持续提升产业工人技能，各企业积极探索推出技能型人才队伍建设有力措施。

一是依托职业技能竞赛打造工匠品牌。宁夏全区各级工会以技能竞赛为契机，按照“大格局、小切口”的工作导向，充分发挥职业技能竞赛的引领作用，积极打造新时代技能人才队伍建设培育的新品牌。石嘴山市开展“凝心聚力创新业·转型发展做贡献”主题劳动竞赛，吸引了7325多家企业积极参与，全市20多个行业200多个工种开展劳动竞赛，5万余人取得职业资格证书，2万余人实现技术晋级；宁东基地产业工人积极参与对外的职业技能比赛，每年职业竞赛题库已成为园区企业提升产业工人技能等级的重要理论培训教材。

二是企业逐步加大技术成长补贴力度。目前，全区多个企业加大了对产业工人培养的相关补贴及激励力度。宁夏紫光天化蛋氨酸有限责任公司为打造创新人才培养激励平台，设立了《科技创新激励办法》，通过以奖代补对科技创新团队给予大额的经费支持，对于在职学历学位的提升，给予70%～80%学费报销，或者学历津贴的发放。在精神和物质鼓励方面，各个企业都更加重视专业技能在工作中所占的百分比，形成了较好的激励效应。

三是拓宽普通产业工人的技能提升路径。为了使普通产业工人向技能型工人转型，宁东管委会、宁夏紫光集团、天元锰业、国网宁夏电力公司等大型企业普遍制定了技能比赛和技术创新成果表彰办法。充分调研产业工人技能培训需求，不断增强培训的针对性和实效性，分层次按结构开展职业技能培训，鼓励考取各类职业资格证书。宁夏工商职业技术学院等高校也积极与企业合作，设立各类学习（实践）中心，开展工人的继续教育。很多企业积极主动出台相关政策，畅通产业工人接受继续教育、终身教育的渠道，搭建终身学习、不断成长的“立交桥”。产业工人的学历提升可通过继续教育课程认证、非学历教育学习成果、职业技能等级学分积累及转换互认等学历教育与非学历教育相结合的方式来完成，拓宽了学习型员工的培养路径。

## 三、宁夏知识型、技能型、创新型劳动者大军队伍建设存在的问题

在发展中，宁夏总结了很多知识型、技能型、创新型劳动者大军队伍建设中成熟的经验和做法，但对照新时代知识型、技能型、创新型劳动者大军队伍建设的新要求和广大职工对美好生活的需要，依然存在着一些差距和问题。

### （一）技能人才总量不足、高技能产业工人短缺

在调研中发现，基于宁夏的产业经济情况，知识型、技能型、创新型劳动者大军队伍年龄偏大、学历层次偏低、所学专业与从事工种匹配度低成为普遍问题。

一是农民工群体庞大，技能提升意识差。目前，工人队伍中以从事体力劳

动的农民工为主，整体文化素质及技能发展潜力较弱，不具备技能型产业工人应有的开拓创新意识，与适合经济发展所需的技能人才有明显差距。各级政府、职能部门、工会、企业都缺乏把农民工培养成为专业技能型人才的系统规划和有力措施。

二是技能型人才资源转化率低。就自治区而言，技能型人才资源转化率低的直观表现就是人才引进不足和劳动密集型产业比重过高。目前，区内由于缺少足够的政策及资金支持，还不能成规模、大批量地引进高技能型产业工人。工人中以普通工艺操作的产业工人为主，与经济发展的吻合度较差。

三是技术型人才建设需求有较大缺口。根据 2019 年宁夏政府工作报告，“知识型、技能型、创新型的劳动者大军”将成为支撑宁夏发展的重要群体，企业及职工对建设技术型人才队伍的重视程度也在不断上升，但目前我区产业工人的结构、数量、质量，都与自治区发展规划有较大差距。

（二）技能型产业工人系统培训体系有待完善

调查反映，“重使用轻培养、重学历轻技能”的现象在知识型、技能型、创新型劳动者大军队伍建设中普遍存在。

一是缺乏社会培训体系建设。目前，宁夏的职业培训供给不足，职业培训机构水平参差不齐。对于一些特殊制造业而言，职业院校缺少具有企业一线工作经历且熟悉该界面的技能型教师，学校的教学模式与工厂的生产实践脱节，来自本地高校的新入职工人动手操作能力明显不足，企业对技能型工人的继续教育也缺乏长期性、系统化知识结构和知识储备的学习和训练。

二是技能认定及差别待遇工作滞后，技术型人才成长渠道不畅。宁夏目前重点推动的高端化、智能化、绿色化工业方向，都产生了许多新的工种，而此类工种在国家技能鉴定名录中得不到及时收录，只能通过比赛评奖的形式予以奖励，导致权威性和社会认同很低。企业对于产业工人的技能水平鉴定无统一标准，行业内水平参差不齐。技术工人向上流动壁垒障碍不易破除，对工人的发展产生了不利影响。

三是缺乏内部培训及职业上升体系狭窄。目前，企业职工职业生涯规划普遍不健全，尤其是建筑、开采等技术含量较低的粗加工领域的一线产业工人，劳动强度大，工资收入低，且上升渠道狭窄，使这部分产业工人的劳动积极性受到挫伤，对相应行业产业工人的职业发展形成一定阻力，造成产业工人队伍中技术职称低端人员多、中端少、高端缺的窘境。

### （三）知识型、技能型、创新型劳动者大军整体保障有待增强

宁夏技能型产业工人队伍建设发展的问卷反映出，大量产业工人认为对工人队伍的发展和建设不足。

一是知识型、技能型、创新型劳动者大军的工资待遇保障有待加强。通过对职工的调研发现，对技能提升补贴政策的满意度仅为42%；对政府在技能人才培养方面政策扶持、资金补偿的满意度为43%；对政府人才引进、人才服务政策的满意度为45%。两者均不足50%。仅有58%的企业将技能技术人员收入与专业技术职称挂钩，46%的企业将高技能人才待遇纳入集体协商，对工人队伍的工资保障不足。

二是知识型、技能型、创新型劳动者大军的社会待遇需进一步改善。当前对高技能产业工人在购（租）房、安家补贴、子女接受义务教育等方面的政策支持不够，他们的配偶、子女有就业愿望但未就业的，有关部门提供职业指导和就业前培训，推荐就业岗位工作不到位，不能解决他们的后顾之忧。高技能产业技术工人休息休假权利得不到保障，《职工带薪年休假条例》和《企业职工带薪年休假实施办法》不能完全落实。

三是知识型、技能型、创新型劳动者大军学习的激励保障不足。目前的薪酬制度还不能完全体现其劳动的价值、贡献、效益，使技能人才缺乏自主投入的内在动力，不能有效调动激发上升热情。在对产业技术工人的激励措施方面，选择出国进修、疗休养、带薪上学深造、持有股份等多元化激励方式，真正落实工人的生活、工作、健康需求的企业均少于10%。

## 四、宁夏知识型、技能型、创新型劳动者大军队伍建设的对策及建议

推进知识型、技能型、创新型劳动者大军队伍建设改革，需要各级党委政

府、企业和全社会的携手努力，建立“党委主导、行政主抓、工匠引领、职工参与、岗位创新”的技能人才培养体系。引导各层级、各条战线形成联动，围绕一个目标，构建一条心抓落实、一盘棋抓推进的工作格局。

### （一）注重思想引领，政治上保证围绕“一个目标”

紧紧围绕引导广大职工“感党恩、听党话、跟党走”这一目标，实现产业工人队伍“有理想守信念”。一是强化企业党建引领。建立市、县（区）级领导联系重点企业党建制度，党员领导干部直接联系重点企业；建立国有帮带民营、公立帮带民办党建结对帮带制度，与企业结成党建共建对子；按照“一人一企”“一人多企”方式，选派党建指导员，全面加强非公企业党建工作。二是加强思想政治建设。发挥各类红色文化资源功能、党群活动服务中心作用，利用学习强国、职工讲堂、电子职工书屋等载体，加强思想政治、理想信念、职业道德、法纪意识教育。三是发挥先进示范作用。把技术能手、青年专家、优秀工人吸收到党组织中来，在产业工人中选树劳动模范、技术能手、道德模范、抗疫先锋等，大力弘扬劳模精神、劳动精神、工匠精神和企业家精神。

### （二）加强政策制度支持，形成队伍建设“一张网”

一是不断拓宽人才引进渠道。参考宁夏一系列高层次人才引进政策，协调建立高技能人才等同于高层次人才的保障机制，让高技能人才能够同高层次人才一样享受住房、子女入学、就医等一系列待遇。同时建议企业建立金字塔式人才储备库，政府对企业自主人才储备库进行动态监测，监测结果列为企业重点体系认证考察的项目。二是提升技能人才转化率。针对重大项目和重点岗位，特别是支柱产业、新兴产业和现代服务业，开展多层次、多元化的绩效竞赛，建立和完善党、政、工、企业和职工多方参与的劳动竞争格局。建立“培训、竞争、推广、创新”四位一体员工技能竞赛的工作机制，让更多拥有一技之长的高技能职工在行业水平、业务质量和创新创造能力上实现质的飞跃。三是形成多部门联动工作制度，助推技能型工人成长。需要进一步联系各部门（单位），共同建设符合自治区技能型产业工人技能素质提升的工作机制。党政部门需要不断加强对该项工作的宏观指导、政策协调和组织推动，各部门（单位）要建立定期沟通、定期督查调研、联席会议等制度，确保人才引进和晋升的渠道畅通。积极为产业工人畅通“协商民主、成才成长”渠道，确保产业工人有更多获得感、幸福感、安全感。

（三）优化技能培育体系，打好“组合拳”

需要进一步开拓思路，搭建更实的平台满足企业和职工需求，推动知识型、技能型、创新型劳动者大军队伍建设。一是多方合作培养，共享共促。对首席技师制度、技师研修制度、自办技工实施基地、首席技师工作室、技能大师工作室、职工（劳模）创新工作室等创新性高技能工人培育和带动机制加大建设力度。进一步强化和落实企业培养产业工人的主体责任，引导建立“招工即招生、入企即入校”为主要内容的企业新型学徒制培养模式，把企业建成职工的“第二大学”；进一步丰富“校企结对”的内容，形成特色品牌；加快宁夏职业技术院校发展，推进技师学院高质量建设，努力增加技能型人才来源的本地供给。二是发挥自身优势，打通内部培训载体。引导企业建立内部讲师队伍，健全内部讲师选拔认证制度，采用支付讲课费、提供进修机会、表彰奖励等方式激励内部讲师，促进内部讲师将自己积累的知识和技能毫无保留地传授给企业职工。借鉴宁东的培训经验，企业可以加强培训教材和信息化建设，通过编制覆盖各专业各工种的教材、技术问答题本、技能鉴定题库等手段，着力加强企业自身的培训教材建设。三是拓展技术工人发展平台，打造职业技能提升完整闭环。搭建劳动竞赛、职工技术创新、班组长培训和技师家园等四大平台，形成“技能培养、技能鉴定、岗位使用、竞赛选拔、表彰奖励、技能进阶”的高技能人才培养闭环体系；构建长效的技能形成与提升机制；建立以企业岗位练兵和技术比武为基础、以国家和行业职业技能竞赛为主体、国内竞赛与国际竞赛相衔接的劳动和技能竞赛体系。

（四）加强知识型、技能型、创新型劳动者培养激励，下活“一盘棋”

应坚持“使用和培养相结合，考核和选拔相结合，业绩和待遇相结合”的原则，创造性落实技能人才培养中的待遇、晋升、职业化发展等举措，进一步优化技能人才发展环境，让技能人才队伍建设步入快速发展新阶段。一是建立合理的利益分配机制。首先，深化利益分配制度改革。可以借鉴江苏省的做法，制定实施《关于开展集体协商健全产业工人薪酬激励机制的指导意见》，通过协商企业增强利润的二次分配，切实保障产业工人的经济利益。其次，做好工人生活保障。完善工人的医疗、子女入学等社会保障体系，使产业工人特别是农民工队伍，能够真正感受到社会的认同和拥有一技之长的自豪。最后，深化技能竞赛的平台作用。鼓励职工通过竞赛活动增加收入，对在竞赛中符合条件且需要核发职业资格证书的项目，人社部门应发给相应的职业资格证书。二是设计多通道激励方式，推动一线技术工人成长。探索推进职业资格证书与学历证书、技能等级证书与学历证书相互融通改革，打通企业职业生涯系统中技术、管理、技能人才在任用、晋升、薪酬绩效等方面的联动管理，建立技能人才与管理、专业技术人员之间的转换通道，推动和鼓励企业吸纳高技能领军人才参与技术研发和经营管理。三是提升整体地位，关注利益诉求。着力提升产业工人政治、经济、文化和社会地位，助力培养产业工人“敢担当讲奉献”的主人翁意识。强化协调劳动关系，提升政治地位，落实协调机制、职代会、厂务公开民主管理等工作，保障产业工人依法、有序、广泛参与管理决策，彰显主人翁地位；强化维护经济权益，提升经济地位；强化开展文化活动，提升文化地位；强化服务关爱职工，提升社会地位，努力营造尊重劳动、崇尚技能、鼓励创造的社会氛围。

# 加强铁路技能人才队伍建设，为新时代铁路高质量发展提供坚实人才保障

王秋荣

党的十八大以来，习近平总书记多次就工人阶级和工会工作发表重要讲话、作出重要指示，提出一系列新思想新观点新要求。2022 年“五一”国际劳动节前夕，习近平总书记致首届大国工匠创新交流大会的贺信，语重心长、期望殷切，在亿万职工群众中激起了创新创造的巨大热情，为深化产业工人队伍建设改革发出“动员令”。牢记习近平总书记的谆谆嘱托，中华全国铁路总工会在中华全国总工会和中国国家铁路集团有限公司党组的坚强领导下，紧紧围绕铁路中心工作履行职责、积极作为，在推进铁路产业工人队伍建设改革等方面持续发力，团结动员全路广大职工大力弘扬劳模精神、劳动精神、工匠精神，勇担交通强国铁路先行历史使命，汇聚起推动铁路高质量发展的磅礴力量。

## 一、推进技能人才队伍建设主要做法

### （一）与党同心，思想引领汇聚力量

认真履行工会政治责任，胸怀“两个大局”、牢记“国之大者”，铁路各级工会组织把学习宣传贯彻习近平新时代中国特色社会主义思想作为根本任务，认真贯彻习近平总书记关于工人阶级和工会工作的重要论述，引导广大职工准确把握丰富内涵、精神实质和实践要求。积极培育和践行社会主义核心价值观，引导广大职工特别是青年职工坚定中国特色社会主义信念和实现中华民族伟大复兴的中国梦的信心，争做中国梦的模范践行者。加强职工爱国主义和集体主

义教育，传承铁路的优良传统和红色基因，宣传阐释“二七”精神、“毛泽东号”精神、成昆精神、青藏铁路精神、大秦重载精神、巴山精神、新时期铁路精神，以及“不忘初心、牢记使命，交通强国、铁路先行”的共同愿景，不断丰富以“人民铁路为人民”为核心的铁路精神谱系，做好“新时期·铁路榜样”选树宣传，引导广大职工牢固树立正确的世界观、人生观、价值观，自觉把个人理想融入中国特色社会主义共同理想之中，铁路职工听党话、跟党走的思想自觉、政治自觉、行动自觉不断增强。

（二）典型引路，推动职工素质提升

榜样是看得见的哲理，典型是鲜活的价值引领。铁路各级工会组织认真落实国铁集团《关于落实〈新时期产业工人队伍建设改革方案〉的实施意见》，聚焦铁路产业工人思想引领、素质提升、队伍壮大等重点任务，积极推动产业工人队伍建设改革向纵深发展、向基层延伸。科学构建新时代弘扬劳模精神、劳动精神、工匠精神的路径与体系，积极倡导“幸福都是奋斗出来的”“千千万万普通劳动者最伟大”的职业价值导向，不断提升职工职业道德修养，使职工自觉以辛勤劳动、诚实劳动和创造性劳动为行动指南，激励广大职工建功新时代、共圆中国梦。大力宣传铁路系统全国劳动模范、全国五一劳动奖章获得者、全国铁路劳动模范、“最美职工”、大国工匠、铁路工匠等劳模先进的感人事迹，持续推动劳动光荣的社会风尚和精益求精的敬业风气在铁路职工中进一步传承，劳模精神、劳动精神、工匠精神在铁路企业进一步弘扬，激励广大铁路职工成长为知识型、技能型、创新型的劳动者。

2021 年，中央宣传部、中华全国总工会向全社会公开发布 2021 年“最美职工”先进事迹，丰台机务段“毛泽东号”机车组第十三任司机长王振强获 2021 年“最美职工”称号。铁路行业涌现出的“毛泽东号”机车组、陈佳、陈美芳、杨勇等先进集体和先进个人用实际行动诠释了人民铁路为人民的宗旨，充分展示了铁路产业大军新时代精神风貌。

（三）建功立业，搭建职工成长平台

中华全国铁路总工会将劳动竞赛作为广大职工发挥主力军作用的主要途径

和企业技能人才队伍建设的重要平台，紧紧围绕运输安全、铁路建设、装备制造，特别是中老铁路建设、川藏铁路建设和客运提质、货运增量、“复兴号”品牌战略和技术创新、节能降耗等领域，深入开展建功立业劳动竞赛，引导铁路干部职工立足岗位比技术、比安全、比服务、比创新，充分调动职工生产和劳动的积极性。通过深化“百千万”人才工程建设，充分发挥技能人才聘任晋级、首席技师选拔任用、火车头劳模和工匠人才创新工作室、铁路技能大师工作室建设、职业技能竞赛等技能人才队伍建设平台的作用，培养造就选树铁路工匠，为职工成长成才创造条件、提供平台，全路广大职工在铁路运输主战场上勇挑重担、建功立业的热情日益高涨，广大职工主人翁意识显著增强，创造潜能得到进一步激发，“中国梦·铁路情·劳动美”的奋斗旋律更加响亮。

2021 年，中华全国铁路总工会动员开展“建功‘十四五’奋进新征程”铁路建设劳动竞赛，中国铁路昆明局集团有限公司组织参建单位和广大参建职工优化施工组织，创新工艺工法，确保中老铁路安定隧道、景寨隧道等一批重难点工程按期完工，中老铁路顺利通车，成为全路各级工会组织主动融入中心工作、建功立业展示作为的一个生动缩影。截至 2021 年末，全路荣获中华技能大奖的 2 人，享受政府特殊津贴的 58 人，全国技术能手 210 人，全路技术能手 5626 人。铁路工匠 199 人，全路首席技师 65 人，企业首席技师 1715 人，铁路技能大师工作室 49 个。火车头劳模和工匠人才创新工作室数量已达到 130 个。北京供电段赵大坪被中央组织部、人力资源和社会保障部、教育部等 10 个部委评选为中国高技能人才楷模。

## 二、当前面临的形势任务

到“十四五”时期末，铁路营业里程将扩展到 16.5 万公里左右，高铁将扩展到 5 万公里，“八纵八横”高铁主通道基本贯通，川藏铁路、西部陆海新通道等重大工程进入大规模建设阶段。随着路网规模持续扩大和高铁运营周期的不断延长，各种传统和非传统、外部和内部、可以预见和难以预见的风险隐患复杂交织，相互作用、相互影响，确保铁路安全和运输经营任务的完成面临越来越大的压力和挑战。确保铁路“十四五”各项规划的落实，铁路各级工会组织要全面贯彻习近平总书记关于做好新时代人才工作的重要思想，进一步聚焦交通强国铁路先行目标任务，坚持服务企业发展、确保安全生产、提高技能水平的工作导向，进一步拓展职工岗位成长的平台，健全技能人才发展体制机制，培养一大批适应铁路改革发展，爱岗敬业、德才兼备、技术过硬、知识结构合理的高素质技能人才，为新时代铁路高质量发展提供坚实人才保障。

## 三、下一阶段工作举措

铁路各级工会组织要紧扣铁路高质量发展需要和生产力发展步伐，健全完善技能人才培养、使用、评价、激励机制，促进铁路技能人才队伍结构不断优化，素质不断提升。

一是大力弘扬和培育劳模精神、劳动精神、工匠精神。努力建设一支爱党报国、敬业奉献、求实创新，具有专业技术技能、善于解决现场实际问题的优秀铁路技能人才队伍，合力构建以铁路工匠、首席技师为引领，以技师、高级技师为骨干，以其他技能人才为基础的铁路技能人才雁阵格局。

二是深化“百千万”人才工程建设。大力开展铁路工匠、技术能手、首席技师等优秀高技能人才的培养选拔，扩大优秀高技能人才的专业覆盖面，增强优秀高技能人才的辐射带动效应，充分调动职工学技练功、岗位成才的积极性和主动性。

三是加强火车头劳模和工匠人才创新工作室建设。强化创新工作室考核考评，充分发挥工作室技术攻关、培训交流、带徒传技的功能作用，让创新工作室真正成为聚集人才的平台、凝聚智慧的团队。分系统组建创新工作室联盟，定期组织学习交流，适时开展工作室成果展示，注重工作室创新成果转化，实现产学研结合、工教培一体，有效发挥工作室作用。

四是定期组织举办各层级职业技能竞赛。大力开展多种形式的群众性岗位练兵、技术比武活动，提高各类技能竞赛中青年职工的参赛比例，激发青年职工的工作热情和创造潜能，积极选派铁路职工参加地方组织的职业技能竞赛，为职工成长成才创造条件、提供平台。

五是完善技能人才职业发展通道。加强高技能人才与专业技术人才职业发展路径贯通，形成纵向有阶梯、横向可贯通的技能人才发展路径。加大对青年技能人才的培养使用和服务保障，鼓励支持青年职工挑大梁、当主角，为铁路企业未来发展提供高素质技能人才保障。努力建设一支数量充足、结构合理、素质优良、作用突出的铁路技能人才队伍，为铁路高质量发展提供不竭动力，以实际行动迎接党的二十大胜利召开。

（作者单位：中华全国铁路总工会）

# 三等奖

# 完善体现技能价值激励导向的薪酬分配制度

王霞　王宏

技术工人承担着将科学技术及科技创新转化为现实生产力的关键角色。壮大技术工人队伍，加快建设知识型、技能型、创新型劳动者大军，培养更多高素质技术技能人才、能工巧匠、大国工匠，既是推动经济发展质量变革、效率变革、动力变革的重要驱动力，也是实现高水平科技自立自强、从中国制造向中国创造转变的重要支撑。党中央、国务院高度重视技术工人培养、使用、考核和激励工作。2017 年中共中央、国务院印发《新时期产业工人队伍建设改革方案》，提出创新技能导向的激励机制，把实现多劳者多得、技高者多得作为创新产业工人发展制度的重要内容；2018 年中共中央办公厅、国务院办公厅印发《关于提高技术工人待遇的意见》，明确提出建立符合技术工人特点的分配制度、正常的工资增长机制和长效激励机制，大力提高高技能领军人才待遇水平，强化收入分配的技能价值激励导向。这些文件从战略高度，为提升产业工人素质、提高各方面待遇、弘扬工匠精神等各项改革，提供了基本遵循和行动指南。

## 一、薪酬改革创新举措和成效

近年来，在各地工会和人社部门的积极引导、指导和支持下，一些行业企业在建立健全符合技术工人特点的薪酬分配制度方面进行了有益的探索，取得了明显的成效和丰富的经验，初步扭转了长期以来干部人事和工人管理体系双轨运行以及技术工人发展受限、薪酬待遇落后的局面。

人力资源和社会保障部于 2021 年印发《技能人才薪酬分配指引》，为企业完善技能人才职业发展通道和薪酬分配制度、合理确定薪酬水平提供了理论指导、技术辅导和案例经验；多地总工会积极推广能级工资制，推动技术工人凭创新成果提高待遇；广东、浙江、山东等地发布全省技能人才市场工资价位，苏州首次发布部分施工岗位工资指导价位；天津等地发布工资指导线时着重提示企业要“使生产一线职工工资增长幅度不低于职工平均工资增长幅度”；多地明确要求国有企业工资总额分配要向高技能人才倾斜，高技能人才人均工资增幅不应低于本单位管理人员人均工资增幅；辽宁等10余个省区市明确在聘的高级工、技师、高级技师在学习进修、岗位聘任、职务职级晋升、住房补贴、取暖费报销和医疗体检等方面分别比照助理工程师、工程师、高级工程师，享受同等待遇。

大中型国有企业技术工人薪酬分配或激励机制有一定的基础，在发展通道方面也不断有新突破，落实党和国家政策情况较好，主要包括以下五个方面的经验做法。

一是建立符合技能人才特点的基本工资制度。如成都公交集团驾驶员的岗位技能工资分为安全里程工资、服务星级工资和车型操作技能工资；陕西法士特汽车传动集团建立了技能提升与薪酬水平相匹配的联动机制；四联集团取得两个以上工种鉴定证书的技术工人，工资标准可晋升1档。二是针对特定技能岗位发放津贴。如重庆电力公司评选“企业工匠”，每月发放工匠津贴；中电科集团对从事专项工作的技能人才给予岗位津贴，精准支撑关键核心技术攻关、科技创新等重点领域。三是贯彻相关政策要求，加速提高一线职工工资。如重庆建工集团2020年中层管理人员平均工资较上年增长5.8%，专业技术人员增长9.7%，而技术工人增长达到10.1%。四是加大对高技能人才创新性技术成果的特殊奖励。如重庆轨道集团根据技术创新成果和经济效益，对国家级技能大师工作室领办人及其成员进行考评积分，发放特殊奖励。五是对少数关键高技能人才试行年薪制。如五粮液集团旗下普什集团有限公司对获聘公司主任/副主任技师的高技能人才实施年薪制。

部分管理较为规范的民营企业在人才激励方面有更灵活的举措。少数企业探索技术成果转化收益分配、超额利润分享、干股分红等分享制分配方式。如江苏中天科技股份有限公司将实行多年的“知识产权银行”写进集体合同。该制度实施以来，“银行储户”共计8191人，共收集合理化建议77107条，累计奖励金额达1376万元；常州强力先端电子材料有限公司签订职工技术创新专项集体合同约定，职工对现有产品生产工艺或工程改进带来利润增长的，奖励金额为增加利润的5%，计算周期为1年。对于创新型项目，奖励金额和比例从产生利润的年份开始计算，连续5年分别奖励年增加利润的12%、10%、8%、6%、2%，形成了创新成果按利润提成的长效激励机制。

宏观调控措施和微观层面的改革促进技术工人更好地分享技能要素的贡献收益。规模以上企业生产制造以及社会生产服务和生活服务人员的年平均工资水平有了明显提高，从2013年的4万元左右提高到2021年的6.8万元以上①。汽车、计算机、机械、化工等制造岗位和能源供应、安全管理、建筑施工技术工人的薪酬排名较高。2020年北京市工业机器人系统操作员招聘年薪的中位数超过13.5万元、高位数达19.5万元②，与水利水电、仪器仪表等行业工程技术人员的薪酬水平接近，高于会计、报关、合同管理、文案策划等岗位的白领劳动者。

## 二、薪酬改革存在的主要问题

从整体看，技术工人的薪酬制度改革仍然没有到位，分配问题对高素质技能人才、能工巧匠、大国工匠的培养和发展依然有一定的制约，突出表现在以下五个方面。

一是技术工人相对工资增长缓慢。规模以上企业的生产制造人员、服务人员平均工资增速较低，与办事人员、专业技术人员工资水平的绝对差距和相对差距还在扩大。二是不同类型企业一线人员的工资差距有所扩大，2020年规模以上私营企业的生产制造人员平均工资相当于股份有限公司的73.8%，相当于

---

① 根据国家统计局相应年份“规模以上企业分岗位就业人员年平均工资情况”计算。

② 北京市人力资源和社会保障局：《2020年北京市人力资源市场薪酬大数据报告》，北京：中国民航出版社有限公司，2021年。

国有企业的67.1%，这个差距多年持续拉大。三是高技术人才激励力度不足。初级、中级和高级技能劳动者的年工资中位数分别在5万元、6万元、7万元左右，差异度不大，尤其是高级技师作为技能水平最高、解决现场问题能力最强、实践经验最为丰富的关键少数，在工资分配中体现得并不明显，高精尖技能的人才薪酬吸引力不强。四是企业主体作用发挥不够。多数中小企业“不愿激励”，缺乏开展培训提高劳动者技能、改进分配制度的积极性和主动性，技术工人在职业生涯中接受过在职培训的比例低于平均水平，培训后工资增加的比例也明显低于管理技术岗位人员；有的企业“不会激励”，考核制度不尽科学，分配与人才评价、考核脱节，存在一定程度的“低岗不低，高岗不高”现象，与劳动生产率和市场价位的匹配度不高。五是技能要素按贡献参与分配途径不畅。中长期激励较少覆盖到生产制造服务类劳动者。

## 三、对策及建议

技术工人队伍不仅是支撑中国制造和中国创造的重要力量，也是扩大中等收入群体、实施扩大内需战略的重点施策群体。围绕技术工人最关心、最直接、最现实的劳动报酬分配问题，改进调控指导手段，加大改革力度，不断完善体现技能价值激励导向的工资分配制度，对于激发技能劳动者的活力和创造力，提升技术工人职业认同感，弘扬劳模精神、劳动精神、工匠精神具有重要的意义，主要有以下几个方面的改革建议。

分类推进技术工人薪酬制度改革。指导企业根据业务特点，选择适用的分配制度和分配形式。不同类型的企业，完善制度的重点有所不同：管理基础薄弱的中小微企业，重在建立健全科学合理的工资决定和增长机制，可以先从建立“一岗一薪”的岗位工资+绩效工资+技能补贴做起，循序渐进，避免激励繁复；有条件有基础的企业，可以重点从设立定向津贴补贴、健全绩效奖金考核办法、调整内部分配关系等方面进行改进完善；已建立技术工人职业发展通道和薪酬分配体系的先进民营企业和国有企业，可以结合国家新“八级工”职业技能等级制度体系新政，打破人才成长的“天花板”，力争在高技能领军人才长效激励机制与人才培育相结合方面有所突破。

通过协商协调机制提升激励效果。充分利用企业集体协商和民主管理机制，让技术工人更多参与到企业劳动管理、工时标准、考核评价、薪酬分配等涉及自身权益和利益的决策过程中。鼓励通过集体协商方式确定特定行业紧缺技术工种的分技能等级最低工资支付标准；对覆盖面已超过本区域本行业一定比例从业人员的区域性、行业性集体合同，可在本地区予以公布，扩大影响力。有条件的企业在协商中要有效地将技能水平和业绩贡献等要素纳入协商主题，实现技术工人报酬水平和企业劳动生产率的“双提升”。

完善政府工资调控指导。一是更好指导企业科学分配薪酬资源。有条件的工业园区、产业园区、自贸区等可探索制定园区内或特定行业工资指导意见，提炼和推广具有区域、行业、职业特色的技术工人分配、评价制度。二是持续发布生产制造和服务岗位的市场工资价位，健全技术工人需求动态分析体系，使工资价位引导技能人力资本投资的信号功能更加显性化。三是完善国有企业技术工人工资决定机制。对符合国家要求的“高精尖缺”技术工人实行年薪制或协议工资制度等灵活分配形式的，允许其在工资总额预算中单列。国有资产管理部门或主管部门要对高技术工人收入水平增长情况进行单独统计分析。

在支持实体经济发展过程中提高企业改革积极性。实体经济是经济社会发展的基石，也是广大劳动者走“技能成才、技能报国”之路的坚实依托。要不断巩固壮大实体经济根基，支持企业家专注创业创新、稳步经营发展。要引导企业从提升产品和服务价值的角度理解健全技术工人工资分配制度的重要性和必要性，避免因面临技术工人短缺再进行被动式的“提薪”或简单凭借“高薪挖人”解决用工困难，积极应对市场对技能型、创新型人才的竞争需求，提高企业内部分配制度改革的主动性。健全以职业能力为导向、以工作业绩为重点、注重工匠精神培育和职业道德养成的技能人才评价体系，加大企业专用人力资本投入，建立系统化的技能人才“选用育留”制度体系。

（作者单位：中国劳动和社会保障科学研究院）

# 优化“双元”培训机制，构筑技能劳动大军

冯喜良　邱婕　罗荣波

劳动者素质是一个国家、一个民族发展的重要基石。习近平总书记多次就提高产业工人整体素质，建设知识型、技能型、创新型劳动者大军作出重要指示，号召我国工人阶级和广大劳动群众要大力弘扬劳模精神、劳动精神、工匠精神，不断提高技术技能水平，为推动高质量发展、实施制造强国战略、全面建设社会主义现代化国家贡献智慧和力量。2017年中共中央、国务院印发的《新时期产业工人队伍建设改革方案》中明确提出，要造就一支有理想守信念、懂技术会创新、敢担当讲奉献的宏大的产业工人队伍。如何打造一支宏大的、高素质的劳动者大军是需要国家、企业与劳动者共同探索的现实课题。持续有效的职业教育培训是不断提高劳动者素质，建设知识型、技能型、创新型劳动者大军的有效途径。构筑多方协作机制，准确把握工人需求，充分激发内生动力是提升职业教育培训质量的关键环节。

## 一、提高思想认识，完善多方协作机制

中华民族伟大复兴的道路上需要高技能人才。我国正在从制造大国向制造强国迈进。习近平总书记强调，技术工人队伍是支撑中国制造、中国创造的重要力量。我国经济要靠实体经济作支撑，这就需要大量专业技术人才，需要大批大国工匠。近年来，我国高技能产业工人的占比有了较大提升，截至目前，技能劳动者超过2亿人，其中高技能人才超过5000万人。但我国技能劳动者总量仍然不足，占就业人口总量不到三成，与德国、日本等制造业强国40%以上的高级技工占比相比，仍存在较大差距。同时，农民工是我国产业工人的主体，

其整体受教育程度较低。现在，我们比以往任何时候都需要更多技术工人，尤其是高技能人才。不断壮大技术工人队伍，培养更多高素质技能人才、大国工匠，既是当前之需，也是长远之计。

完善多方协作的工作体制机制。深刻认识增强推进产业工人队伍建设改革的责任感、紧迫感，完善政府、工会、企业等各方主体的工作体制机制，加大统筹协同力度，形成工作合力。一是进一步完善制度体系。加强各主体单位制度对接，就拓宽技术工人发展通道、优化技能提升模式等制定切实可行的保障制度，打通技术技能人才评聘绿色通道，形成一体推进的产业工人队伍建设制度保障体系。二是强化信息和资源整合。完善产业工人队伍建设工作信息平台，定期就产业工人队伍发展状况、保障措施等内容加强沟通，促进相关单位信息共享；推动政府教育资源、工会组织资源、企业市场资源等的有效对接，促进工人技能提升校企合作新模式，积极构建多元化产业工人职业技能培训平台。

在产业工人技能提升体系构建中，政府的主要角色定位为推动者，即营造良好政策环境，包括搭建宏观布局、落实具体政策、制定激励措施等。然而，我国长久以来学历教育体系与职业技能评价体系的“双轨制”给技术工人的学历提升、技能发展都带来了一定约束。在职业教育培训实践中，推进学历与技能双提升的新型“双元制”模式受到技术工人和企业的认可。

## 二、契合工人职业教育培训需求，激发内在学习动力

目前，由于我国学历教育体系与职业技能评价体系尚未有效融合、互通，产业工人参与职业技能培训通常只能获得职业技能等级证书，无法获得学历上的提升，使技术工人的职业上升路径受到限制，在一定程度上影响了职工参与职业技能培训、持续提高技能水平的积极性。调研发现，一线技术工人的学历以高职及大专学历占比最高，为了更好的职业发展，他们希望在完成职业技能培训的同时也能够完成学历提升。

首先，满足技术工人的职业培训需求，是激发工人内在学习动力的关键举措。新形势下，许多地方和企业都在积极探索职业教育培训的有效模式。针对

一线技术工人的实际需要，国内某机场集团有限公司与当地的开放大学合作办学，成立“腾飞大学”项目，开设了城市公共安全管理专业。学员培养方案由校企双方共同制定，学制两年半，提供机场运营管理等专业课程和学历教育的普适化课程。授课内容贴合机场安全运行实际，一方面安排机场安全专家参与授课；另一方面邀请开放大学教师到机场调研，并从机场工作中选择实践课题，确保教学内容更加贴近实际、贴近工作。该项目通过校企合作的“双元制”，形成了以高技能人才能力和学历“双提升”为导向、以技能评价证书和学历文凭“双证书”为学习成果的高技能人才继续教育模式，打通了一线技术工人的成长成才通道，创新了各层次各类型人才在岗教育培训模式。

其次，建章立制、营造氛围，也是激发技术工人参与职业教育培训的重要举措。一是加强企业薪酬制度改革，完善向一线技术工人倾斜的薪酬分配制度，探索岗位分红等多种分配方式，提升技术工人收入水平。该机场集团公司在“双元制”职业教育培训过程中，多措并举，配套落实了对应的岗位级别管理体系办法、畅通岗位序列发展通道，规范开展技能人才评聘管理与激励制度，完善劳务派遣人员激励、政府补贴申领保障机制，收入分配向一线技术工人倾斜等措施，有效激发了技术工人队伍爱岗敬业、不断提高技能水平的积极性。二是改善技术工人评价机制，做好基于岗位技能水平评价为导向的激励制度建设，实现技术工人与学历人员在待遇、晋升等环节享受同等政策，增强技术工人的公平感和获得感。三是加强舆论宣传与引导，营造尊重技术工人、尊重技能的良好社会氛围，增强技术工人的职业荣誉感。

## 三、加大支持力度，调动企业强化教育培训的积极性

在技术工人的“双元制”职业教育培训中，让企业愿意办培训、能够办培训，是现有政策改进的目标之一。激发企业推进职业教育培训的内生动力，充分调动企业和职工的积极性，打通职业教育培训落地的“最后一公里”。

进一步发挥企业作为产业工人队伍建设主体的作用，提高企业参与积极性。一是发挥国有企业的优势，以大型企业和骨干企业为龙头，带动更多企业积极

参与，并探索建立相关产业工人队伍建设标准模式，鼓励企业参与职工职业技能提升全过程，积极推行新型师徒制，促进培训与生产实践紧密结合，有效提升职工技能素质。二是优化服务流程、畅通技能认证渠道。在落实支持企业加强职工职业能力提升的相关政策过程中，审批周期长和资金到位慢是目前存在的主要问题。相关政府部门可以建立个性化的审核标准，更好地适应不同规模企业提请的培训补助发放需求，使政策能够惠及更多企业；针对普遍存在的审批周期长和资金到位慢的问题，有关职能部门可简化审批手续，提高政府资金发放效率，尽力避免企业“怕麻烦而不愿申领”情况的发生，让“双元制”培训配套资金发挥其真正的作用；针对部分行业“无证可考”的问题，政府应当跟进“管”的工作职能，同相关行业的大型国企、行业协会、头部私企以及能够培训的社会组织积极协调，提供必要的政策支持，确保每个行业都具备规范的技能认证途径。三是完善企业开展产业工人队伍建设补偿机制。企业培训动力不足的主要原因是职工易流失，企业用于职业教育培训的人力资本投资回报难以保障，企业不愿承担培训成本“打水漂”的风险。为此，政府需要出台相关补贴和税收优惠政策，确保企业培训收益价值高于培训所需成本，以激发企业积极参与职业教育培训的内在动力。

在数字经济飞速发展、国际形势复杂多变、国内发展转型升级的重要阶段，建设一支宏大的知识型、技能型、创新型劳动者大军意义重大而深远。在国家、企业、劳动者同向同心、倾力协作、砥砺奋进之下，我国的产业工人队伍建设定会实现可持续、高质量的快速发展。

（作者单位：首都经济贸易大学、华东师范大学、中国工人出版社）

# 世界各国工匠精神的比较研究及对我国工匠精神重塑的启示

唐镲　卢衍江　刘华

工匠精神自古以来就是一种重要的精神支撑，但在历史变迁中经历了发生、被动退场、重登舞台的曲折历程。① 近年来，我国经济从高速发展转变为高质量发展，从中国制造向中国创造迈进，根据供给侧结构性改革的理论和实践，对于高素质劳动者的需求逐渐增大。培育和弘扬工匠精神对于国家经济发展和社会进步的重要性日益凸显，已经成为国家强国建设中的新课题。

## 一、工匠精神的当代内涵

习近平总书记在全国劳动模范和先进工作者表彰大会上对工匠精神的深刻内涵进行了高度概括。在当代，工匠精神指的是执着专注、精益求精、一丝不苟、追求卓越的精神品质，承载着民族内涵和时代内涵的中国工匠精神是推动实现中华民族伟大复兴的中国梦的精神驱动力和引领力。

一方面，工匠精神是推动实现中华民族伟大复兴的中国梦的宝贵精神文明成果。马克思主义劳动理论以及中华人民共和国成立以来劳模精神的发展演进本身也证明了物质生产和精神生产均能创造社会财富，随着中国特色社会主义进入新时代，社会主要矛盾的变化更加突出了精神生产的价值，“实现我们的发展目标，不仅要在物质上强大起来，而且要在精神上强大起来”。另一方面，工匠精神是推动实现中华民族伟大复兴的中国梦的强大精神力量。“实现中华

① 朱春艳、赖诗奇：《工匠精神的历史流变与当代价值》，《长白学刊》2020 年第 3 期。

民族伟大复兴的中国梦，根本上要靠包括工人阶级在内的全体人民的劳动、创造、奉献。”

从某种程度上来说，工匠精神的形成发展过程是人们对工匠劳动观念认知不断解放、工匠劳动价值评价不断提高以及工匠传统影响不断外化的历史渐进过程。[①] 放眼整个世界，不同国家和地区皆具有不同的工匠精神内涵，而这些不同特色的工匠精神背后隐藏着不同的影响因素和原因，研究国外工匠精神可为我国培育和弘扬工匠精神提供参考和借鉴。

## 二、各国工匠精神的特点与成因

### （一）德国工匠精神——精益

德国的工匠精神是制造业崛起的法宝，它信奉标准主义、专注主义和实用主义，“专注、精致、谨慎”是德国工匠精神最令人印象深刻的特点。[②] 德国的工匠精神扎根于德国人的哲学思维方式、文化基因、宗教伦理、美学理论的发展等方面，其最初起源于宗教精神，即基督教的新教伦理，如今德国工匠精神是长期历史进程中文化、制度、经济、社会、教育等因素共同作用的结果。第一，文化要素包括宗教伦理、民族性格、企业文化、工程师文化等。第二，德国的联邦政府发挥重要的引导职能。为保障制造质量，制定了严格、完善的行业标准。这类行业标准达三万多项，延伸到社会生活的各个方面。第三，经济要素指德国的社会市场经济模式。第四，社会要素主要是工匠在德国有着较高的社会地位和较高的收入以及良好的社会氛围。第五，工匠精神的培育与教育有直接关系。德国对高技能人才的主要培养方式是“学徒制”，这是德国工匠精神传承的基本模式，加之“双元制”的职业教育，为工匠精神守正创新搭建了广阔舞台。

### （二）日本工匠精神——执着

日本的工匠精神也被称为“匠人精神”，最早出现在日本学者秋山利辉的

① 李宏伟、别应龙：《工匠精神的历史传承与当代培育》，《自然辩证法研究》2015 年第 8 期。

② 李德富、廖益：《中德日之“工匠精神”的演进与启示》，《中国高校科技》2016 年第 7 期；杨红萍、颜铠晨：《“工匠精神”的国际比较》，《经济师》2020 年第 1 期。

著作中，他指出匠人精神就是“执着”，即对事情不放弃的态度。现如今“日本制造”的高级工匠也源于其匠人研究制度，并吸收了日本的“家文化”“终身雇佣制”“有序竞争”等“养分”,① 它的形成同样有着其文化传统（独特的职人文化）、经济社会制度、企业制度、教育制度等多个层面的原因，主要体现在：一是子承父业的技艺传承；二是政府主导下的市场经济体制，对企业决策实行诱导；三是日本独具特色的日式企业制度，以大企业为中心，提倡“终身雇佣制”“年功序列制”和“企业内工会制”；四是系列化的企业关系、以间接融资为主的金融方式、严格的行业标准与管理规定以及“市场导向型”的职业教育制度。

（三）美国工匠精神——进取

美国秉持着发明创新与价值发现的工匠精神，创新、实用主义和标准化是美国工匠精神的三个重要内涵。美国多元的移民文化、自由主义的价值观等均促进了其特有的工匠精神的形成，自由开放的环境让美国人可以疯狂地追求自己的创造，思想上大胆创新，行动上求真务实，求实、求准、求效的工匠精神渐渐地融入具体的职业活动中。美国工匠精神的基础是职业教育体系的单轨制。综合中学的建立是美国单轨制教育形成的标志，它兼具升学和就业双重职能，能够同时提升学生的理论和技术水平，这种校企合作是美国工匠精神的重要培育路径。

（四）意大利工匠精神——人文

意大利的工匠精神集中体现在制衣、制鞋、设计、手工艺等行业。其工匠精神的精髓在于现代工业化生产中摒弃工业化的简单复制，尊崇个体的审美情趣，意大利通过工匠的手与心，体现对人和物的高度尊重。② 意大利的工匠精神深深受到文艺复兴的影响，并在政府的政策中得到延续并放大。在第一次工业革命中发展较为落后的意大利政府规定，凡属资本和劳动所得及独立劳动所

---

① 杨红萍、颜铠晨：《“工匠精神”的国际比较》，《经济师》2020 年第 1 期；喻建：《工匠精神研究综述》，《价值工程》2016 年第 34 期。

② 工业和信息化部工业文化发展中心：《工匠精神——中国制造品质革命之魂》，北京：人民出版社，2016 年。

得均给予减税或免税，这对于工艺性手工业的发展起到了很大的促进作用，使小规模的手工作坊得以保留，从而形成了传统手工艺与当今时装之间的连续性。

（五）瑞士工匠精神——实践

瑞士的工匠精神在于注重实践、坚定执着、精益求精、开拓创新。瑞士工匠精神的形成主要归功于其学徒制职业教育体系，瑞士有超过半数的初中毕业生进入各类职业技术学校学习，职业学校不只是教授技能，同样看重提升学徒人文素养，主要针对学徒进行内心的塑造和品质的锤炼。欧洲新教伦理观是培育瑞士工匠精神的理念先导，瑞士宏观管理体制是培育瑞士工匠精神的坚实基础。瑞士联邦政府、州政府与行业组织建立的管理委员会以及职业学校等教学合作机构组成的三方协作机制，使瑞士学徒制展现出了培育学徒的高效性，从而培养出一大批严谨的具有工匠精神的学徒。

关于工匠精神的内涵，不同国家有着不同的理解和诠释。德国、日本、美国、意大利以及瑞士的工匠精神形成过程与其本国的国情、历史、制度、文化等因素息息相关。工匠精神非一日之功、一人之力而成，之所以传承至今，在于国家、政府、企业、学校等社会各层主体之间的通力合作，为培育工匠精神提供价值理念、管理体制、教育体系等保障，最终形成了一套完善的工匠文化体系。

## 三、弘扬工匠精神面临的问题

中国工匠有着悠久的历史和辉煌的成绩，点缀着中华五千年的灿烂历史。工匠精神更是自古有之，以“农与工肆之人”代表墨子和“工匠祖师”公输般所诠释的以精益求精的精神追求、精湛绝伦的技术造诣、德艺兼修的职业信仰、尽忠奉献的敬业精神为表征的“般墨精神”等即是明证。① 但是，随着社会的快速发展，追求利益最大化变成了从事制造、生产、服务活动的最终目的，功利取向的价值观及工匠地位的没落，使得我国的工匠精神开始缺失。这种缺失

① 管辉、杜树阳、谷峪：《被遮蔽的力量：论社会在工匠精神培育中的责任缺失及其觉醒》，《职业技术教育》2020 年第 22 期。

存在以下几方面问题。

一是职业认同感有待加强。职业认同感，是个体对他人或群体所从事职业的目标、社会价值等方面的看法。受传统观念影响，社会上存在“重学历、轻技能”的现象，导致技术工人就业吸引力不强，技术传承断层现象严重，技能人才存在较大缺口，其根本原因在于对工人这一职业缺乏正确的职业认同感，缺乏重视和尊重技术工人的社会氛围。

二是企业管理制度有待提升。某些企业在利益驱使下只追求短平快发展，忽视了秉持精益求精、追求卓越的管理方式的重要性，生产过程中缺乏对产品的打磨和细节的认知。这些思维意识导致了工匠文化的缺失。此外，产业工人队伍建设问题逐渐显现，例如工人薪酬待遇不合理，职务晋升、职称评定等职业发展机会不均，这些问题不仅导致技术工人短缺从而影响企业创新，而且阻碍了工匠精神的传承和弘扬。

三是市场竞争秩序有待稳固。随着市场经济的深入发展，产品质量问题越来越突出，偷工减料、假冒伪劣、劣币驱逐良币等现象频现，严重影响市场秩序。

四是职业教育体系有待完善。尽管近年来我国出台了一系列政策，职业教育体系已初步建立，但是仍存在一些问题：一些行业参与职业教育的热情不高，校企协同机制不健全，学校重理论、轻实践，导致学校教育和企业需求不匹配，难以培育出合格的技能型人才。①

## 四、培育工匠精神的启示与建议

从各国的工匠精神的特点与成因可以看到，工匠精神的发展并没有固定范式，也不是一成不变的，受时代、社会、经济、科技等因素的影响会呈现出不同的发展路径，因此当前我国工匠精神的培育必须立足于当今中国的文化、社会与经济多方面。

---

① 陈维范：《职业教育终身化视域下工匠精神培育路径探究》，《辽宁广播电视大学学报》2022年第2期。

重视传统文化，重塑职业价值认同。中国工匠精神的塑造需要立足于中国自己的工匠文化。从我国悠长的历史文化基因中挖掘利于工匠精神形成的先导性理念，加以倡导，形成影响人类生产实践行为的文化观念，从而改变近现代对劳心者与劳力者社会地位的片面认识，并结合当代中国社会发展现实，塑造出具有民族韵味、体现中国特点的工匠精神。为营造重视和尊重工匠的社会氛围，应增强对技术工人的职业价值认同感，在企业和相关行业内组织相应的技能大赛、评定专业职称等活动，提升工匠的荣誉感和获得感。同时，在企业内部建立完善的收入分配机制，将有形物质激励与无形精神引领有机结合，使工人既有面子又有里子，同时提高社会对工人职业的认同度。

正确处理政府、企业、市场的关系。中国工匠精神的发扬需要扎根于合适的经济社会土壤。当代中国，大国工匠的培育方式不能仅仅局限于作坊式的师徒制培养方式，现代企业和公司是国家经济发展的命脉，更是“大国制造”的主要生产基地。做到“有效的市场”与“有为的政府”相结合，保持市场的有效竞争，保持企业创新、精益求精提高产品质量的外在推动力，并充分发挥银行系统的资金配置功能，构建有利于企业制造业发展的投融资机制，营造工匠精神培育和传承的经济环境。

积极推动职业教育改革。中国工匠精神的培育需要依托于全面的职业教育体系。推动办学主体的多元化，赋予办学主体更多的自主权，政府在用人信息、学校评估考核等方面进行管理。同时鼓励各行业协会与企业创办职业学校，培养行业所需要的人才，由企业承担职业教育的综合成本，并配套完善合同管理、基金化管理等职业教育与企业合作的制度保障、经济保障，从而以制度化、规模化的培养方式来培育和传承工匠精神。

（作者单位：中国人民大学）

# 天津市示范性劳模和工匠人才创新工作室现状及作用发挥情况的调研报告

张家翔

党的十八大以来，习近平总书记对建设高素质劳动者大军高度重视，明确指出要大力弘扬劳模精神、劳动精神、工匠精神。近年来，在全国总工会和天津市委领导下，天津市总工会深入学习贯彻习近平总书记关于工人阶级和工会工作的重要论述，特别是关于培养造就大国工匠和高技能人才的重要指示批示精神，坚持围绕中心、服务大局，聚焦推动全市高质量发展，聚焦实施制造业立市，聚焦创新驱动发展，大力推进产业工人队伍建设改革，不断完善技能人才培养激励政策，深入组织开展群众性创新活动，造就了一大批高素质劳动者，有效发挥了工人阶级主力军作用，为经济社会发展提供了强大人才支撑。

为推动更多大国工匠涌现，加快建设知识型、技能型、创新型劳动者大军，天津市总工会通过组织工作室自查、统计问卷、实地走访、座谈了解、听取意见建议等方式，对示范性劳模和工匠人才创新工作室的工作场所、制度建设、成果产出、资金支持、人员培训、精神传承、示范作用等方面进行深入调研，全面了解工作室发展现状，深入总结典型经验，有针对性地解决存在的突出问题，进一步提高工作室创建质量、突出创新实效、放大辐射效应，更好地发挥劳模、工匠人才的示范引领作用。

## 一、现状和示范作用发挥情况

自2012年以来，天津市总工会连续10年组织开展天津市示范性劳模和工匠人才创新工作室选树活动，每年命名选树不少于10个示范性工作室，颁发奖牌并给予资金支持。截至目前，全市已命名市级示范性劳模和工匠人才创新工作室107个，其中李刚劳模创新工作室等10个工作室被全国总工会命名为“全国示范性工作室”。这些工作室涵盖了先进制造、航空航天、信息科技、生态环保、规划建筑、生物医药、能源电力、教育民生等行业领域，既有驻津央企、地方国企，也有职业高校、科技型非公企业，突出了面向基层一线、面向高质量发展的行业产业。

通过调研，大部分示范性劳模和工匠人才创新工作室领衔人作用发挥明显、团队分工合理，活动场所、设备设施满足实际工作需要，有明确的技术攻关课题和创新目标，工作经费有保障，管理运行、考核奖励、成果转化等制度健全。示范性工作室能够聚焦本地区、本行业、本单位生产经营活动的重点难点问题，开展技术攻关、技术革新和发明创造等活动，持续改进创新工作法，解决实际问题，创新成果显著；在培养人才方面，发挥了工作室的孵化平台作用，通过技术培训、业务交流、师徒帮教等活动，培养和造就了高技能人才，在本单位职工群众中获得好评，在行业内有影响力、号召力和示范性。据统计，示范性工作室完成创新攻关项目3903项，取得专利及成果2376项，培训职工283252人次，获得各类荣誉奖励1853项，4项职工优秀技术创新成果荣获全国二等奖和优秀奖，涌现出了以“时代楷模”张黎明和“大国工匠”管延安、崔蕴等为代表的一大批高技能人才。

### （一）坚持合力共建，擦亮金字招牌

天津各级工会积极争取党政重视支持，创造有利的发展条件和环境，把工作室创新工作与单位发展紧密结合，形成了党委领导、行政支持、工会组织、模范人物领衔、广大职工踊跃参与的创建发展格局。大港油田工会联合人力资源处、人才开发中心等部门坚持共建共享、合力共为、优势互补，切实把示范性工作室建好管好用好，倾力打造叫得响、过得硬的工作室特色品牌，持续强化劳模工匠的示范引领作用，劳模和工匠人才创新工作室已成为大港油田“传帮带”的“大本营”、强强联合的“攻坚队”、成果转化的“助推器”，有力助

推了企业提质增效、高质量发展。

（二）注重机制建设，确保规范运行

各工作室被命名为市级示范性工作室后，进一步强化了系统性设计，健全创新活动、成果转化、人才培养、经费使用等机制制度，紧密围绕单位中心任务和工作室特点，优化管理、规范运行，推动工作室不断做实做优、做强做亮。滨海新区总工会出台了劳模和工匠人才创新工作室管理办法，明确目标任务、创建管理要求，将工作室分为初创型、成长型和建功型，实行一星、二星、三星的星级管理，并给予相应数额的资金支持；天津港集团工会出台了一系列加强劳模和工匠人才创新工作室创建的实施意见，完善了规范经费保障、创新活动、人才培养等机制，推动工作室不断发展壮大。其中，成卫东劳模创新工作室被评为市级示范性工作室后，强化了组织机构，明确了工作室各小组职责和工作内容，加大了经费投入，同时又进行了两次硬件设备的提升改造，力求将工作室打造成为公司“一流的创新创效基地、一流的技术传承基地、一流的人才培养基地”。

（三）突出问题导向，创新成效显著

各工作室立足基层一线，坚持问题导向，聚焦企事业单位重点难点工作和实际需求，凝聚创新创效强大团队合力，积极承担本地区、本行业、本单位的创新课题和项目，持续创新工作法、改进操作法，深入开展技术创新、技术攻关、技术革新、发明创造等活动，解决了实际问题，取得了丰硕成果，产生了很好的经济效益和社会效益。国防工会李晓宝工作室紧密围绕空间站机械臂、火星探测器重点型号研制任务，组织专项技术攻关，在专用夹具、辅具、优化操作方法等方面取得了多项创新成果，获得了 18 项国家专利授权，有 6 项技术成果已在实际生产中得到广泛的推广和应用，3 年来为单位节约专用刀具及特种设备购置费近 400 万元，累计创造了 1920 万元的经济效益；滨海新区江一杭劳模创新工作室立足国内最前沿的风电叶片创新基地建设，加强产品的研发创新、工艺创新和理念创新，刻苦钻研，破解工作难题，取得各级科技成果、进步奖 21 项，解决重大质量问题，获得 QC 攻关项目奖励 25 项，为公司发展作出了重要贡献。

（四）传承工匠技能，聚焦人才培养

示范性工作室更好地发挥了劳模技术、业务方面的专长和优势，放大了劳模“传帮带”作用，广泛开展了形式多样的技能培训和技术交流等活动，着力打造以劳模和工匠人才为核心的创新团队，大力弘扬劳模精神、劳动精神、工匠精神，为推动企事业单位技术进步，深化推进“五小”活动广泛开展，起到了示范引领和龙头带动作用。国网天津电力公司张黎明工作室发挥培训平台作用，开展培训、讲堂200余次，培训2000余人次，带动800余人次提升职称、技能等级；黄旭工作室累计培训1800余人次，先后培养出中电联电力行业技术能手和国家电网带电作业专业协作组专家等68名技能骨干，培养各类人才119名，其中技师及以上人才50名。

（五）弘扬劳模精神，注重示范引领

天津各级工会通过电视台、电台、报纸、公众号等主流媒体对示范性工作室取得的成效进行全面宣传，对广大劳模和工匠在引领创造创新推动经济高质量发展的先进事迹进行持续报道，大力弘扬劳模精神，讲好劳动故事。同时注重“走出去”“引进来”，加强参观交流，发挥示范引领作用，在全社会营造关心支持创新的良好氛围。一航局管延安工作室接待政府、院校、业主、媒体单位参观交流40余场、1000余人次，逐步成为弘扬劳模精神、开展联建共建的闪亮名片；中医药大学张伯礼工作室在中医药领域享有较高知名度和影响力，海内外纷纷诚邀其交流思想、传授经验，新闻媒体竞相报道，工作室示范作用得以充分彰显。

## 二、存在的主要问题

在调研中，我们坚持问题导向，广泛听取了基层工会与劳模和工匠人才创新工作室的意见和建议，对示范性工作室存在的共性、个性问题进行了梳理分析，对运行不畅的工作室直接指出问题并给予重点指导帮助。

一是工作室创建工作发展不平衡。107个工作室主要分布在全市近50个区局集团公司和高等院校，相对比较集中。其中大港油田、天津石化等中央企业创建水平较高，智能科技型非公企业工作室主要分布在滨海新区，市属国有企业的示范工作室较少，宝坻、蓟州等区以及金融等部分行业还存在盲区，工作室的创建发展不平衡。

二是工作室动态管理相对薄弱。劳模和工匠人才创新工作室一般以领衔劳模、工匠的名字命名，当部分工作室原领衔人退休、调动后，新的领衔人没有做到及时报备，工作室名称未及时变更，个别工作室存在运行不畅、名不副实的现象。经调查统计，9 个工作室需变更领衔人，其中 5 个更名（4 个仍沿用原名称）；8 个工作室无法继续运行，拟撤销其市级示范性工作室名称。

三是工会资金投入使用受限。全国总工会印发的《全国示范性劳模和工匠人才创新工作室命名管理工作暂行办法》规定，“示范性创新工作室日常活动经费原则上由所在单位承担。各级工会应结合实际情况，给予一定资金支持”。由于各单位情况差异较大，对劳模和工匠人才创新工作室的重视程度不同，因此在资金投入方面差距较大，各级工会对工作室的资金支持由于文件没有明确细化标准，因此区局集团公司工会、基层单位工会对工作室的经费投入使用上受到一定限制。

四是创新成果宣传推广须进一步加强。工作室技改技革、创新攻关所取得的成果，能够在本单位得到认可宣传推广并完成成果转化、产生效益，但在同行业、全地区范围的推广宣传交流还不够。

## 三、对策及建议

针对调研发现的问题，我们进行了深入分析，拟从以下几个方面，推动示范性劳模和工匠人才创新工作室的规范深化发展。

一是加强分类指导。对存在示范性工作室盲点的重点区局集团公司工会进行专访推动，加强培训和分类指导，为他们前往优秀的示范性工作室参观学习牵线搭桥，鼓励支持他们参加市级示范性工作室的申报和交流展示活动，对符合条件的工作室，同等条件下优先推荐选树为市级示范性工作室。

二是坚持典型示范。集中优势力量重点推动优秀的市级示范性工作室申报全国示范性劳模和工匠人才创新工作室，从支撑天津高质量发展的智能制造、高端装备、生物医药等不同行业领域，特别是非公科技型企业中选树典型，加强政策引导和资金投入，推动创新工作取得实效。通过以点带面、示范辐射，不断促进市级示范性劳模和工匠人才创新工作室深化发展。

三是健全完善机制。研究制定《天津市示范性劳模和工匠人才创新工作室命名管理暂行办法》，健全完善示范性工作室的命名、管理、运行等机制建设，加大工会对劳模和工匠人才创新工作室的支持力度，明确工会经费投入和规范使用范围。对示范性工作室实行动态管理。压实基层单位工会、区局集团公司工会责任，明确对示范性工作室实行考核，对于名不副实的工作室予以摘牌，对于因领衔人退休等不能继续发挥引领作用的工作室，及时调整更换有专长、有能力的市级（含）以上劳模、工匠或高技能人才担任新的领衔人，并向市总工会更名备案。

四是注重宣传推广。继续坚持组织开展劳模和工匠人才创新工作室交流展示活动，为基层单位和各工作室搭建互学互比互看平台；利用《天津工人报》、津工 E 家等工会媒体，对示范性工作室的典型经验和创新成果进行大力宣传；从劳模和工匠人才创新工作室中选树职工创新成果，为成果推广搭建平台，每年坚持向全国总工会选送申报，同时市总工会将开展选树优秀职工创新项目，给予资金支持，进行宣传推广；探索组织开展劳模和工匠人才创新工作室领衔人专题疗休养，积极搭建平台开展先进经验和创新成果交流，促进示范性工作室相互学习交流、共同提高。

（作者单位：天津市总工会）

# 工匠技能人才助力河北高质量发展对策研究

河北省总工会

工匠技能人才是各行各业产业工人的优秀代表，是产业工人队伍的骨干力量，是人才队伍的重要组成部分，是推动经济发展和社会进步的重要力量。党的十八大以来，以习近平同志为核心的党中央深入实施人才强国战略，围绕建设知识型、技能型、创新型劳动者大军，作出一系列重大决策部署，为做好技能人才工作提供了根本遵循。河北省委、省政府深入贯彻党中央、国务院决策部署，加快培育高素质技能人才和大国工匠。截至 2021 年，全省技能人才总量达到 1046.6 万人，其中高技能人才 309.7 万人，全省技能人才队伍规模不断壮大。但这与习近平总书记对河北提出的“建设经济强省、美丽河北”高质量发展要求所需要的产业工人队伍建设水平还不相适应，高技能人才短缺问题仍比较突出。这就要求培养更多高素质技术技能人才、能工巧匠、大国工匠，积极发挥主力军作用，为加快建设经济强省、美丽河北提供人才支撑。

## 一、深刻认识工匠技能人才对推动河北高质量发展的重要作用

在弘扬工匠精神方面具有不可替代的作用。习近平总书记用“执着专注、精益求精、一丝不苟、追求卓越”16 个字生动概括了工匠精神的深刻内涵。工匠精神不仅是工匠群体特有的品质，更是广大技术工人心无旁骛钻研技能的专业素质、职业精神，弘扬工匠精神，强调在追求卓越中超越自己。只有广大工匠技能人才带头弘扬工匠精神，立志成为高技能人才和大国工匠，才能凝聚起河北高质量发展的强大共识。

在推动河北经济结构战略性调整方面具有不可替代的作用。河北聚焦 12 个

省级主导产业和107个县域特色产业集群，开展延链补链强链专项行动，优化调整产业结构和产品结构。这有赖于工匠技能人才规模的持续壮大和素质不断提高，迫切需要建设一支规模宏大、结构合理、技能精湛、素质优良的工匠技能人才队伍。

在提高企业核心竞争力方面具有不可替代的重要作用。过去，一名产业工人哪怕文化、技能水平不是很高，也很容易适应工作岗位。如今，企业越来越需要技艺精、善创新等复合型的高精尖工匠技能人才。只有把工匠技能人才在企业技术创新中的作用发挥出来，集中力量攻克“卡脖子”关键核心技术，不断推动技术创新和科技成果转化，才能把创新发展主动权牢牢掌握在自己手中，在激烈的市场竞争中立于不败之地。

## 二、加快构建工匠技能人才助力河北高质量发展的现代职业教育体系

加大职业教育供给结构调整力度。围绕深入推进京津冀协同发展，高质量高标准推进雄安新区规划建设，大力发展后奥运经济，调整优化专业布局结构，汴重抓好精准培训，大力深化产教融合，提高职业教育服务经济社会发展的精准度。集中职业教育和技能培训资源，实施企业职工技能提升计划，建立劳动者终身职业培训体系。

积极推广现代学徒制和企业新型学徒制。采取“一带一”“一带多”“多带多”等多种形式促进师带徒活动创新发展，发挥好“传帮带”作用，展示工匠的绝招绝技绝活，使之薪火相传。积极推行“招生即招工、入校即入厂、校企联合培养”做法，使新进入企业的职工都有机会接受职业技能培训。

加强劳模和工匠人才创新工作室、技能大师工作室创建，探索创建跨区域、跨行业、跨企业的劳模和工匠人才创新工作室联盟、技能大师联盟，积极参与企业重大生产决策，开展科技攻关、技术革新和工艺研修，充分发挥劳动模范、工匠技能人才的精神引领、创新领军、技能传承作用。

## 三、不断完善形成工匠技能人才助力河北高质量发展的保障机制

提高技能人才待遇水平。不断完善工资平等协商机制、正常增长机制、支

付保障机制，探索推行技术工人专项工资集体协商，按照技高者多得、多劳者多得的原则，健全向一线产业工人倾斜的分配制度，确保优秀技能人才拿高薪。

畅通技能人才职业发展通道。打破专业技术职称评审与职业技能评价界限，加强高技能人才与专业技术人才职业发展贯通，在总结工程技术领域贯通工作基础上，将贯通领域扩大为工程、农业、工艺美术、文物博物、实验技术、艺术、体育、技工院校教师 8 个职称系列，支持高技能人才取得经济、会计、统计、审计、翻译、出版、通信、计算机技术与软件等专业技术人员职业资格。

推动企业发挥主体作用。推动企业将技能人才作为人力资本和战略资源，把培育工匠精神作为发展目标纳入企业管理体系之中，制定规划、采取措施，推动技术技能等生产要素按贡献参与分配，使技能人才劳动付出与其劳动成果等挂钩，保障他们获得相应的物质回报，享受自己的劳动成果。

建立健全职业技能竞赛体系。广泛开展职业技能竞赛，推动岗位练兵、技术比武等活动，形成以世界技能大赛为龙头、以国内技能竞赛为主体、以企业岗位练兵为基础的职业技能竞赛体系，激发职工学习业务、钻研技术、提高技能、岗位成才，在创业创新的时代洪流中发挥领军作用。

## 四、寻访挖掘助力河北高质量发展的工匠技能人才拔尖人物

严格“河北大工匠”年度人物的推选标准。每个工匠必须具备“择一事终一生”的执着专注，“干一行专一行”的精益求精，“偏毫厘不敢安”的一丝不苟，“千万锤成一器”的卓越追求；必须是具有高超技能技艺，专心、专注、专研于某一领域的“非凡劳动者”；必须是不断推进工艺改造、技术革新，把产品做细致、做精致、做极致的“突出创造者”；必须是坚持传统工艺、技艺，将传统手工艺发扬光大“百年老店”式的“卓越传承者”。

严格“河北大工匠”年度人物的推选程序。把寻访宣传活动作为大力弘扬工匠精神、培育工匠技能人才的重要载体和抓手，与评选表彰程序区分开来。建立省级、市级及行业、企业大工匠选树宣传活动“三种方式、六步法”长效机制，“三种方式”即工会寻、媒体访、群众推，“六步法”即开展寻访、进行

资格审查、组织河北大工匠挑战比拼活动、开展网络点赞宣传、确定发布对象、进行媒体发布。

建立省工匠技能人才数据库。面向一线职工、面向构建新发展格局、面向河北省 12 大主导产业和 107 个重点县域特色产业，省总工会联合教育、工信、人社、国资等部门，发挥省各产业工会、省总对口单位工会联系产业工人紧密的优势，把体现工匠精神、掌握高超技能、发挥引领作用、作出突出贡献的工匠技能人才吸收到数据库中来，推动适时更新、数据共享，提高对工匠技能人才的管理使用水平。

## 五、努力营造工匠技能人才助力河北高质量发展的社会文化

把“工会时间”利用好。每年“五一”国际劳动节前后，举办好“河北大工匠”年度人物发布会，举行好“最美职工”“工匠精神公益广告”等大型主题宣传活动，大力评选表彰杰出技能人才，树立工匠精神先进示范，弘扬劳动价值，使技能人才享有应有的社会认同和尊重，给予相应的社会地位，使工匠精神成为引领社会风尚的“风向标”。

深入开展以“劳动创造幸福”为主题的宣传教育。把培养工匠精神作为学校教学的重要内容，针对不同年龄段的学生，有针对性地开展工匠精神教育，让学生从小树立正确的就业观和劳动观，养成热爱劳动、崇尚劳动的品质，培养爱岗敬业、精益求精的追求，形成勇于创新、甘于奉献的作风，培养一代又一代高素质劳动者。

加大宣传力度。充分运用各类媒体，从大国工匠、“河北大工匠”的推荐、评审、认定激励等各个环节宣传工匠精神，加大工匠技能人才先进事迹宣传力度，讲好劳模故事、劳动故事、工匠故事，推动形成全社会重视技能人才培养、支持技能人才发展，营造尊重劳动、崇尚技能、鼓励创造的良好氛围。

# 以工匠学院为牵引，努力建设山西高素质技能人才梯队

邱恒昌　耿建华

山西是习近平总书记亲自谋划推动的国家资源型经济转型综合配套改革试验区，正在按照习近平总书记“真正走出一条产业优、质量高、效益好、可持续的发展新路”的重要指示精神，全方位推动传统优势产业改造提升和战略性新兴产业发展壮大，这一进程中急需与产业转型深度融合的高技能人才。发挥工会组织优势，推动搭建产业工人—技能人才—高技能人才—三晋工匠、大国工匠的技能人才梯队，为山西产业转型提供有力的技能支撑，是现实而紧迫的要求，也是山西工会努力的方向。

## 一、建设山西工匠学院的机遇与探索

“大力弘扬劳模精神、劳动精神、工匠精神”，“培养更多大国工匠”，“叫响做实大国工匠品牌”，是深化产业工人队伍建设改革的重要任务。中国工会十七大报告、《中国工运事业和工会工作“十四五”发展规划》均明确提出要深化新时代工匠学院建设。山西把技能强省、技能富民作为兴晋富民的重中之重，省人大通过了《关于促进技能山西建设的决定》，新修订的《山西省实施〈中华人民共和国工会法〉办法》中明确提出“工会应当积极参加技能山西建设”，这些都为加强工匠学院建设创造了良好环境和条件。山西省总工会将工匠学院建设作为贯彻制造强省、质量强省、技能强省的重大战略，深入推进产业工人队伍建设改革的重要抓手。

### （一）省委重视、高位推动，批准成立山西工匠学院

山西省委高度重视产业工人队伍建设改革工作，省委书记林武同志主持省委常委会专题研究产改工作并作出重要批示，多次听取产改工作汇报，就大力弘扬工匠精神、提升职工素质提出明确要求。在山西省委大力支持下，山西工匠学院成为全国唯一一个省委正式批准成立的省级工匠学院。

一是政策支持。2022 年 1 月，山西省委编办正式批复在山西省总工会干部学校加挂山西工匠学院牌子，以“一套人马、两块牌子”方式运行。5 月山西工匠学院揭牌，省委副书记商黎光同志专门批示：“这是一件大事，也是好事。好事要办好，要组织足够力量充分论证，明确功能定位，科学规划设计，既考虑自身需求，也兼顾社会需要；既从现实出发，也着眼未来发展，努力打造一所同类别一流院校。”

二是阵地支持。在山西省委重视支持下，与省转型综改示范区协商，征用 450 亩土地，建设山西工匠学院暨山西省总工会干部学校新区，初步设计内容包括实训楼、职工技能比赛竞技馆、劳模和工匠人才创新工作室联盟楼、“五小”竞赛成果展示馆等，规划年培训工会干部及职工 10 万人次。山西省总工会将加大资金投入，努力打造高标准高质量工匠学院。

### （二）明确定位、突出重点，努力把山西工匠学院打造成“三个基地”

山西工匠学院由山西省总工会主管主办，以素质提升、技术创新为目的，以一线职工、高技能人才、劳模工匠为重点服务对象，全方位多层次打造职工技能人才梯队。

一是打造一线职工实训基地。着眼壮大一线应用人才，通过基地实训、送教下基层、定制培训、线上培训等方式，满足一线职工技能提升需求。目前组建了一支 44 人的工匠教师队伍，均为山西省各行业生产一线的顶尖工匠大师，推出钳工、焊工、数控机床、班组管理等 200 余项精品课程，以“花开满园，技术报国”为主题，开展技能实训 51 期。同步举办“技能强晋”山西省工匠和高技能人才线上学习培训，构建线上培训资源充足、线上线下融合衔接的格局。

二是打造高技能人才培养基地。着眼培养高精尖紧缺人才和高技能人才，特别是14个战略性新兴产业集群建设急需的高层次应用型人才，努力推动中高技能人才梯次升级。目前，山西省总工会正与人社、建设等部门沟通，推动职业技能培训与职业技能鉴定相结合，让更多职工晋升技能等级、提升核心竞争力；组建全省煤矿智能化劳模和工匠人才创新工作室联盟，全面推动劳模和工匠人才创新工作室联盟建设，实现高技能人才发挥“传帮带”作用；发挥工匠学院办学灵活优势，针对产业、行业、企业的具体需求，探索面向企业、社会开展订单式、项目制等技能人才培训。

三是打造劳模工匠攻关基地。着眼最大限度发挥工会资源优势，依托山西全省大国工匠、三晋工匠、技术能手、首席技师、高技能领军人才，以及2337个劳模和工匠人才创新工作室，与山西省发改委建立动态联系，建立和各类开发区、园区及企业衔接机制，对接全省重大工程、重大项目、重点产业，组织劳模工匠核心攻关、精准攻关，帮助劳模工匠和高技能人才落地一批优秀创新成果转化项目。

### （三）五方联动、一院一品，构建全省工匠学院阵地网络

强化对各级工匠学院建设的统筹指导，以山西工匠学院为龙头，从省、市、县、产业、企业5个层面发力，根据各地区域优势和各产业特点，差异化布点，成熟一家成立一家，努力使每一所学院都有特色、有活力。在市级层面，山西省11个市中9个市成立市级工匠学院，与重点职业技术院校、骨干企业合作办学，结合本地产业特色开展培训，如太原市总工会与太原城市职业技术学院联合成立新时代晋阳工匠学院，重点培育孵化拔尖技能型人才；朔州市总工会与朔州陶瓷职业技术学院组建工匠学院，针对本地的耐火粘土优势资源培养技能人才；大同市总工会针对黄花产业优势，成立工匠学院餐饮服务分院，重点提升全市餐饮服务行业职工队伍整体素质。在企业层面，针对钳工、焊工、数控加工等山西优势技术项目，在中车永济电机有限公司培训基地、太原技师学院等企业培训中心和职业院校，建立首批6个三晋工匠技能实训示范基地，同时筹备在企业劳模和工匠人才创新工作室创建一批工匠微学院。

### (四) 辐射牵引、全面发力，构建职工技能素质提升工作体系

以山西工匠学院建设为牵引，构建“工匠学院+技能竞赛+‘五小’创新大赛+工匠选树”的职工技能素质提升体系，从线上线下技能培训、技能竞赛、技术创新、榜样引领等层面提供一条龙服务，努力推动技能人才素质上得提升、经济上得实惠、社会上有影响。

一是技能竞赛平台。改进劳动和技能竞赛体系，出台《职工职业技能比赛奖励暂行办法》等制度政策，在第六届、第七届全国职工职业技能大赛中分别获得团体总分第一名、第四名。近 5 年来，组织开展劳动和技能竞赛 7.79 万项，参赛职工 1132 万人次，选树技能带头人 7.7 万人，4.5 万人通过技能比赛晋升技术等级。

二是“五小”创新平台。从 2015 年起，举办 5 届山西省“五小”竞赛，2021 年被纳入全国引领性劳动和技能竞赛项目。累计 15.7 万家企业、2684 万人次参赛，产生“五小”创新成果 68.7 万项，山西省总工会对优秀创新成果发放奖金 2174 万元。举办网上优秀成果展，探索优秀成果的转化应用和规模推广路径。

三是工匠选树平台。在山西省职工中开展“立足岗位、奋勇争先，建功全方位推动高质量发展，争当新时代最美劳动者”主题劳动竞赛，选树发布 20 名“新时代最美劳动者”、40 名“三晋工匠”年度人物，给予 3 万～5 万元奖励，各市层层选树命名本地工匠，产生较大社会影响。各级工会打造党的创新理论宣讲站（点）2000 余个，开展“送理论、送文化、送温暖，进项目、进企业、进工地”活动 600 场，邀请企业劳模工匠和道德模范讲身边事，形成强大的正向激励效应。

## 二、推进工匠学院建设和技能人才梯队建设的思考

山西工匠学院建设处于初创探索阶段，没有现成经验可循，如何使山西工匠学院规范化运行、精细化管理、精准化服务，还需针对实践中的问题，不断发展完善。

### (一) 加强顶层设计，实现规范管理

山西工匠学院不能盲目扩张建设，必须制定规划、加强管理。从山西实际

情况看，省市两级工匠学院主要是工会运营，在各产业工会、各企业还没有广泛推广。目前工匠学院主要面临以下几个问题：一是编制问题。山西工匠学院与山西省总工会干部学校同一机构运行，山西省委核准了 57 个事业编制。大同市经市编办批准进行了事业单位法人登记，各市总工会也正在向市编办申请注册为工会下属非营利性事业单位。二是经费问题。各市的主要做法是管理和购买服务，由工会出资，企业或职业技术院校代为培训，随着办班次数增多、规模加大，特别是实操培训费用较大，开支尚无明确依据，对此必须明确和细化工匠学院经费管理和财务管理制度，从政策层面做到有据可依。三是监管问题。必须出台相关管理制度，从合作条件、立项审批、日常管理、考核评估、资产管理、奖惩办法、进出机制等各个方面加强管理和监督，确保培训质量。

（二）统筹各方资源，调动企业积极性

职业技能培训必须有企业的大力支持和职工的踊跃参与。实践中，职工有提升技能的愿望，但与全脱产培训产生冲突不可避免。一是学员的选拔有一定门槛，符合条件的学员普遍是企业的骨干，企业不愿放人；二是培训少则 5 天，多则半月，误工费、差旅费等费用没有明确报销规定，学员报名积极性受到打击；三是部分学员想通过培训获得技能等级证书，工会培训缺乏这一途径；四是招生渠道不畅。对此，要加大宣传力度，宣传解读工匠学院技能培训政策，努力做到家喻户晓、争相参与；督促企业按职工工资总额的 8% 足额提取职工教育经费，确保 60% 以上专项用于一线职工的教育和培训，对支持职工参加职业技能提升的企业和优秀学员给予支持和奖励；与人社部门协调，在制定年度职业技能培训计划时统筹安排，在工匠学院设立相关技能等级考核点，实现培训和拿证流畅衔接。在产业工人队伍建设改革中，工会作为牵头单位，建立起了与 30 多家厅局联动机制，要充分发挥这一优势，积极争取发改、教育、人社、财政等政府职能部门的支持，形成工作合力。

（三）坚守主责主业，强化技术创新

技能素质提升和技能创新是工匠学院的主责主业，相对而言，职工技术创新成果的孵化转化是短板。就山西工会的实践情况来看，过去五年，山西省通过“五小”竞赛、劳模和工匠人才创新工作室等群众性创新活动产生创新成果45万项，更多的是实行一次性物质奖励，多数创新成果没有推向市场，一方面缺乏成果展示、推广交流的相对固定的平台，另一方面缺乏促进成果转化的机制。对此，要在山西工匠学院建设中，把创新成果转化服务作为重点，搭建集创新成果展示、企业需求发布、揭榜挂帅、成果转化应用于一体的线上线下服务平台，解决创新成果供需不匹配的矛盾。同时，探索创新成果转化、推广收益分配激励政策，加大对优秀创新成果的表彰和奖励力度，充分调动产业工人创新创效积极性，激励职工不断出新成果、出好成果。

（四）提高培训质量，增强供给能力

“技能强国-全国产业工人学习社区”平台提供了丰富的线上课程资源，各地还需结合地方特色和职工需求，加强课程开发、教材建设和教师队伍建设。山西工匠学院目前还处于初创阶段，工匠教师队伍和相关课程在满足技术工人的技能提升需求上还有差距，覆盖工种、行业和职工范围有限，部分产业转型急需的新兴工种还没有纳入技能培训范围。我们认为，工会举办工匠学院有两个优势：一是人才队伍优势，要建立全省高技能人才数据库，把全省顶尖的工匠大师都囊括进师资队伍，把分散在各地的劳模和工匠人才创新工作室组建成联盟，在技术技能上实现“传帮带”，聚焦全省重大项目，攻克技术难题；二是办学灵活优势，针对企业发展需要和人才需求，积极开展普惠制、订单式、项目制职业技能培训。

（五）弘扬工匠精神，营造良好氛围

工匠是职工队伍中的高技能人才，既在技能层面代表着高精尖水平，又是“执着专注、精益求精、一丝不苟、追求卓越”的工匠精神的代表，更是职工群众中最闪亮的群体。对此，山西工匠学院要把对工匠精神的传承、培养贯穿始终，提升工匠的职业认同感、自豪感，让追求卓越、崇尚质量成为全社会的价值导向和时代精神。

（作者单位：山西省总工会工运理论研究中心）

# 实施“深蓝计划”、打造“金普技军”，为建设制造强国贡献国家级新区力量

闫为宁

习近平总书记在致首届大国工匠创新交流大会的贺信中指出，“技术工人队伍是支撑中国制造、中国创造的重要力量”。近年来，大连金普新区总工会立足区域产业门类齐全、产业工人聚集的区域特点，围绕加快建设知识型、技能型、创新型劳动者大军这一目标，以推进实施产业工人队伍建设改革“深蓝计划”为契机，充分发挥工会组织在发展壮大、培养激励技能人才中的作用，全力打造“金普技军”。截至2021年底，全区共有技能人才31.08万人、高技能人才9.11万人，成为金普新区建设“一地一极三区”的中坚力量，为金普新区在大连“两先区”建设、辽宁振兴发展和实施制造强国战略中发挥国家级新区引领作用提供了有力人才支撑。

## 一、高站位谋划，全面准确把握加强技能人才队伍建设重大意义

提高站位，建设“金普技军”是国家战略之需。习近平总书记强调：“我国经济要靠实体经济作支撑，这就需要大量专业技术人才，需要大批大国工匠。”当前，新一轮科技和产业革命席卷全球，我们比以往任何时候都需要更多技术工人，尤其是高技能人才，组成突破“卡脖子”技术、实现高水平科技自立自强、建设制造强国的“技能尖兵”。大力弘扬工匠精神，壮大技术工人队伍，培养更多高素质技术技能工人，既是现实之需，也是长远之计。

立足实际，建设“金普技军”是金普发展之要。大连金普新区是全国第十

个、东北地区第一个国家级新区，担负着建设“一地一极三区”的职责使命，是大连市新兴产业、高端制造产业核心集聚区和产业结构优化先导区的核心区。新区产业工人身处生产制造领域最前沿，在加快产业转型升级、推动技术创新、提高企业竞争力等方面具有基础性作用，培养一支数量充足、技艺精湛、素质优良的高技能人才队伍，将为新区发展提供有力人才支撑和创新支撑。

部门联动，建设“金普技军”需凝聚各方之力。发展壮大技能人才队伍非工会一家之力能够完成，大连金普新区总工会积极争取新区党工委、管委会支持，将建设“金普技军”作为产改“深蓝计划”的核心内容，出台《大连金普新区产业工人队伍建设改革实施方案》，成立由32家部门单位组成的产改工作领导小组，召开联席会议专题研究产改工作，统筹推进技能人才队伍建设，形成了党（工）委领导、管委会负责、工会推动、各方参与的工作格局。

## 二、高质量推进，实施产改“深蓝计划”，发展壮大“金普技军”

大连金普新区总工会紧抓辽宁省产改试点单位的有利契机，大力推进“深蓝计划”，通过实施“联动、铸魂、保障、提升、赋能、扩容”六大工程，推动构建产业工人技能形成体系，全区职工立足岗位创新创造的技术素质、技能素质大幅提升，“金普技军”为区域发展注入强大动力。

以匠心铸魂，“多元化”弘扬工匠精神。立足区域外资企业聚集的特点，采用多元手段加强思想引领，弘扬“执着专注、精益求精、一丝不苟、追求卓越”的工匠精神。用党的理论凝心，打造“开通一个短视频平台、成立一支讲师团、制作一档广播节目”等“七个一”铸魂引领工程，将学习教育触角延伸至基层工会。用“三个精神”引领，党的十八大至今，大连金普新区共有328人次被评为全国、省、市劳动模范（先进工作者），获得五一劳动奖章，发挥劳模工匠示范引领作用，创新建设劳模墙、劳模文化长廊，拍摄制作“向工匠致敬”主题宣传片，建设金普工运史馆和劳模展馆，营造劳动光荣的社会风尚和精益求精的敬业风气。用优秀文化培养，构建职工文体活动阵地网络，举办职工文化直通车、慧看世界、书香企业和职工足球篮球比赛等活动，擦亮职工文化品牌，每年覆盖职工超10万人次。用雷锋精神激励，组建金普新区职工之家文明实践志愿服务分队，开展疫情防控等志愿服务，助人、敬业、奉献成为更多职工的行动自觉。

以匠梦激励，“精准化”开展技能培训。聚焦职工需求，推动职业技能培训向“点单”升级，助力职工实现以“一技之长”占“一席之地”的成长梦想。优质教学资源“请进来”，打造升级“职工教育联盟”一体化服务平台，成功获评“全国总工会职工教育培训示范点”。依托区域产业集群，通过“成本分担”模式与企业、院校、社会培训机构、行业协会开展合作，提高职教基地使用率。2021年，中国劳动关系学院和劳模学院实践教学“双基地”在新区挂牌，更多优质教学资源直达新区。精准培训“送下去”，以技能培训“全覆盖”为目标，联手专业培训机构，邀请全国不同领域专家学者到区开展各类培训讲座，2021年开展各类培训近百场，惠及职工超10万人。学习培训“云开讲”，依托工会系统“惠+”网络服务体系，开展线上学习培训服务，录制播出近百期“职工云课堂”，为职工打造线上线下相结合的便捷学习平台。企业培训“成声势”，引导企业发挥主体作用，加强职工技能培训，17家企业被评为“辽宁省职工技能提升平台”；开展技能工匠技术传承活动，全区共评选出35对“名师高徒”，推动形成愿帮爱学、共同进步的技能提升氛围。

以匠人引领，“体系化”赋能工人成长。构建技能工人成长体系，通过广泛组织开展劳动和技能竞赛及群众性技术创新活动，为产业工人向工匠转变赋能。为劳动和技能竞赛搭建竞技舞台，近年来，大连金普新区总工会先后承办辽宁省“技师杯”“金普杯”“向工匠致敬”等不同主题系列职业技能大赛，近10万名职工参与竞赛活动，158名专业技术人才被纳入金普新区专业技能人才库，评选出19名“金普工匠之星”和182名“金普工匠能手”。技术创新活动如火如荼开展，围绕企业生产中的技术难题，组织企业开展“五小”竞赛及群众性技术攻关、技术革新和技术发明活动，激励广大职工立足本职岗位，锐意创新创造，近年来累计向大连市总工会申报群众性技术创新优秀成果752项，居全市各县区市首位。创新创造活力不断迸发，创建区级劳模和工匠人才创新工作室，出台工作方案，设立专项资金，为创评省市级劳模和工匠人才创新工作室建立“储备库”。目前，全区拥有省区市三级劳模和工匠人才创新工作室69个，成员达千余人，实现创新成果转化近300项，创造经济效益近10亿元，许斌劳模创新团组入选大连市首批产业创新团组。大连金普新区总工会接受大连市总工会授权，管理运营大连市职工“双创”孵化基地，优先孵化基层职工创新创造项目，目前已成功入驻创业项目22个，吸纳创业人数132人，直接带动就业600余人，提供就业及关联岗位3300余个，带动辐射作用正逐步显现。

金普新区在加强技能人才建设方面虽取得一定成效，但仍存在以下短板：一是对比区域经济发展需要，技能人才和高技能人才总量仍显不足。二是技能人才引进、保障保留和评价发展机制还需进一步完善。三是企业内部培训仍需加强，职工对实操培训、脱岗培训、现场师徒培训有较大需求。

## 三、高标准升级，持续为国家级新区发挥引领作用提供人才支撑

习近平总书记高度重视产业工人队伍建设改革，致首届大国工匠创新交流大会贺信等重要讲话精神为发展壮大技能工人队伍、培养大国工匠指明了前进方向。面对新形势新任务，须立足金普新区战略发展需要，升级“深蓝计划”，汇聚资源、完善机制，推动“金普技军”立足本职、创新创造，共同为迈进制造强国贡献智慧力量。

实施铸魂引领行动，持续强化思想政治引领。以迎接和学习宣传贯彻党的二十大为主线，深入开展“中国梦·劳动美”主题宣传教育，加强劳模工匠选树宣传力度，大力弘扬劳模精神、劳动精神、工匠精神，引领广大职工勤学苦练、深入钻研，勇于创新、敢为人先，以劳动和创造托起中国梦。

实施技能提升行动，持续提升产业工人综合素质。对接“技能强国–全国产业工人学习社区”资源，依托中国劳动关系学院和劳模学院实践教学“双基地”，打造产业工人线上线下相结合的便捷学习平台。推动企业发挥主体作用，加强职工培训工作，通过技能研修交流、名师带徒等方式，培养更多专业素质好、能力本领强的高技能产业工人。

实施赋能传动行动，持续完善职工技能形成体系。广泛深入持久开展主题劳动和技能竞赛，扩大覆盖面、提高参与度。积极开展群众性技术创新活动，大力创建、推广劳模和工匠人才创新工作室，开展优秀技术创新成果交流活动，释放创新潜能、提升创新能力，不断激发产业工人立足本职、干事创业的激情，引领他们在新时代建功立业。

（作者单位：辽宁省大连市金普新区总工会）

# 厚植工匠文化，涵养工匠精神

赵娜

党的十八大以来，习近平总书记多次礼赞劳动创造，讴歌劳模精神、劳动精神、工匠精神。2017 年国务院发布的《政府工作报告》中提出，要大力弘扬工匠精神，厚植工匠文化，恪尽职业操守，崇尚精益求精，完善激励机制，培育众多“中国工匠”，打造更多享誉世界的“中国品牌”，推动中国经济发展进入质量时代。在 2020 年的全国劳动模范和先进工作者表彰大会上，习近平总书记精辟概括了劳模精神、劳动精神、工匠精神的深刻内涵，指出劳模精神、劳动精神、工匠精神是鼓舞全党全国各族人民风雨无阻、勇敢前进的强大精神动力，强调要大力弘扬劳模精神、劳动精神、工匠精神。这充分体现了厚植工匠文化、涵养工匠精神，对于我国培养更多大国工匠，推动我国由制造大国向制造强国迈进的重要文化价值和思想意义。

## 一、工匠文化的内涵

工匠文化，也称匠人文化。匠人具备一流的手艺和技术，对工作极度认真和负责。为使手艺达到熟练精巧，他们有着超乎寻常甚至近于极致的艺术般的追求。工匠既是一个职业共同体，也是一种生存方式，还是一种精神慰藉。社会主义核心价值观提倡的“爱国、敬业、诚信、友善”是公民基本的道德规范，在个人要求方面，要形成脚踏实地、忠于职守、爱岗敬业的社会主义职业精神，同时要形成诚实劳动、信守承诺的个人修养和品质，这些要求与工匠精神、工匠文化体系相通相融。

以物质产品为表征的工匠文化。对于物质产品特征的共同价值追求，是物质文化的重要表征形式之一。物质文化是指人类创造的物质产品体现出的文化，包括所用的技术和艺术。物质文化与社会经济活动的组织方式直接相关，借助经济、社会、金融和市场的基础设施显示出来。不同物质文化状况反映不同的经济发展阶段以及人类物质文明的发展水平。物质文化不单指“物质”，不是所有物质形态的单纯存在或组合。自然状态下存在的物质，不属于物质文化的范畴。物质文化更重要的是强调一种文化或文明状态。从制造业角度来讲，工匠物质文化是指极致完美的制造产品表现出的文化，即在产品的开发、设计、生产的制作过程中每一道程序，都做到尽善尽美。无论产品的功能、技术还是外观都要做到精细化和人性化，追求卓越产品的质量。

以行为准则为表征的工匠文化。行为文化是人们在日常生产生活中表现出来的特定行为方式和行为结果的积淀，这种行为方式是人们的所作所为的具体表现，体现着人们的价值观念取向，受制度的约束和导向。在长期实践中，我们培育形成了“爱岗敬业、争创一流、艰苦奋斗、勇于创新、淡泊名利、甘于奉献”的劳模精神，“崇尚劳动、热爱劳动、辛勤劳动、诚实劳动”的劳动精神，“执着专注、精益求精、一丝不苟、追求卓越”的工匠精神。劳模精神、劳动精神、工匠精神的行为特征是以爱国主义为核心的民族精神和以改革创新为核心的时代精神的生动体现，这种行为背后体现的是一种职业情怀和人生理想，蕴含着追求卓越的价值取向，是工匠行为文化的具体体现。

以管理实践为表征的工匠文化。管理文化是指将一个组织的全体人员结合在一起的标准和行为方式。管理文化代表组织的目标、信念、哲学伦理及价值观，是管理精神中最核心、最本质的成分。不同的文化背景下，人们组织生产、管理生产过程采用不同的方式、遵守不同的价值认同，就是工匠管理文化的具体体现。正如以人为本、以人为中心的管理思想，充分体现出了对人的充分尊重的价值观。不同管理理念的差异化的观点、不同观念指导下形成的技术应用，必然会产生不同的文化面貌。

## 二、传承与弘扬工匠文化的意义和价值

习近平总书记在全国劳动模范和先进工作者表彰大会上的讲话中强调，劳

动是一切幸福的源泉。新形势下，我国工人阶级和广大劳动群众要继续学先进赶先进，自觉践行社会主义核心价值观，用劳动模范和先进工作者的崇高精神和高尚品格鞭策自己，焕发劳动热情，厚植工匠文化，恪守职业道德，将辛勤劳动、诚实劳动、创造性劳动作为自觉行为。

工匠文化的传承和弘扬，对于激励广大劳动者奋发有为、追求卓越，实施制造强国战略等方面具有至关重要的意义和价值。

有利于树立中国制造精益求精的意识。我国各行各业的工匠平凡而伟大，他们凭借传承钻研、精益求精，打造出优秀产品，缔造了一个又一个中国制造的奇迹。精益求精是工匠文化的内涵，也是中国制造的本“质”所在。只有把精益求精的工匠文化深深融入中国制造当中，才能从根本上实现中国制造从量变到质变的突破，中国制造强国之路才能走得更快更远。

有利于致力中国制造严谨专注的行为。传承与弘扬工匠文化，可以激励和促进劳动者投入理想奋斗和梦想追求，做产品不仅是一种物质行为，更成为一种实现理想的人文行为。个体的职业认同是职业成功最重要的基础，工匠实现职业身份的认同，有利于认识职业世界、形成职业归属感和职业意义感，建构自我与职业世界的共同体，由此工匠必须具备专业精神、职业态度、人文素养。工匠培育的不仅是技艺，更重要的是培育严谨极致的行为。只有同时具有职业技能和职业行为的工匠，才能不断适应当前社会经济发展对制造业人才的需求。

有利于培育中国制造完美极致的追求。李克强总理指出，“中国制造”的品质革命，要靠精益求精的工匠精神和工艺创新。我国自古就有尊崇和弘扬工匠精神的优良传统，一些工艺水平在世界上长期处于领先地位。瓷器、丝绸、家具等精美制品和许多庞大壮观的工程建造，都离不开劳动者精益求精的工匠精神。劳模精神、劳动精神、工匠精神，是鼓舞全党全国各族人民风雨无阻、勇敢前进的强大精神动力。

有利于增强中国制造创新开放的动力。习近平总书记指出：“国际经济竞争甚至综合国力竞争，说到底就是创新能力的竞争。谁能在创新上下先手棋，谁就能掌握主动。”实施制造强国战略坚持以创新为内核，大力实施创新驱动发展战略，加快完善创新机制，全方位推进科技创新、企业创新、产品创新、市场创新、品牌创新，加快科技成果向现实生产力转化，推动科技和经济紧密结合。针对当前制造业中遇到的新情况新问题，大胆探索，勇于改革，在工作机制、载体和方法上有所突破。工匠文化指向之一就是凡事追求极致和完美，在过程中本身就需要以最开放的姿态吸收最前沿的技术，创造最新的成果。而创新是一门技术，如果没有工匠精神，不追求极致必然不会有创新成果。

## 三、传承与弘扬工匠文化的路径思考

弘扬优秀传统文化，注重吸收产业文化和优秀企业文化，推动职业院校民族文化传承与创新，推动产业文化和优秀企业文化进校园是职业院校开展工匠文化传承与创新的主要策略，有利于建立健全工匠文化传承创新和育人机制，探索厚植工匠文化、培育工匠精神的新模式、新途径、新方法。

厚植工匠文化土壤，营造良好氛围。一是充分发挥国家、省市职业教育活动周、职业教育活动月、职业教育成果展等大型活动对于弘扬工匠文化的重要作用。通过“开放校园、企业参观、技能展示、产品展示”等形式，为社会各界深入了解职业教育、体验职业教育、共享职业教育改革发展成果，近距离感受劳模精神和工匠精神提供条件，并发挥积极作用。二是用好职业院校技能大赛平台。大赛是弘扬工匠精神和工匠文化的重要载体，近年来，竞赛内容更加注重对工匠精神的培育，要求比赛选手技艺更加精益求精、操作更加严谨规范，同时强化创新创意综合能力考核，注重团队合作和细节过程，将更多工匠素养纳入考核范围，为展示职业教育教学成果、转化职业教育优秀教学成果提供了高水平的平台。三是开展“劳模、大国工匠进职校”活动。邀请全国劳动模范、大国工匠和各行业领域技术专家、领军人物走进校园，以开展先进事迹报告、学习劳动模范志愿服务和社会实践活动、设立大师工作室等形式，引导广大学生学习领会劳模精神、劳动精神、工匠精神，在与劳模和工匠的交流学习中增长见识、砥砺品质、强化本领、收获成功。

深化人才培养改革，落实有力举措。一是积极推行现代学徒制、企业新型学徒制等校企合作育人的人才培养模式。通过与国内外先进企业合作，共同开展技术技能人才“双元”培养，融入企业真实工作情境与职业岗位知识，吸收引进先进企业文化与学校文化相融合，构建全面系统的“双元”育人多样化人才培养模式，以岗位成才为路径，实现高质量人才培养。二是校企共建人才培养标准，落实国家专业教学标准、实习标准等标准化文件，遵循职业教育规律和学生身心发展规律，把培育和践行社会主义核心价值观融入教育教学全过程，合理确定公共基础课和专业课的结构比例，着力培养学生的职业道德、职业精神和创新创业能力。

加强工匠精神培育，形成育人机制。充分落实《制造业人才发展规划指南》中关于大力培育工匠精神的要求，围绕教育教学、教材编写、教学评价等形成完善制度体系，以制度形式完善弘扬工匠文化的要求，促进相关工作落到实处。推进工匠精神进校园、进课堂，帮助学生树立崇高的职业理想和良好的职业道德，培养崇尚劳动、敬业守信、精益求精、敢于创新的制造业人才。注重将职业素养教育贯穿教学全过程，在专业课程中，从学习目标的设定到学习评价验收全过程融入职业素养有关内容；根据课程特点专门设置章节，讲授职业道德有关内容。全面推进课程思政建设，将工匠文化、工匠精神融入人才培养全过程。寓价值观引导于知识传授和能力培养之中，帮助学生塑造正确的世界观、人生观、价值观。紧紧抓住教师队伍“主力军”、课程建设“主战场”、课堂教学“主渠道”，让所有教师、所有课程都承担好育人责任，形成协同效应，构建全员全程全方位育人大格局。

（作者单位：吉林省长春汽车工业高等专科学校）

# 抓牢“五个环节”、弘扬“三个精神”，建设高素质技能人才队伍

王晓霞　赵得灿

2022年4月27日，习近平总书记在致首届大国工匠创新交流大会的贺信中指出，“技术工人队伍是支撑中国制造、中国创造的重要力量。我国工人阶级和广大劳动群众要大力弘扬劳模精神、劳动精神、工匠精神，适应当今世界科技革命和产业变革的需要，勤学苦练、深入钻研，勇于创新、敢为人先，不断提高技术技能水平，为推动高质量发展、实施制造强国战略、全面建设社会主义现代化国家贡献智慧和力量”。要实现制造强国的战略目标，就要通过牢牢把握“服务—宣传—培育—竞赛—选树”五个环节，大力弘扬劳模精神、劳动精神、工匠精神，建设一支数量庞大、爱岗敬业、勇于创新、追求卓越的高素质技能人才队伍。

## 一、服务先行，激发广大职工成长成才内生动力

高标准的管理服务是弘扬“三个精神”（劳模精神、劳动精神、工匠精神）的前提条件。劳模、工匠等先进典型人物是广大职工的代表，他们享受什么待遇、得到什么服务、获得什么嘉奖，广大职工都看在眼里、记在心上，要大力弘扬“三个精神”，必须坚持以真心关爱先进典型、真诚服务先进典型为出发点和落脚点，而且在先进典型管理服务的方式方法上，要适当打破“政治上关心、经济上支持、生活上关爱”的常态化服务机制，通过开展管理服务情况调研或管理服务创新项目评选大赛等方式，遴选出一批“质量高、创意新、力度大”的服务项目，丰富管理服务内容，提升劳模、工匠等先进典型人物的获得

感、成就感、荣誉感，真正起到“服务一个、感动一批、激励一片”的作用，激发广大职工追求卓越、争创一流的强大精神动力和创新创造潜能，让“三个精神”的种子在广大职工的心底生根发芽。

## 二、宣传动员，营造“比学赶超”的社会氛围

高质量的宣传动员是弘扬“三个精神”的关键环节。宣传动员工作的好坏要以能否让广大职工发自内心地自觉形成积极向上的心理预期为判断标准，要通过广泛的宣传动员让广大职工形成“我也行”“我也能”“我也要”的心理预期，从而在职工群体中营造“比学赶超”的良好氛围，助力于职工群体整体素质水平的提升。因此，在宣传动员过程中要充分展示工会所构建的“服务—宣传—培育—竞赛—选树”成长成才路径的可行性，要着重宣传那些在最基层、最平凡岗位上可供学习赶超的先进典型是如何走向成功的，缩小广大职工与先进典型之间的距离，让广大职工意识到先进典型是可学、可赶、可超的，从而形成自己清晰的职业发展规划，增强参加培训与竞赛的积极性和主动性，努力提升自身本领，在平凡的工作岗位上敬业奉献、精益求精、争当先进。

## 三、教育引导，搭建职工职业技能提升平台

引领式的人才培育是弘扬“三个精神”的有效载体。弘扬“三个精神”的本质就是要提高职工队伍整体职业技能水平，培养更多劳模和工匠，为推动就业创业创新、国家经济高质量发展提供强有力支撑。这既需要职工主观上有足够的意愿，又需要客观环境为其提供系统的、高质量的学习机会，帮助职工打破技术技能提升瓶颈，实现快速成长。工会组织要充分利用自身的组织优势、阵地优势、资源优势，协助相关部门进一步完善技能人才培养体系，积极营造有利于广大职工钻研技能、提高技能的良好环境。要在各类职工培训中充分发挥劳模、工匠的引领带动作用，通过建好用好劳模和工匠人才创新工作室，组织劳模“传帮带”、开展工匠大讲堂等活动，让广大职工能够近距离与劳模、工匠接触，在交流中学习他们严谨、细致、专注的工作态度，牢固树立追求完

美、精益求精的理念和取向，让广大职工发自内心地认同工匠精神、传承工匠精神，从而培育更多高技能人才。

## 四、以赛促训，释放工人阶级创新创造活力

示范性的劳动和技能竞赛是弘扬“三个精神”的重要举措。劳动和技能竞赛具有极强的精神引领作用和行为导向作用，能够让职工最大限度地发掘自身的创新创造潜能，促进技术革新和效率提高。与此同时，劳动和技能竞赛的示范性作用还可以反过来促进培训质量的提高、学习氛围的形成，让广大职工积极主动学习新技能、新本领，从而造就一支有理想守信念、懂技术会创新、敢担当讲奉献的宏大的产业工人队伍。劳动和技能竞赛要想开展得有声有色，不仅需要工会与时俱进、因地制宜，不断充实竞赛内容、创新竞赛形式、提高竞赛质量，更需要党政领导的重视，各部门的协同配合，各企业的积极参与，形成人人重视竞赛、人人参与竞赛的良好局面，凝聚全体职工的智慧与力量，在新时期新征程上建功立业。

## 五、典型引领，树立导向明确的模范旗帜

导向清晰的模范选树是弘扬“三个精神”的基础保证。每一名劳模、工匠都是一面旗帜，对广大职工具有非常直观、现实的教育引导作用，比单纯的“说教”更具有说服力和感染力。模范选树工作的出发点和落脚点在于突出“导向性”和“群众性”，要让广大职工明确“往哪个方向去努力”和“如何努力”。不同行业所要求的职业特质不同，也就决定了“导向性”的不同，这就需要工会组织深入不同行业、不同岗位，在保证爱党爱国、爱岗敬业等共性的基础上，去发掘在不同的行业和岗位中，哪些品质对于广大职工有极强号召力和感染力。“群众性”则体现在缩小模范典型与广大职工的距离感上，模范典型越是贴近职工的日常生活，越是真实与普通，就越容易引起广大职工的情感共鸣，成为广大职工学习与追赶的生动标杆。

## 六、统筹谋划，推动建设高素质技能人才队伍

黑龙江省佳木斯市总工会始终坚持“五个环节”统筹谋划，协同推进，引

领带动哈电集团佳木斯电机股份有限公司、华电能源股份有限公司佳木斯热电厂等一大批佳木斯市优秀企业一道，在弘扬“三个精神”、建设高素质技能人才队伍上取得积极成效。

一是服务管理工作措施实。推动提高劳模政治地位，佳木斯市总工会第十七届委员会选举产生1名一线劳模担任兼职副主席，委员中一线职工（劳模）比例由3%提高到15%；出台《佳木斯市劳模和工匠人才创新工作室管理办法》，对市级劳模和工匠人才创新工作室给予5000元创新经费支持。选树命名市级劳模和工匠人才创新工作室10个，积极推荐职工优秀创新成果，佳木斯电机股份有限公司报送的创新成果“高温气冷堆核电站用主氦风机”获评省“十大科技创新成果”，华电能源股份有限公司佳木斯热电厂报送的“双室布袋除尘器反吹机构更换钢丝绳方法”获评省“十大先进操作法”，各获得1万元奖金；组织2079名劳模、职工疗休养，组织257人次全国劳模免费体检；开展省级以上劳模生活状况调查工作，帮助其解决实际困难。佳木斯市全国劳模林继城由于单位破产等原因，无法继续享受医疗保险待遇，市总工会积极与市医保局沟通协调，最终为其解决了医疗保险问题。针对部分省级以上劳模在住房方面遇到的实际困难，市总工会向市委、市政府提交了《关于劳动模范申请租赁廉租住房的报告》，并向市政协提交了提案，推动市委、市政府对省级以上劳模给予特殊规定和待遇，4名劳模得到廉租房和公租房安置；先后组织29名劳模赴山东、广东等省份进行学习考察。

二是宣传动员工作效果佳。协调推动在佳木斯电视台、《佳木斯日报》等媒体开辟专栏，广泛宣传劳动模范、五一劳动奖章获得者等先进人物事迹，并积极向省级媒体报送先进人物宣传资料，近年来，省、市各媒体共刊载播出佳木斯市先进人物事迹200余人次，其中省电视台还对鲍文波、别林等先进人物制作了专访节目；广泛开展劳模代表先进事迹宣讲会、座谈会，2022年以来已召开2次；联合市文联作家协会，精选30名在技能大赛中涌现出的首席技工和部分行业工种能工巧匠事迹，出版20余万字的《工匠》报告文学集并下发给各个企业，在社会上引起强烈反响；充分利用报纸、公众号、《佳木斯工运》

内刊等渠道，广泛宣传弘扬“三个精神”，有效激发了广大职工勤学苦练、深入钻研，不断提高技术技能水平。

三是人才培育工作载体丰。依托产业工人队伍建设改革领导小组推进培训体制机制建设，制定出台《关于全面推行终身职业技能培训制度的实施意见》《佳木斯市职业技能提升行动实施方案》等制度文件；依托职工大学（职工技术交流馆）开展职工技能培训 89 期，培训职工 2655 人次；依托全市高技能人才培训基地和技能大师工作室，大力培养高技能人才，2017 年以来，共培养高技能人才 4728 人；依托工人文化宫开展弘扬“三个精神”专题培训，创新引入“云宣讲”模式，在线宣讲《铁人精神》等课程；依托典型企业开展实境研学，带领职工参观《咱们工人有力量》歌曲发源地的佳木斯热电厂文化厂史馆；依托文艺团体打造“舞台党史课”，在学习强国、新华社等 12 家官媒主流媒体报道，取得良好社会效应。

四是劳动竞赛工作活力足。近年来，佳木斯市“五小”创新竞赛获黑龙江省级“五小”创新成果一等奖 8 个；三届全市技能大赛共 2153 名选手参赛，产生 32 名首席技工、283 名技术能手；全市共组织技术竞赛 1000 余场次，参与劳动竞赛职工达 70 余万人次，提出的合理化建议近 1. 5 万条，技术革新和技术改造 502 项，直接或间接产生经济效益 3 亿余元，劳动竞赛活力充分涌流，极大释放了工人阶级的创新创造潜力，助推了佳木斯市经济高质量发展。

五是模范选树工作导向明。佳木斯市总工会始终坚持面向基层和工作一线的模范选树导向，通过基层单位层层推荐和主管部门严格把关确定模范人选，秉承公开、公平、公正、群众公认的原则，顺利完成了历届全国、省级、市级劳模的评选推荐工作。近年来，共推荐选树全国劳模 14 人、省级劳模 109 人、市级劳模 195 人，评选结果得到了广大职工的广泛认可，在全市营造了劳动光荣、创造伟大的社会风尚和精益求精、拼搏奉献的敬业风气，为推动建设高素质技能人才队伍贡献了积极力量。

（作者单位：黑龙江省佳木斯市总工会）

# 选树“上海工匠”、打造系列品牌，建设知识型、技能型、创新型劳动者大军

上海市总工会

近年来，上海市总工会坚持以习近平新时代中国特色社会主义思想为指导，深入学习贯彻习近平总书记关于工人阶级和工会工作的重要论述，大力弘扬劳模精神、劳动精神、工匠精神。2015年12月，上海市总工会决定实施“上海工匠”培养选树计划，每年培养选树100名工匠人才，到2025年将选树1000名“上海工匠”。自2016年5月启动首批“上海工匠”培养选树以来，已累计选树6批“上海工匠”共583人。目前，已初步形成一个工匠“选拔、宣传、提升、服务”的闭环体系，全过程全视角全方位打造工匠品牌，深化产业工人队伍建设改革，推动建设知识型、技能型、创新型劳动者大军。

## 一、主要做法及成效

### （一）在“广”字上下功夫，不拘一格选拔工匠人才

一是“广”开门路推荐人才。从选拔对象看，不受年龄、性别、学历、职级、职称、技能等级、工作年限、荣誉基础等条件限制，广开门路选拔“上海工匠”。从行业职业看，涵盖制造业、信息传输和计算机服务业、科学研究和技术服务业、教育业、公共管理业等15个国民经济行业门类。从推荐渠道看，除了发挥各级工会组织优势推荐之外，大力支持社会团体、行业协会推荐各自领域中的优秀人才，并且在申工社微信公众号、随申办、一网通办等渠道开通自荐。仅2021年，就有927人自荐角逐“上海工匠”。二是“广”搭平台助力

提升。组织工匠俱乐部活动、创建上海工匠学院等，鼓励各级工会、行业协会提供切磋技艺、交流经验、展示技能、研修深造的机会；为工匠制定个性化的职业生涯发展规划，使其发展有定位、有目标、有路径，让工匠拥有更高的境界、更宽的视野、更博大的胸怀。三是“广”建阵地扩大宣传。拍摄制作《上海工匠》纪录片，在每年国庆或春节期间播放，先后宣传75名“上海工匠”；编制《上海工匠》画册，组织“工匠精神大讨论”活动；每年隆重举行工匠选树命名大会，为工匠颁发大铜章；建设上海工匠馆，全国人大常委会副委员长、中华全国总工会主席王东明，中共中央政治局委员、上海市委书记李强等领导先后参观工匠馆，都给予了高度评价。开馆以来，累计有30多万名市民观展，近2万名青年职工在工匠馆举行了“入职仪式”，接受匠心传承“第一课”。

（二）服务上海产业转型升级，在“强”字上下功夫，促进企业创新创效

一是“强”力助推重点产业高技能人才队伍建设。工匠培养选树始终聚焦重点聚焦先进制造业、现代服务业和战略性新兴产业，重点关注基层一线，关注操作岗位职工，关注产业工人聚集的重点领域和行业，其中来自生产一线的工匠有458人，占79%；工匠平均工作年限26.1年；本科以上学历的341人，占总数的58.5%。有高级技能等级证书的359人，占总数的61.6%。其中，技师、高级技师310人，占总数的53.2%；有高级职称的229人，占总数的39%。有178名工匠既是高级技师或技师，又拥有技术职称，属于“双师型”职工，占比为30.5%。2020年，市委、市政府将工匠人才纳入《关于新时代上海实施人才引领发展战略的若干意见》，从制度层面支持工匠培养选树工作，充分体现了市委、市政府对于“上海工匠”培养选树的充分肯定。二是“强”调作用发挥，为企业发展服务。“上海工匠”立足岗位，用个人专长为企业提质增效作贡献。293人拥有发明专利，283人拥有实用新型专利，57人拥有外观设计专利，获“国家科技进步奖”2项，“上海市科技进步奖”二等奖2项、三等奖9项，累计为企业创造效益近30亿元；成立213名工匠组成的服务队，深入本市制造业企业集聚的园区，服务非公企业1500多家，帮助解决技术难题1200多项。三是“强”化工匠人才培养，

发挥育人效应。联合上海开放大学创建上海工匠学院、合作开设 6 期工匠研修班，共同开展专业设置、课程建设和课堂教学内容研究，探索学员岗位贡献和成果转换为学历教育课程学分的机制，为工匠人才成长搭建起终身学习的平台，2200 多名工匠参加学习培训，303 名工匠成立了劳模和工匠人才创新工作室。

### （三）发挥示范引领作用，在“聚”字上下功夫，做大做强工匠品牌

一是“聚”力打造工匠系列品牌。上海市总工会以工匠选树为抓手，形成了工匠纪录片、工匠学院、工匠研修班、工匠讲堂、工匠俱乐部、工匠服务队、工匠人才库、工匠馆、劳模和工匠人才创新工作室等“十大工匠品牌”，品牌溢出效应不断增强。二是“聚”拢人才厚植工匠队伍。引导各区局（产业）工会结合本区域、本行业发展实际，开展本地区（系统）工匠培养选树活动，56 家区局（产业）工会培养选树各级工匠 2000 余名。三是“聚”焦弘扬工匠精神。借助微信、微博等信息化手段，通过技能分享会、技艺研习班、演讲报告会等形式，将工匠个人技能、技艺以及心路历程、成长故事、感人事迹等与广大职工分享，激励广大职工走技能成才、技能报国之路。

## 二、存在的不足与问题

工匠培养选树的覆盖面需要进一步扩大。尽管已经建立了市、区两级上下联动的工匠培养选树机制，但还有个别区局（产业）工会没有开展工匠选树工作，还需对其加大指导和推动。另外，针对非公有制经济领域，尤其是新行业、新工种的工匠人才培育培养还需加强，覆盖面还需进一步扩大。

工匠人才的作用发挥需要进一步加强。部分单位工匠队伍的示范引领和传承接力作用发挥存在一定瓶颈和短板，行业企业对工匠作用发挥的系统性、前瞻性研究存在不足。有些工匠因工作繁忙等原因忽视了对新知识、新技术的学习，文化水平、专业技能需要进一步提升，需要从更多的交流服务中拓宽视野。

工匠人才获得的正向激励措施体现还不够充分。工匠人才收入与工程技术人员相比仍有一定的差距，在职业发展路径规划、落户积分、子女就医就学等方面仍有激励空间。随着企业和社会对工匠人才的认同不断增强，在尊重工匠

的同时，还需要在广大职工中进一步营造争当工匠的浓厚氛围。

## 三、对策及建议

完善工匠培养选树机制，努力形成工匠培养选树新格局。一是要进一步加强与政府部门和组织联手，持续构建相关部门协同，行业、企业和社会力量共同参与的工匠人才培养选树格局。二是推动各地区、各产业、各集团公司普遍开展工匠培养选树活动，建立区局（产业）工会等多级多层推荐机制，形成与上海发展相适应的工匠培养选树体系。三是进一步完善工匠选树标准，梳理工匠选树的分类界定、专业评审等各个环节，向新产业、新技术、新领域的行业扩展，使选树工作更合理、更规范、更科学。

搭建工匠引领创新平台，发挥工匠人才传承辐射作用。一是推进劳模和工匠人才创新工作室创建，探索建立劳模和工匠人才创新工作室攻关项目资助激励政策，鼓励开展劳模和工匠人才创新工作室结对联盟活动，充分发挥劳模和工匠人才创新工作室的行业引领作用。二是制定个性化的职业生涯发展规划，完善工匠师带徒机制，引导帮助工匠人才积极参与职工技术创新，推进岗位创新成果转化，在个人技能创造和作用发挥中起到领衔作用。三是倡议工匠主动参与社会公益活动，加大工匠服务队进园区、进楼宇、进企业、进车间活动力度，在助力非公企业发展、优化营商环境中发挥工匠引领带动作用。

发挥阵地载体优势，着力营造有利于工匠人才脱颖而出的社会氛围。一是学习宣传贯彻习近平总书记致首届大国工匠创新交流大会贺信精神，利用社会主流媒体和新媒体，探索创新弘扬工匠精神的新视角、新载体、新形式，扩大工匠的社会影响力和崇尚度。二是继续以“上海工匠”培养选树为抓手，增强“十大工匠品牌”溢出效应，全方位展示工匠形象，持续提高工匠品牌职工知晓度和社会影响力。三是积极推动政府部门出台惠及工匠人才的落户积分、子女教育等激励政策，不断提高工匠人才的薪酬待遇，各类评选活动更多向工匠人才倾斜，增强工匠人才的获得感和荣誉感，培养造就更多符合上海经济高质量发展的高技能人才。

# 新时代上海工匠人才培育困境与消解
## ——基于工匠终身学习需求调查分析

顾洋　张凌　赵安琪

当前是一个培养、造就工匠的“大时代”，我国经济正向高质量发展转型，科技革命和产业革命是当前发展的两大主题。工匠队伍建设是实施科教兴国战略、人才强国战略、创新驱动发展战略的重要支撑和基础保障。工匠人才队伍建设有利于国家的科技创新，为经济的发展提供动力；有利于提高经济的质量和效益，转变经济发展方式，对于推动我国经济建设、城市区域发展都有十分重要的现实意义。

### 一、上海工匠队伍基本现状

上海自2016年开始启动工匠选树，现已累计培养583名上海工匠，另有56个区局（产业）工会陆续开展工匠选树活动，并产生区局（产业）级工匠2000多名。为了了解上海工匠人才群体的学习需求，进一步为上海工匠人才的专业成长和职业发展提供更好的支持与服务，上海工匠学院对工匠群体采用问卷形式进行调查分析，共收到有效问卷942份。

根据调查数据表明，目前上海工匠的性别仍然以男性居多，达到808人，占调查总人数的85.77%。在年龄方面，上海工匠以中青年为主，其中年龄最大的为68岁，最小的为23岁，平均年龄为45岁；在学历方面，目前上海工匠的学历层次处于较高的水平，专科及以上学历的人数占调查总人数的85.65%；其中，研究生217人，占调查总人数的23.03%。从行业分布看，目前上海工匠所从事的行业主要集中在制造业、建筑业、卫生和社会工作、科学研究和技术服务业等行业，其中制造业人数最多，占调查总人数的 39.07%。

## 二、上海工匠人才培育所面临的困境及原因

新型工业化和制造业转型升级要求工匠人才必须坚持终身学习，及时更新先进理论和方法技巧，才能保证与时俱进、不断进步、永攀高峰。工匠终身教育供给与需求不匹配是目前上海工匠人才培育所面临的主要矛盾。根据调查结果显示，有 709 人希望接受高等学历教育，占比达到调查总人数的 75.26%；有 821 人希望接受非学历培训，占调查总人数的 87.15%。而在对工匠的近三年培训频率的调查中显示，仅有 192 人参加了 2 次培训学习，占调查总人数的 20.38%。有 262 人仅参加了 1 次培训学习，占调查总人数的 27.81%。有近一半的工匠，每年一次培训机会都没有。工匠终身学习的高需求与他们所获得的学习机会相比较，供需不匹配显而易见。造成该现象的原因主要有以下三个方面。

### （一）工匠终身学习的工学矛盾问题突出

工匠是在某一领域具有工艺专长的匠人，是企业的中流砥柱，是行业的领军人物。在问及影响他们接受高等学历教育原因时发现，有 627 人反映工作繁忙没有时间接受高等教育，还有 469 人认为工作时间与学习时间冲突，使他们无法顺利完成学业。同样，对于影响他们参加非学历培训的因素中，也有 590 人认为日常工作繁忙，缺乏学习时间。工作占据了工匠们大部分的时间，使得他们无法获得充足的时间进行学习。在对希望提升学历的工匠调查中发现，有 485 位工匠希望获得政府政策保障与单位、社会支持，占总调查人数的比例最高。另外，有 266 位工匠认为有必要获得足够的培训时间。

### （二）工匠学习内容现状与期望值存在偏差

通过调查发现，大部分工匠群体目前主要学习专业知识与技能、党性修养及综合素养方面的内容，有 693 人在学习专业知识与技能，占调查总人数的 73.56%；有 478 人在学习党性修养及综合素养，占调查总人数的 50.74%。同时，也有 400 人在学习行业前沿趋势方面内容，占调查总人数的 42.46%。将目

前工匠群体的学习内容与期望学习内容进行比较后发现，想参加专业知识与技能培训的人数比例低于15.5%，也远低于目前的实际学习情况。而想参加行业前沿趋势培训的人数比例却高于实际值5.8个百分点，需求明显增加。因此，学习内容的现状与期望值之间还是存在明显的差距。

### （三）针对工匠的教学形式过于单一

目前对于工匠的教学形式过于单一，大多仍然以课堂讲授和专题讲座为主。根据调查发现，有637人参与以课堂讲授为主的教学形式，占调查总人数的67.62%。同时，也有571人参与以专题讲座为主的教学形式，占调查总人数的60.62%。对比工匠期望的授课形式发现，工匠对于课堂讲授和专题讲座的期望值分别低于实际值29.5个百分点和16.3个百分点；对于现场教学和参观考察这两种授课形式的期望值分别高于实际值3.1个百分点和5.4个百分点，对于实验实践和跨界交流的期望值则更大，分别高于实际值16.9个百分点和7.4个百分点。因此，传统的教学形式已经无法满足工匠多样的学习需求，未来针对工匠的教学形式需要更加多元化。

## 三、上海市工匠人才培育对策

### （一）构建工匠人才终身教育供需平衡

工匠人才培育是一个系统性工程，需要政府、高等院校和行业企业的共同参与、积极配合。首先，要发挥政府在工匠人才培育方面的主导作用，汇聚行业企业、高等院校及相关专业机构，充分发挥各方优势，建立区域性“工匠教育研究与培训中心”，设立研究项目，开发相应的培训课程，整合优质学习资源，开展有针对性的专业培训与指导，逐步形成系统、有效的工匠人才培育体系。其次，发挥企业的主体作用，优化工匠人才培育环境；鼓励企业健全激励机制，给予工匠更多培训学习的机会及条件，资助工匠承担研究项目，开展立足于岗位的研究性学习。最后，发挥行业协会在职业技能培训方面的优势，紧贴行业需求，通过研修、高技能人才培训、对外交流、专业研讨等形式，开展丰富多彩的培训活动，多方合力有效增加工匠人才培训供给。

（二）丰富工匠人才学习内容

政府、高校、企业共同邀请劳模、一线科技工作者全面参与课程开发与教学培训，从工匠精神、科技前沿、能力提升等三个方面不断充实、优化培训内容，开发课程。围绕集成电路、生物医药、人工智能三大先导产业和电子信息、汽车、高端装备、先进材料、生命健康、时尚消费品等六大重点产业领域，开拓现场教学基地，采用大师带教的教学方式，传承和弘扬工匠精神，交流心得体会，领略最新科技魅力。此外，为适应不同行业、不同类型工匠的学习需求，开展分层分类培训，进行“主题式”培训。用匠心打造每一门课，才能为每一位工匠或希望成为工匠的产业工人提供最优质的教育资源。

（三）创新工匠人才培育模式

工匠人才培育模式应跳脱传统思维，不断创新。一是打造“双元制”继续教育专业，充分体现“把毕业论文写在岗位上”的人才培养特色。让工匠或希望成为工匠的产业工人可以在工作日在岗实践学习，也能以工学交替的方式进行学习，有效缓解工学矛盾；广泛吸纳劳模、高级专业技术人员、高技能人才等行业中的优秀人才担任导师，指导工匠解决工作岗位上遇到的实际问题，并帮助其开展岗位创新、奖励申报等，助力他们在岗位上“开花结果”；引入德国工匠教育在线课程，帮助工匠在国际化方面拓宽视野、启迪思维，提升岗位创新能力。二是多元化工匠教学形式。通过线上线下培训有机融合，灵活开展教学活动。借助微信公众号、微信群、抖音等新媒体平台，开设“掌上微课堂”，推出线上精品课程，充分发挥在线教育的优势。线下课程减少课堂讲授和专题讲座比例，适当增加现场教学和参观考察的比例，让工匠走出课堂，深入不同的领域，开拓视野、增长见识，并由全国劳模现场带教，通过现场观察、体验，丰富他们的感性认识，促进其原有知识技能的迁移。同时较大幅度提高实验实践和跨界交流的课程比例，开发热点技能课程和创新思维课程，以培训为平台，促进工匠之间交流沟通。

（作者单位：上海开放大学）

# 关于加快培养技能人才的路径思考

钮友宁

随着新一轮产业革命和科技变革浪潮冲击，共享经济、数字经济和平台经济成为全球经济发展新动能，人才资源成为创新发展的第一资源，迫切需要加快我国产业工人队伍建设改革，实现产业经济结构和人力资源的融合，造就高素质的知识型、技能型、创新型劳动者大军，推动科技创新驱动和传统产业转型升级，激发广大产业职工技能报国的磅礴力量。大国工匠成为高端制造业的领军人才，成为铸造大国重器的技术技能领军人才。

2022 年 4 月，习近平总书记在致首届大国工匠创新交流大会的贺信中指出，“技术工人队伍是支撑中国制造、中国创造的重要力量。我国工人阶级和广大劳动群众要大力弘扬劳模精神、劳动精神、工匠精神，适应当今世界科技革命和产业变革的需要，勤学苦练、深入钻研，勇于创新、敢为人先，不断提高技术技能水平，为推动高质量发展、实施制造强国战略、全面建设社会主义现代化国家贡献智慧和力量。各级党委和政府要深化产业工人队伍建设改革，重视发挥技术工人队伍作用，使他们的创新才智充分涌流”。这为加快技能人才培养指明了前进方向，明确了根本遵循。围绕“十四五”时期发展规划和目标任务，构建现代化国民经济体系和新型产业结构，弘扬劳模精神、劳动精神、工匠精神，培养紧缺型、高精尖和通用型技能人才，营造有利于技能人才成长成才的社会发展环境，已经成为各级党政和工会服务发展的重要任务。

## 一、高技能人才培养取得的重要成效

近年来，各级党委政府和工会贯彻党中央的部署，以市场机制引导和满足职工需求为导向，学习借鉴职业教育的成熟经验和通行做法，发挥产改政策和实践匹配的集成优势，坚持市场、政策和社会三维精准发力，现代职业教育和职业培训体系衔接，高素质产业工人队伍不断发展壮大，职工职业技能和技术水平稳步提升，技能人才梯队在职工中占比增加，我国技能人才建设取得阶段性重要成效。截至 2021 年底，劳动和技能竞赛吸引 3.7 亿人次参与；开展补贴性培训 8300 多万人次；“求学圆梦行动”培训农民工 600 万人次。全国技能人才总量超过 2 亿人，高技能人才超过 6000 万人。约有 1.3 亿农业转移人口在城镇落户，超过 350 万新就业形态劳动者成为工会会员。江苏是我国东部制造业大省，产业工人超过职工总数的一半，非公企业成为技能人才创新创造的集聚区，产业工人涵盖 18 个国民经济的基础行业，涉及劳动工种岗位数量 5200 多个，江苏省专业技术人才总量和高技能人才总量分别达 884.2 万人和 455.1 万人，乡土人才从业人员近千万，高技能人才建设稳步推进。

## 二、当前技能人才培养中存在的突出问题

随着产业工人队伍建设改革走深走实，普惠政策导向和市场机制引领形成合力，在看到技能人才培养取得成效的同时，也要清醒地认识存在的突出问题。

一是国内地区发展和行业分布不均衡问题。由于经济发展和人力资源结构的差异性，国民经济行业对职业技能要求的非均衡性，产业工人职业技能培训普及程度不一，各地区和行业发展不平衡问题凸显。经济发达地区高于欠发达地区，国有垄断行业好于一般性竞争行业，大型科技、资本密集型企业优于小微型劳动密集型企业，国有集体股份制企业好于私营企业，产业工人职业技能水平呈阶梯状排列，影响行业技术进步和企业竞争力。与发达国家相比，我国在科技研发和技能人才质量上还有差距。

二是市场主体技能培训的积极性有落差。由于所有制性质和资源禀赋不同，国有垄断、行业龙头和外商企业具有比较优势，鼓励职工参与职业技能培训的积极性较高，而非公小微和劳动密集型企业积极性较低，担心技能人才培训后流失。此外，部分企业认为自己的中心任务是提高经济效益，职业技能素质提

升则是职工自主市场行为，理应由技能培训的受益者自己付费买单，存在重技能人才使用轻职业技能培训的现象。

三是职工参与职业培训的连续性难保证。相对于企业发展的需求，我国高技能人才的市场有效供给明显不足。职工参与培训和生产的工学矛盾凸显，一方面，一线职工对技能提升培训需求较强，参与积极性和主动性较高；另一方面，因有些职工经常出差、承担重点项目等，单位无法安排其连续参加职业技能培训，有的即使报名，但参训报名率与实际到课率仍有较大偏差，影响到技能人才的职业发展空间。

四是职业技能等级证书与岗位薪酬挂钩不明显。“学历+知识+技能”应成为检验培训质量的试金石。实际上，职业技能等级证书与绩效挂钩的吸引力不够，有的职工觉得获取证书后的实际收入，与自己的付出和预期有差距。多数企业只是通过岗位薪酬做适当补充，技能人才与技能工人的收入差别并不大。而在同一企业，关键岗位研发人员与普通岗位研发人员的收入差距大。有的企业根据岗位实际聘用后，才会落实参训职工的技能培训补贴。

## 三、优化企业技能人才培养的对策建议

一是完善职业教育和职工职业培训体系，深化产教融合、校企合作、普职融通。围绕我国高质量发展和现代产业结构特点，需要加强科技和制度创新政策研究与市场供给，聚焦优势产业集群和行业人才的需求，优化职业院校专业设置，创新教学内容和模式，形成协同发展机制，构建政产学研相结合的国家创新体系，推进普职融通、工学结合的现代学徒制，完善项目制、订单式、委培式培养育人体系。加快推进职业培训的市场化、社会化、多元化改革，构建技能人才终身职业技能培训体系。探索“互联网+”职业培训课程新模式，创建面向技术技能人才的互联网学习平台，深化“金蓝领”培育工程，结合设立产业学院和实训基地，打造我国高素质产业工人队伍蓄水池。

二是深入开展各种形式劳动和技能竞赛，为技术工人和技能工匠搭建施展才华的舞台。要聚焦重大战略、重大工程、重大项目、重点产业，广泛深入持

久开展各类劳动和技能竞赛，深化技术革新、技术协作、发明创造、合理化建议、网上练兵和“五小”等活动，建设知识型、技能型、创新型劳动者大军；适应新冠肺炎疫情防控常态化，探索“云竞赛”形式，推动竞赛从国企向非公企业拓展，从传统产业向战略性新兴产业、现代服务业延伸，强化职业发展通道和晋升激励机制，激发产业工人创新创造的活力；推行设立首席技师、特级技师等岗位职务，探索实施技术、专利入股“分红”机制，推动能级工资集体协商制度化，为技能人才和大国工匠施展才华提供舞台，团结动员广大职工为我国高质量发展作贡献。

三是发挥创新工作室作用，培养和选树更多的大国工匠和工匠人才。支持重点企业和行业建设技能人才培养基地，鼓励企业成立劳模工匠、技能大师工作室，形成跨区域的科技创新联盟，推动建立高技能人才直接认定制度，促进人才职业资格融通发展。为创新工作室提供设备购置扶持基金，定期对创新工作室活动开展情况、技术创新情况、人才培养情况进行考核评估，并依据考评情况给予不同程度的经费支持，充分调动市场主体参与技能培训的积极性，推动更多技能人才成为大国工匠和领军人物。

四是弘扬劳模精神、劳动精神、工匠精神，营造有利于工匠技能人才脱颖而出的氛围。要广泛宣传技能人才在高质量发展中的作用，多层次多角度地宣传他们的成才之路，使技术工人以成为“金蓝领”而自豪，营造尊重劳动、崇尚技能、技能成才的氛围。要探索建立专项基金，提升产业工人职业荣誉感，根据对国民经济的贡献度，加大对产业工人创新发明的奖励。推荐先进模范作为“两代表一委员”人选，提高技术工人在劳模先进评选中的比例。消除对职业（技工）院校毕业生的歧视，增强职业培训对企业技能人才的吸引力。推动政府部门开展专题调研，及时听取职工对技能培训的意见和建议，各级工会要从源头参与政策制定实施等工作，增强相关政策的针对性和实效性。

（作者单位：江苏省总工会）

# 弘扬工匠精神之杭州实践

郑荣胜

习近平总书记关于工人阶级和工会工作的重要论述是习近平新时代中国特色社会主义思想的重要组成部分，充满着真理的力量和时代的光芒。

2016 年 4 月 26 日，习近平总书记在安徽合肥主持召开知识分子、劳动模范、青年代表座谈会时指出，“无论从事什么劳动，都要干一行、爱一行、钻一行。在工厂车间，就要弘扬‘工匠精神’，精心打磨每一个零部件，生产优质的产品”。

2017 年 10 月 18 日，习近平总书记在党的十九大报告中强调，“建设知识型、技能型、创新型劳动者大军，弘扬劳模精神和工匠精神，营造劳动光荣的社会风尚和精益求精的敬业风气”。把劳模精神和工匠精神写入党的全国代表大会报告，充分体现了党和国家对弘扬劳模精神、劳动精神、工匠精神的高度重视。

2020 年 11 月 24 日，习近平总书记在全国劳动模范和先进工作者表彰大会上强调，“要大力弘扬劳模精神、劳动精神、工匠精神”。“劳模精神、劳动精神、工匠精神是以爱国主义为核心的民族精神和以改革创新为核心的时代精神的生动体现，是鼓舞全党全国各族人民风雨无阻、勇敢前进的强大精神动力。”

2021 年 6 月 29 日，习近平总书记为湖南华菱湘潭钢铁有限公司焊接顾问艾爱国颁授“七一勋章”时说：“大国工匠，国家就需要你这样的人。”

2021 年 9 月，中国共产党人精神谱系第一批伟大精神正式发布，劳模精神（劳动精神、工匠精神）被纳入其中。同时，《人民日报》在同年 9 月 22 日、

10月3日和10月11日专门发表评论员文章，分别对劳模精神、劳动精神、工匠精神作了详细论述。

2022年4月27日，习近平总书记在致首届大国工匠创新交流大会的贺信中指出，“我国工人阶级和广大劳动群众要大力弘扬劳模精神、劳动精神、工匠精神，适应当今世界科技革命和产业变革的需要，勤学苦练、深入钻研，勇于创新、敢为人先，不断提高技术技能水平，为推动高质量发展、实施制造强国战略、全面建设社会主义现代化国家贡献智慧和力量”。

浙江是习近平新时代中国特色社会主义思想的重要萌发地。2016年9月3日，国家主席习近平在杭州出席2016年二十国集团工商峰会（B20）开幕式，发表题为《中国发展新起点 全球增长新蓝图》的主旨演讲时指出，“杭州是创新活力之城，电子商务蓬勃发展，在杭州点击鼠标，联通的是整个世界。杭州也是生态文明之都，山明水秀，晴好雨奇，浸透着江南韵味，凝结着世代匠心”。这是习近平总书记对杭州的高度褒奖和精准概括。

## 一、杭州在弘扬工匠精神方面的传统及现状

“匠心”是杭州文化的历史传承。杭州文化自古就蕴含着工匠精神的基因。5000多年前的良渚古城，先人用精湛的工艺打造出精美的玉器，这是“匠心”在古代制造中的杰出体现。北宋时期，杭州匠人毕昇发明的活字印刷技术，是印刷史上一次伟大的技术革命，被誉为中国古代四大发明之一。近现代以来，杭州诞生了胡庆余堂、杭剪张小泉、杭粉孔凤春、杭锦都锦生、杭扇王星记、毛源昌等一大批具有深厚历史文化底蕴的老字号企业，会聚了一大批知名工艺美术大师，被联合国教科文组织授予“工艺与民间艺术之都”荣誉称号。这种专心专注、至精至善的精神影响了一代又一代的杭州人，成为这座城市的内在特质。

“匠心”是追求极致的品格锻造。天下精工出江南，江南制造在杭州。杭州匠人用坚守、执着和创新，精雕细琢每一件作品：王星记一把扇面历经86道工序，铸就百年品牌；西子航空特种工艺精确到毫米的百分之一，成就大飞机

部件“杭州造”；从事汽车喷漆行业的杭州技师学院特级技师杨金龙和蒋应成，分别夺得第43届和第44届世界技能大赛汽车喷漆项目的冠军；还有年仅21岁的杭州拱墅区职业高中女教师石丹，在2019年俄罗斯喀山举行的第45届世界技能大赛美发项目中勇夺金牌、为国争光，成为首个在此项目获此殊荣的浙江选手。世代匠心凝结成杭州这座独具韵味别样精彩的世界名城，新一代“杭州工匠”用精致继续书写诗画江南、精工制造。

## 二、杭州在弘扬工匠精神方面的做法

2016年以来，杭州市在习近平新时代中国特色社会主义思想，特别是习近平总书记关于工人阶级和工会工作的重要论述指引下，积极探索弘扬工匠精神的路径和方法，积累了一些实践经验和体会。概言之，就是创时代之先锋，开全国之先河，占宣传之先机，争服务之先行。

首先是创时代之先锋。杭州市建设了一批像杭州工运史资料陈列室暨劳模工匠展示厅、工匠精神展示厅、工匠市集等工匠精神的展示基地、实训基地和研究基地。开展了工匠作品展、工匠论坛、技能比武等系列活动，挖掘提炼了“坚持坚守、敬业精业、专心专注、创新创造、至善至美、无私无我”的杭州工匠精神。选树了一批以朱炳仁、吴国林、杨金龙、葛小青等为代表的杭州工匠。出台了一系列关心关爱、培养培育、使用重用、鼓励激励、尊重敬重工匠的政策。

杭州市总工会以创建“工人先锋号”、创立高技能人才（劳模）创新工作室为载体，广泛组织职工开展“五小”活动，采取有效措施，尊重职工首创精神，激发职工创新热情，鼓励职工开展经济技术创新。开展上下联动，充分发挥工会“大学校”作用，整合工会组织优势与社会资源优势。与时俱进，进一步深化蓝领素质提升工程，在继续服务好传统蓝领技术工人的同时，进一步关注城市新蓝领群体的成长与发展，努力让工匠精神成为广大职工的主体意识和主流精神。

其次是开全国之先河。2016年以来，率先在全国开展了“杭州工匠”的认定工作，坚持以“高质量、宽容量、正能量、精数量、有力量”的原则和标准认定“杭州工匠”，并由杭州市政府发布。5 年共认定了 150 名“杭州工匠”，为社会大力弘扬工匠精神，培养造就有知识、有技能、有文化的高素质劳动者树立了榜样。2019 年 4 月 3 日，杭州市第十三届人民代表大会常务委员会第十八次会议审议决定，从 2019 年起，将每年的 9 月 26 日设立为“工匠日”，作为尊重工匠、关爱工匠、学习工匠、弘扬工匠精神的重要载体。这是全国首个以法定形式设立的“工匠日”。从 2019 年起，每年都以“9 · 26 工匠日”为载体，深入、持久、有效地开展“9 · 26 工匠日”系列活动，在全社会引起广泛的关注和好评。2021 年 9 月 25 日，全国首个劳模工匠文化公园在杭州市天目山路 363 号建成开放，其位于西溪国家湿地公园与西湖风景名胜区之间，占地 26 公顷。定位是杭州的新亮点，时代的新符号，文化的新地标，精神的新高地，休闲的新去处。劳模工匠文化公园将一流的生态与劳模精神、劳动精神、工匠精神完美地融为一体，让市民和游客在欣赏杭州美丽的山水风景之余，能受到劳模精神、劳动精神、工匠精神的洗礼和熏陶。杭州市总工会开展“劳模工匠进校园”系列活动，从小培养学生爱岗敬业、精益求精的精神。强化职业教育，让学生在锻炼技能的同时，将“创新基因”深植于心，加强企业的职业培训，构建科学合理的技术工人培训体系，使之真正成为能做事、会做事、做成事，并创造高效劳动价值的“工匠”型人才。

再次是占宣传之先机。弘扬工匠精神宣传很重要。杭州市总工会与杭州电视台合作，在全国率先制作开播了《杭州工匠》栏目，谱写并唱响了《工匠之歌》，建成开放了工匠精神展示厅，成立了劳模工匠宣讲团等一系列宣传活动，编辑出版了《逆流而上的力量》《劳模工匠心向党》等劳模工匠系列丛书。杭州市总工会改造建设了工匠坊，在城市阳台专门制作了“工匠日”灯光秀，地铁开通了“9 · 26 工匠日”专列，建立微信公众号，讲好工匠故事，做好工匠宣传。

最后是争服务之先行。在尊重工匠、学习工匠、争当工匠的同时，各级工会组织全面做好工匠的服务保障工作，真正体现政治上关心、工作上关爱、生活上照顾、权益上维护、素质上提升。2019 年，杭州在全国率先建成了劳模工匠协会，经过三年努力，各区县（市）、各产业工会都建立了劳模工匠协会，使得各级劳模、工匠有了自己的温暖之家。为了使劳模工匠素质得到不断的提升，同时有一个学习交流的平台，在杭州市总工会干部学校的基础上成立了杭州市劳模工匠学院。杭州每年组织工匠高质量的疗休养，为每位工匠发放了“匠心卡”，凭“匠心卡”可以在杭州市域范围内免费游览公园和乘坐公交车、地铁等公共交通工具，以体现对工匠的尊重和关爱。同时，杭州还强化了政策保障服务，加强了顶层设计，开辟了优秀技工的上升通道，完善了技能人才的评价机制与优秀技能人才奖励制度，大力评选表彰杰出技能人才，树立工匠精神先进示范，确保技能人才充分就业，提高“巧匠”“大匠”收入待遇，让劳动者无须为基本生存烦扰，充分享受自己的劳动成果。2020 年，杭州市技能人才总量 172.8 万人。其中，高技能人才占比达 34.97%，走在全国前列。

五年多来的实践与探索，工匠精神在杭州蔚然成风，已经成为广大劳动者的主体意识、主流精神和时代风尚，杭州正在努力打造成为贯彻落实习近平总书记关于大力弘扬劳模精神、劳动精神、工匠精神的重要指示批示精神的实践之地、示范之地，为争当高质量发展建设共同富裕示范区，努力打造世界一流的社会主义现代化国际大都市提供强大的精神动力。

（作者单位：浙江省杭州市劳模工匠协会）

# 加快建设知识型、技能型、创新型产业工人队伍的路径优化

刘若实

产业工人是新时代最直接的参与者和建设者，产业工人队伍建设的质量关乎新时代各项事业的建设水平。只有大力推进产业工人队伍建设改革，才能为我国经济稳定发展奠定人才基础。因此，要大力弘扬劳模精神、劳动精神、工匠精神，要努力建设高素质劳动大军，技术工人的培养、使用、评价、考核方面要有明确的机制作为保障。素质提升和技术创新是增强民营企业内生动力的重要引擎，激发广大产业工人的创新创造活力，调动产业工人提素建功的热情是关键。只有大力培养高技能产业人才，畅通人才发展通道，才能让越来越多的产业工人坚定走技能报国之路。

## 一、建设知识型、技能型、创新型产业工人队伍的现状及问题分析

本研究基于对浙江省5家纺织服装制造业公司为主的问卷调查，面向一线产业工人的职工卷共收到实际有效问卷981份；面向企业管理层和工会干部的非职工卷共收到有效问卷172份。

### （一）技能素质提升意愿强烈，但难以真正实现

首先，通过将职工卷和非职工卷数据作对比分析可以发现，产业工人对提升学历和技能的积极性较高，其中，30.81%的产业工人表示很积极，36.76%的产业工人表示比较积极，但也有22.70%的产业工人认为学历够用就行。而非职工卷显示，企业对提升产业工人学历和技能的积极性更高，其中，47.22%的

企业管理层和工会干部表示很积极，44.44%的企业管理层和工会干部表示比较积极。企业管理层和工会干部普遍认为企业对提升产业工人学历和技能的积极性较高，而实际上大多数产业工人却不这样认为。这说明企业在提升产业工人学历和技能上的举措还不够多，产业工人的参与率和满意度也不够高。

其次，通过深入了解技能等级和工资收入的关联度，可以发现，初级工（五级）的每月工资收入为3000~5000元。相比初级工（五级），中级工（四级）、高级工（三级）、技师（二级）和高级技师（一级）的每月工资收入为5000~8000元。当产业工人被问到影响自身学历和技能提升的最大原因时，54.05%的产业工人表示时间精力不够，14.59%的产业工人表示找不到有效途径，还有8.65%的产业工人表示是因为费用问题。这几个因素在很大程度上影响了产业工人提升学历和技能的积极性。由于产业工人主要通过延长工作时间来获取更多劳动报酬，因此导致产业工人学习时间非常有限且呈碎片化状态。

### （二）参与劳动和技能竞赛的机会较少，参与积极性不高

当被问到近一年来，所在单位是否开展过劳动和技能竞赛时，产业工人表示开展过劳动和技能竞赛的占47.57%，没有开展过的占29.19%，不清楚的占23.24%。而企业管理层和工会干部表示开展过劳动和技能竞赛的占83.33%，没有开展过的占8.33%，不清楚的占8.34%。从产业工人参加本单位组织的劳动和技能竞赛（岗位练兵、技术比武等）积极性来看，职工卷和非职工卷呈现的结果也不太一致。职工卷显示，产业工人参加劳动和技能竞赛的积极性比较一般；而在非职工卷中，63.89%的企业管理层和工会干部认为，大多数产业工人都积极参加。

### （三）培养重视不够，教育经费提取和使用情况不容乐观

通过调查发现，60%以上的企业管理层和工会干部认为，企业用于职工教育培训的经费低于职工工资总额的8%；12.50%的企业管理层和工会干部不清楚经费提取情况。2019年5月，国务院办公厅颁布《职业技能提升行动方案（2019—2021年）》，要求企业足额提取和使用职工教育经费，用于一线职工培训经费占比60%以上，企业职工教育经费税前扣除限额提高至工资薪金总额的

8%。当问到用于一线职工的职工教育经费所占的比例时，61.11%的企业管理层和工会干部不清楚是否达到60%，这说明相关政策还没有真正得到落实。

## 二、建设知识型、技能型、创新型产业工人队伍的路径优化

### (一) 强化思想政治建设，让产业工人心有所属

一是加强产业工人队伍的党建。提高非公企业党组织覆盖面，扩大党组织中技术能手、青年专家、优秀工人的占比。2021年，浙江省委组织部、省总工会共同制定《关于加强在新时代产业工人中开展“推优入党”工作的实施意见》，开展面向产业工人的“推优入党”。在优秀产业工人中发展党员，同时积极适应新经济新就业形态发展需要，增加非公企业、社会组织、特色小镇和楼宇商圈等领域的党员比重。通过提高产业工人群体中部分人的政治觉悟，从而带动整个产业工人群体的发展。2022年，浙江省在各级产改试点企业开展“守好红色根脉·班前十分钟”活动，也已经取得了明显成效。

二是强化产业工人思想政治引领。创新思想政治工作方式方法，提升产业工人主人翁意识。注重培养产业工人的理想信念、职业精神和职业素养，弘扬“三个精神”。广泛开展形式多样，接地气、通俗化、互助式的宣讲活动，努力营造劳动光荣的社会风尚和精益求精的敬业风气。

### (二) 加大产业工人队伍建设改革力度，让产业工人“能有所得”

一是产业工人队伍建设改革面临“四个新”。从目前来看，产业工人队伍建设改革面临新形势新任务：一是推进产业工人队伍建设改革面临新要求；二是实现“十四五”规划目标，推进产业工人建设改革面临新任务；三是推进产业工人队伍建设改革面临新挑战；四是推进产业工人队伍建设改革面临新课题。

二是以职工为中心，聚心聚力切实增强职工的获得感。充分激发产业工人的积极性，让职工来说话；注重优先安排与职工切身利益和福祉息息相关的改革项目；在回应职工诉求，解决职工最关心、最迫切需要解决的问题上，有实质性的突破。

（三）加强队伍建设，让产业工人“技有所长”

一是探索适合本企业的技术技能提升路径。创新完善技能人才激励机制，打通技能与技术之间障碍。以打造知识型、创新型和技能型产业工人队伍为重点，组织动员广大产业工人为奋力夺取新冠肺炎疫情防控和实现经济社会发展目标双胜利建功立业。拓宽产业工人发展空间，例如，浙江吉润春晓汽车部件有限公司率先推进一线技能员工星级发展通道，从专业工龄、职业资格、技能要求、人才培养、技能传承、专业成果和年度绩效等维度进行评价，评价结果与薪酬回报直接相关。

二是拓展产业工人技能竞赛和技能培训体系。统筹发展民营企业职业培训和职业院校教育，落实终身职业技能培训制度。注重工匠名师技艺传承，落实绝技绝活代际传承，加大对产业工人创新创效扶持力度。通过以赛代练的方式，充分挖掘各个岗位上的能工巧匠。深入推进创新工作室建设，在制造行业范围内深耕精雕细琢、精益求精的工匠理念。通过技能等级认定助推产业工人素质提升，例如，浙江顺虎铝业有限公司成为浙江省首批企业技能等级认定试点单位，企业可自主开展人才鉴定，获得职业技能等级证书，并可享受职业培训经费补贴，并积极推进能级工资集体协商，让职工受益，并进一步调动企业推行产业工人队伍建设改革的积极性。

（四）强化服务保障，让产业工人“权有所依”

一是强化产业工人队伍稳定工作。稳定压倒一切，特别是这两年，我们需要密切关注因新冠肺炎疫情引起的劳动关系矛盾，精准研判，统一思想、凝聚民心，化解矛盾，做好宣传，增强产业工人思想政治引领的实效，维护劳动领域政治安全。

二是做好帮扶救助和解困脱困工作，推进“三治融合”进企业。进一步增强面向非公企业产业工人的公共服务能力，促进农民工融入城市、稳定就业、子女入学。关注产业工人身心健康，面向一线产业工人，组织开展免费疗休养、健康体检等。开展产业工人心理关爱行动，搭建心理健康服务线上线下一体化平台。

（作者单位：浙江省总工会干部学校）

# 论地方工会培育工匠人才的理论依据与实现路径

邵月娥

2022年4月，习近平总书记在致首届大国工匠创新交流大会的贺信中指出，技术工人队伍是支撑中国制造、中国创造的重要力量。其中，具有工匠精神的技术人才，更是新时期各产业发展所需要的宝贵人才资源。2017年，中共中央、国务院印发《新时期产业工人队伍建设改革方案》，提出要造就一支有理想守信念、懂技术会创新、敢担当讲奉献的宏大的产业工人队伍。2021年修订后的《中华人民共和国工会法》，把产业工人队伍建设改革写入其中，为工会组织牵头负责的产业工人队伍建设改革工作提供了法律依据与支撑。工会在培育工匠人才方面具有理论基础和实践经验，肩负着时代重担。

## 一、工会培育工匠人才的理论基础

工会培育工匠人才具有理论基础，微观层面是基于人力资本理论，中观层面是基于社会交换理论，宏观层面是基于公共选择理论。

### （一）人力资本理论

20世纪60年代，美国经济学家舒尔茨和贝克尔创立人力资本理论（Human Capital Theory）。该理论认为，与物质资本（厂房、设备等）相对应，人力资本主要是指对生产者进行教育、职业培训等支出及其在接受教育时的机会成本等的总和。基于此理论，工会应发挥工会大学校的教育职能，立足市场需求，开展职业培训、搭建竞赛平台，加大对工匠人才的培养投入，扩大高技术知识型人才比重，选树和培育各类工匠人才，推动社会各行业实现高质量发展。

### （二）社会交换理论

社会交换理论（Social Exchange Theory）产生于20世纪50年代末。该理论认为，社会交往中报酬与代价的关系是核心，社会交往的基本原则是公平交换、互利互惠，一旦报酬与代价出现不对等，就会导致交往中的一方产生不满情绪，这就可能最终使交往关系中断。基于此理论，工会在企业与职工之间充当中介角色，工会参与工匠人才培育与选树，为职工提供理想的发展环境和更高质量的培训教育，能够满足工匠人才内心获得尊重与肯定、实现自我成就的需求，出于平等交换心理，人才也会通过更加努力的工作与创新，为企业创造更高的效益价值，促使企业愿意将更多的资源投入对工匠人才的培育当中，从而实现互惠互利的良性循环。

### （三）公共选择理论

公共选择理论（Public Choice Theory）的创立可追溯到20世纪40年代末，是指利用非市场决策的方式，对资源进行配置的一种机制。工会组织作为连接政府与职工的桥梁和纽带，职工通过工会表达意见、提出诉求，工会将相关意见诉求传达给政府，并以工人组织的身份参与政府决策，发挥民主决策作用。政府通过工会改变人才培养的资源调配方式，加强对产业工人的思想政治引领，对个人选择偏好与需求倾向进行引导，培育更多的工匠人才。

## 二、地方工会培育工匠人才面临的问题

目前，工会组织主要通过实施常态化职业培训、开展各类行业劳动和技能竞赛活动、宣传工匠精神等方式培育工匠人才。虽取得一定成效，但在系统化工匠人才培养上存在不足。

### （一）培养水平不高

工会组织开展的职业培训，内容侧重于基层职工的职业知识与技能、职业道德意识和法律意识的普及提升，一些前沿知识和高端专业技能培训相对缺乏，难以满足工匠人才的高层次需求，培育的效果不足。工会组织的劳动和技能竞

赛覆盖行业和职工范围相对较小，众多的小微企业并未定期组织相应的劳动技能竞赛活动，培育的规模不够。

（二）激发创新意识不够

部分有一定学历和职业技能的产业人才，之所以不能够成为工匠人才，主要就是缺乏必要的创新精神。工会组织的职业培训内容很少涉及创新知识，能够有资格参与工会组织的创新技能大赛的职工人数较少，基层工会也普遍缺乏对职工的知识更新和创新能力的激励，在一定程度上影响了工匠人才的培育效果。

（三）防控人才流失乏力

随着区域间的人才争夺战日益白热化，一些发达地区的政府和企业通过制定许多优惠政策条件以吸引外来人才落户发展。如果在区域竞争力和员工薪酬水平方面优势不明显，区域人才吸引力和集聚力相对不强，容易导致人才的外流现象。作为地方工会组织，应当肩负起激励和留住会员职工在本地发展并努力减少人才恶性流失的职责。尽管一些地方工会组织也通过深入企业调研面临的人才困境问题、加强和有离职意愿的职工的交流，以图挽留人才，但总体来看收效甚微。

## 三、地方工会培育工匠人才的路径探析

（一）整合工匠人才资源

一是建立动态人才发现机制。安排工会专兼职人员深入生产一线，对基层产业工人进行动态化观察，并在日常工作中加强与产业工人的交流，发现具有工匠潜质的产业工人，及时制定个性化的工匠人才培育计划，通过思想引导、技术培训、资源支持等方式全面加强对这些人才的培养和塑造。二是组织行业技能竞赛。一方面，竞赛内容应包含技术理论、技术实践、职业态度、创新能力等多个方面；另一方面，竞赛的程序和评审的过程都要保证公开、公平、公正，绝不能走形式化，竞赛所得出的结果要长期公示，并接受广大基层职工的监督。三是建立工匠人才档案。工会通过广泛挖掘和收集优秀人才的信息，完

善建立工匠人才档案，进行信息化管理，整合匠人的能力特点、技术特长、创新成果等，为其搭建合作交流平台，充分发挥优势所长。

（二）加大对工匠人才的激励力度

一是技能导向政策激励。从技术性人才的需求看，工会应该通过提供技术培训与自学资源，满足成长需求；通过提供畅通的职业发展渠道，满足发展需求；通过提供技术贡献荣誉奖励，满足成就需求。从工会倡导的职工文化看，需要大力弘扬“执着专注、精益求精、一丝不苟、追求卓越”的工匠精神。从企业行政看，工会应争取提高技术型人才的薪资待遇，使之与职工技能水平相挂钩。二是打造创新服务平台。工会应该通过创建工匠人才创新工作室，争取企业为优秀人才提供人员、资金、设备、场地、材料等资源支持。同时，也可通过整合资源自建产业创新基地，配备专业设施设备，提供专业技术指导。三是构建价值展示平台。搭建匠人擂台赛，以技术实力、产品品质、创新性等作为评分标准，将过程与结果通过工会宣传渠道对外公开，作为技术模范长期公示。探索建立跨类别、跨行业、跨单位的创新工作室联盟，推动劳模、工匠、技师“联智联技”，为区域高质量发展“聚能、赋能”。

（三）完善人才吸引机制

一是建立需求调研机制。工会需要深入基层调研工匠人才的需求，进行科学分析，精准满足工匠人才的具体需求；结合区域因素分析，优化营商环境；利用工会所长，开展丰富多彩的职工文化活动，营造和谐的劳动关系环境，吸引更多企业进驻。二是建立离职应急预案。工会应该协助企业建立职工离职应急预案，内容应当包含人才离职先兆预警机制、人才离职意愿分析、人才离职原因分析、人才离职交流机制、人才离职挽留机制、人才离职交接程序管理制度、离职损失防控措施、离职后总结反馈机制等，全面给予指导。此外，工会还要协同企业建立畅通有效的离职优秀人才返聘召回渠道，同时对返聘人才待遇的公平性进行监督。

（四）加强工会自身建设

一是加强工会组织机构体系建设。完善县级工会、乡镇街道级工会、企业工会、园区工会、工会委员会的设立，形成完整的纵向组织体系；同时根据行业领域、职工特点差异，建立产业工会、女工工会等，从横向上加强工会组织服务网络精细程度，形成全面覆盖的综合工会领导和服务网络。二是加强工会组织的规范化建设。通过建章立制，基于工匠人才对工会服务的实际需求，动态性地审核工会制度适应性，定期对工会制度进行优化、调整、完善、补充，注重各项制度的时效性与可操作性，规范工会各项活动，为工匠人才培育提供坚实的组织基础和制度保障。

（作者单位：安徽省总工会干部学校）

# 关于福建省技术工人队伍建设的实践与思考

福建省总工会

劳动者素质对一个国家、一个民族发展至关重要。推进产业工人队伍建设改革，建设知识型、技能型、创新型劳动者大军，是推动高质量发展、实施制造强国战略、全面建设社会主义现代化国家的重要战略支撑。近期，福建省推进产业工人队伍建设改革领导小组办公室通过走访部分福建省产改领导小组成员单位、设区市产改领导机构、职业院校和相关企业，重点围绕推进福建省技术工人队伍建设工作展开调研，并形成报告如下。

## 一、基本情况

2018 年 12 月，福建省委出台《关于推进新时代福建产业工人队伍建设改革的实施意见》。2019 年初，福建省委成立省推进产业工人队伍建设改革领导小组，由 36 家相关厅局共同组成。在福建省委、省政府的领导下，各级产改领导小组和各相关单位、各级具体牵头负责及工作部门以习近平新时代中国特色社会主义思想为指导，进一步提高政治站位、强化责任担当、聚焦重点任务、完善工作机制，使福建省技术工人队伍得到全面加强，技能素质得到不断提升。截至 2021 年底，福建省新增技能人才 12.53 万人，技能人才总量达 680.24 万人，技能人才数占就业人口数比例为 30.84%，其中高级技能人才新增 3.04 万人，总量达 209.16 万人，高技能人才占技能人才比重为 30.75%。其中，获得国务院政府特殊津贴的高技能人才 60 人，获得“中华技能大奖”荣誉称号 5 人，获得“全国技术能手”荣誉称号 126 人，获得“福建技术能手”荣誉称号 1084 人。

## 二、主要做法

落实“政治上保证、制度上落实、素质上提高、权益上维护”的总体思路，以全面深化产业工人队伍建设改革为契机，打造四大工作品牌。

一是打造“红色基石”品牌，把思想引领作为推动技术工人队伍建设的奠基石。在“五一”国际劳动节期间，福建省集中广泛开展“红五月”系列活动，通过开设系列宣传专栏专题专版及推出特别节目《时代先锋》、公益广告“致敬劳动者”、抖音短视频“致敬劳模”等多种方式，大力弘扬劳模精神、劳动精神、工匠精神。依托林祥谦烈士纪念堂、潮江楼王荷波纪念馆和全国第一家中央苏区工人运动史馆的工运历史资源，举办主题活动，夯实技术工人坚定不移听党话、矢志不渝跟党走的思想基础。

二是打造“工匠学堂”品牌，把技能培训作为推动技术工人队伍建设的加速器。福建省总工会立足福建特色和产业特点，投入1400万元打造“八闽工匠学堂”线上职业技能培训平台，为广大一线产业工人提供公共性、公益性、开放性、综合性线上职业技能培训，不断完善学习记录、线上测评、证书颁发、补贴申请、积分兑换、技能等级评价等配套服务。目前，平台总注册人数达10.6万人，参与学习人数达5.4万人，完成学习3.2万人。2022年，计划上线第三期50门工种课程，并在福建省确定100个民营企业产业工人技能培训点；在“十四五”期间，选定10个行业（工种）每年每个行业各培养1000名，总计10000人以上的高级技术人才，助力打造知识型、技能型、创新型劳动者大军。

三是打造“主题竞赛”品牌，把技能提升作为推动技术工人队伍建设的突破口。“十三五”期间，福建省总工会联合80余家单位，共举办224场省级职工技能竞赛，涉及807个工种，范围涵盖各行各业，直接参赛人数达1500万人次。不断探索和推动“市场化”“实战化”“平台化”的竞赛项目，培育一批在全国有影响力的典型案例，如海峡信息赛“市场化”创新竞赛案例入选“全国非公企业竞赛案例集”；建设行业竞赛“实战化”创新竞赛经验被《工人日报》报道。2020年5月，福建省总工会主动适应疫情防控常态化，探索以“云竞赛”形式组织开展劳动和技能竞赛，在融媒体平台启动2020年福建省劳动和技能竞赛，直播活动全网观看量达百万人次；2022年1月，启动福建省首届数字工匠技能大赛。

四是打造“园区枫桥”品牌，把权益保障作为推动技术工人队伍建设的强心剂。福建省总工会在全国首创职工法律服务“园区枫桥”机制，以职工法援工作室、劳动关系调解工作室、劳动仲裁庭和劳动法庭为基础单元，以一站式服务为基本表征，以工会、司法、法院多元参与为基本形式，以多方联动为职工优选权益维护路径、推动园区劳动关系和谐为工作基点，力求通过“大法务”服务，扩展职工维权的边界，丰富法律维权服务项目。目前已在福建省12个试点园区建立了“园区枫桥”职工法律服务一体化工作机制，着力构建和谐稳定的劳动关系，维护劳动领域的政治安全。

## 三、存在的主要问题及原因分析

在调研中，我们发现技术工人队伍建设中存在三个比较“突出”的问题和难点。一是制造业缺工情况突出。根据2022年第一季度的数据统计，福建省一线技术工人用工需求明显增加，制造业用工需求占比52.38%，其中生产运输设备操作工缺工近9万人。二是高技能人才供求矛盾突出。福建省高级工以上技能人才人力资源市场求人倍率长年维持在1.5~2.0，市场供求矛盾较为突出，企业对高级工以上技能人才需求较多，但符合企业要求的技能人才不足。三是年轻工人“跳槽”问题突出。一线年轻工人跑路转行现象普遍，很多年轻工人干几个月就换一个地方，一线工人流失率在30%左右。受工资福利待遇、生产生活条件、职务“天花板”等因素影响，年轻工人更愿意从事工作时间较灵活、收益较高的服务业，由此外卖员、快递员成为制造业工人转行的主要选择。

出现上述问题，主要原因如下：一是应届毕业生选择工人职业的意愿不强。应届生普遍对入职企业意愿不强，大部分应届毕业生首选还是考研升学、参军等多种暂缓就业渠道。从企业来说，企业管理岗和技术岗对应届生素质要求高、需求有限，而生产一线岗位数量较多，但是较为艰苦，对应届生吸引力不大。

二是供方市场总体不活跃。一方面，有一定工作经验的、较为成熟的专业人才在市场上流动、求职的较少；需要持资质证书上岗的岗位，提供的薪酬偏低又难以聘请到需要的工人；一般专业技术类岗位及研发类岗位依旧存在“招聘难”的问题。另一方面，福建省的企业提供的薪酬待遇与系统内相当职级岗位薪酬基本持平，但与外省发达地区相比，仍难于吸引并留住优秀技术工人。三是优质培训资源依然短缺。目前福建省各类优质培训课程体系、培训机构、实训场所、师资力量，以及优质线上培训资源较为短缺，相较于发展经济所需要的技术工人规模和技能水平还有差距，高质量培训资源有待进一步挖掘。四是企业主体责任发挥不到位。大多数企业，尤其是小微企业，认为中高级技术工人从事的是无差别劳动。不少企业担心工人提升技能后，会因不满足企业提供的待遇而走人，因此普遍不重视或不愿意投入培训。

## 四、思考和建议

加强技术工人队伍建设是促进产业转型升级、建立现代产业体系的重要支撑，是推进产业工人队伍建设改革的重要内容。为此建议，积极探索打造“引才、育才、留才”综合性平台，推动技术工人“提质增量”。

### （一）打造“引才”平台，逐步增加工人数量

一是建立完善系列激励措施。根据技能人才的不同学历、经历、能力等，制定不同的福利待遇政策，吸引技能人才来闽留闽工作，也引导福建省在外务工的技能人才回闽工作。二是推进工匠学院规范化建设。结合福建省民营经济最大特色、最大优势、最大资源特点，建设符合产业发展需求的工匠学院。推动上市企业、国有企业建立工匠学院，引导带动产业链、供应链上下游企业、中小微企业开展职工技能提升培训。三是支持校企共建职业教育实训基地。积极推进校企共同设置专业人才培养方案，开发创业课程和教学内容，自主培养一批高技能创新型人才，增强服务福建省产业转型升级和培育技能型人才的能力。

### （二）打造“育才”平台，着力提高技能水平

一是推动专业化职业培训。结合先进制造业和现代服务业发展需要，加大

和拓宽职业培训补贴力度与范围，统筹部分财政资金用于补贴性职业技能培训。引导企业发挥技能人才培养主体作用，支持企业通过建立职工培训中心、行业性职业技能培训联盟等开展职业技能培训。培育一批优质职业技能培训机构，推进培训内容、培训师资、培训生态建设。同时，重点针对高技能人才的培育，因材施教，制订合理的培训计划和专业方向，提高高技能人才比例。二是推动深化学历教育。强化培养技术工人力度，建立职业院校专业结构动态调整机制，实现与产业结构布局同步调整升级，形成紧密对接产业链、创新链的职业教育专业体系。推进福建版“二元制”人才培养模式升级，形成职业院校和行业企业联合培养、协同育人的长效机制，聚焦重点企业、重点项目，扩大面向企业在职员工的招生规模，提升现有产业工人的学历水平。三是推动竞赛提质增效。大力开展多领域、多工种职工技能竞赛，把竞赛打造成为推动重大产业发展、提升职工技能素质、拓展职工职业发展通道的重要平台。充分发挥企业在组织劳动和技能竞赛中的主体作用，围绕提升产业链、供应链现代化水平，激发职工创新创造热情，提高全员劳动生产率，增强企业活力、创造力和竞争力。

（二）打造“留才”平台，不断提升归属感

一是改进技能评价方式。围绕福建省产业发展需要、职业发展趋势、人才发展需求，不断培育壮大职业技能评价机构，加强评价能力，稳步扩大评价工种数量。突出高标准、高质量，打造一批省级示范性评价机构，引领企业、技工院校（职业院校）、社会评价机构不断增强评价能力水平，提高技能评价含金量。二是落实薪酬福利待遇。健全“新八级工”职业技能等级制度，畅通技能人才成长通道，引导企业使用技能人才薪酬分配指引，提高技能人才薪酬及福利待遇水平，逐步拓宽高技能人才与专业技术人才成长贯通领域。三是强化基础保障。为引进技术人才在医疗、子女入学等基础公共服务方面提供便利。为高技术人才量身定制个性化引才措施，对先进制造业、现代服务业等重点领域和先进光电芯片、电动汽车等科技领域人才精准施策。安排专项资金预算，按照在闽工作年限、工作能力、工作贡献，对高技能人才进行精神鼓励和物质奖励，加强高技能人才的获得感和成就感。

# 浅析企业荣誉管理体系的建构
## ——以南昌印钞有限公司实践为例

龙铭　刘韩沛

南昌印钞有限公司（以下简称南钞公司）高度重视劳模工匠示范引领作用的发挥，围绕社会主义核心价值观、企业发展理念双落地，以及员工与企业同成长，大力倡导劳模精神、劳动精神、工匠精神，创新构建荣誉管理体系，形成了集劳模工匠培养选树、激励引导、关心关爱为一体的管理机制，团结动员广大职工为推动高质量发展贡献智慧和力量。近期，江西省总工会对南钞公司荣誉管理体系的构建历程，采取的方法举措，以及形成的成果经验进行了调研。

南钞公司将企业发展理念融入荣誉设置、机制支持和仪式安排全过程，系统建构并不断优化企业荣誉管理体系，为南钞公司高质量发展提供了强大的精神动力和人才支持，形成了人心思进、人皆可为的企业生态。自2016年荣誉管理体系实施以来，南钞公司共推选获评“全国技术能手”“江西省劳动模范”“江西省能工巧匠”“洪城工匠”等荣誉称号60余人。

### 一、激发内驱力，搭建企业荣誉新框架

南钞公司将社会主义核心价值观作为企业荣誉的重要价值标准，以系统激励为路径，对公司荣誉进行科学设计，搭建了覆盖党群行政4个序列、4个层次，包括10类集体奖项和37类个人奖项的荣誉框架。

第一，变任务导向为价值观导向。针对以全年任务完成情况作为评优主要依据存在片面性、价值属性模糊的问题，全新构建荣誉框架并将价值观导向内嵌其中，引导职工争做担当作为、推动发展的领跑者、排头兵。在荣誉管理体

系实施的第一年，南钞公司在年度先进评比中，首次设立精进、精工、精益三个层次的“优秀员工奖”。该奖项设立与“精制南钞”的企业文化理念契合。当年有4位长期敬业担当、奉献企业的职工当选首批优秀员工，成为与南钞公司同呼吸、共命运的代言人。此后，围绕社会主义核心价值观落地，南钞公司先后设立了担当作为、敬业奉献、文明服务、诚实守信、助人为乐等七个类别的“南钞榜样奖”，在集体荣誉方面增设“文明窗口”奖项。在扶贫攻坚、市场开拓、义务献血等方面的典型代表成为企业第一批榜样人物。通过个人与集体荣誉的设立、代表的选树，社会主义核心价值观有了实践载体和诠释主体。

第二，变单次激励为持续激励。基于尊重历史贡献、注重现实创造的原则，设立“优秀员工奖”。以年度先进个人为基准，将其他各级各类荣誉折算分值，实行个人历次荣誉积分累计、积优晋级，9次以上可获“优秀员工奖”，鼓励员工自我驱动、持续进步，以此解决荣誉一年有效、精神激励不足，先进缺乏持久性、成长性等问题，打破企业员工成长“天花板”。在物质激励上，加大单次奖励力度，并根据优秀员工的级别，对应地奖励岗位工资直至退休。

第三，变窄赛道、长赛程为多赛道、短赛程。为避免评先推优工作中的马太效应，扩大覆盖面，加大奖励力度，既奖“全能冠军”，也奖“单项冠军”，既表彰领跑者，也鼓励后程发力的进取者。在集体荣誉设计上，将原来20个部门分生产、非生产两大序列，每年评选两个先进部门，改为划分五大序列，每个序列3~5个部门，每年产生3~4个先进部门，有效解决长期以来非核心业务部门无缘先进的问题。2019年，为进步明显的部门设置台阶，特别增设“进取部门奖”，鼓励各部门不甘落后、进位争先。在个人奖项的设置上，扩大行政序列年度先进个人比例，从2015年的3%增加到2020年的8%。除了劳模、工匠、先进个人这样的“全优生”，还通过岗位能手的奖项设置，鼓励有一技之长的“特长生”。2020年，针对生产经营中的重点、难点、薄弱点，岗位能手在已有的十个大类里增加了生产攻坚、安全行车、服务保障、项目管理等方面的七个子奖项，并同步增加了数量。通过扩大奖励类型和基数，激发职工立足岗位、奋发进取的动力。

## 二、打造系统性，搭建价值同构新机制

南钞公司将社会主义核心价值观作为公司荣誉制度的法理基础，设立与之高度契合的荣誉评价规则、制度支持体系和支撑平台，搭建企业荣誉制度体系的“四梁八柱”。

第一，科学设计评价规则。按定性与定量相结合的原则，把抽象的价值观要素，转化为具体、可衡量的考核指标，分职能类别、对象群体逐一设计评比规则，给各类各级先进精准画像，产生了37个类别60个评价标准。定量评价既有组织绩效、个人绩效等共性指标，又有针对生产、管理、创新、服务等不同岗位的差异要求，以年度绩效评价为基础，突出业绩导向，将参与重大项目、重点工作、劳动竞赛等可公开、可量化的数据作为评价依据。定性评价强调作风、素养、团队，明确先进标杆在岗位履职、攻坚克难、文明创建、文化引领、群众公认等方面的示范带头作用，设置精神文明门槛条件、负面行为清单。通过评价规则的结构化安排，做到从实事、实绩中看能力，从要事、急事、难事中看担当，让“业绩好、作风优”成为先进典型的“双保障”。

第二，系统设置制度保障。通过一揽子制度设计、调整，为南钞公司的《荣誉管理办法》顺畅运行提供配套对接。其中，南钞公司企管规划部的组织绩效评价办法及实施细则、人力资源部的员工个人绩效评价办法，为公平、公正、科学地产生各类荣誉提供了底层制度支持。此外，《劳模创新工作室管理办法》《先进操作法（自制工具）管理办法》的建立，为鼓励基层员工开展创新活动、创造新的工作业绩提供了长效机制。在良好的制度引导下，基层创新创意氛围不断增强，层出不穷的职工创新成果，也为其荣誉成长奠定了基础，而劳模创新工作室也成为项目攻关、人才培养与基层创新的孵化器。

第三，做精做优平台支持。注重多层次、差异化平台建设，通过不断优化规则、公开评审展示，营造人人皆可为、人人皆有为的工作氛围。南钞公司工会围绕企业目标任务和复合型队伍两大目标，调动专业部门和基层两个积极性，

构建了涵盖生产经营各领域的4大序列3个层次劳动竞赛体系，不仅为全体员工提供了岗位建功平台，同时也为荣誉评价提供了公平公正的一手数据。全员创新创意系统更成了鼓励基层员工展示才华、为企业献计献策的工作平台，近年来共收到员工申报的生产工艺改进、管理服务提升等创新创意近2000条，是产生创新类岗位能手的重要渠道之一。

## 三、注重荣誉感，提供价值认同新体验

南钞公司通过各类场景安排、主题实践活动以及对标方法论的应用，注重精神激励效应，精神、物质激励双管齐下，在企业形成崇尚劳动、见贤思齐、对标提升的浓厚氛围。

第一，彰显荣誉权威。南钞公司制定《荣誉管理办法》，明确了企业荣誉的评审主体、表彰主体、颁授主体，成立由公司党政一把手牵头的荣誉评审委员会，统一荣誉称号、评审程序、奖励标准和奖励待遇，形成规范科学、公平公正的荣誉管理流程，从而确保了荣誉形成的权威性、影响力。年度表彰大会作为开年重要活动安排，已经成为南钞公司的惯例。由南钞公司领导、重要来宾对劳模工匠、优秀员工、先进集体和个人进行颁奖，颁发特制纪念奖杯、荣誉证书，彰显荣誉表彰的权威性，给获奖员工以强烈的荣誉感、尊严感和归属感。

第二，提供生动场景。近年来，南钞公司在庆祝重大纪念日的仪式活动中，让劳模工匠、优秀员工等以庄重的形象出现在最显眼的位置，并安排典型代表参加最重要的环节，体现企业对奋斗者的最高礼遇。通过充满仪式感的场景安排，让全体参与者产生强烈的情感共鸣和价值认同。日常工作中，南钞公司开展多维度、立体式榜样宣传，以榜样墙、群英谱、企业网站、微信公众号、视频展播、展板等宣传载体，大力宣传先进典型和劳动模范，形成“劳动光荣、创造伟大”的场域效应。

第三，传播奋斗精神。构建公司、部门、班组三级宣传阵地，开展劳模故事宣讲系列活动，使践行社会主义核心价值观的先进故事、生动案例，口口相

传，深入人心。近年来，南钞公司先后组织了以“致敬匠心”“精进、传承、创新”“聚焦一流，同创未来”“臻善印务，传递信赖和精彩”为主题的劳模先进故事分享会。每年的主题将南钞公司的企业发展理念内核化，通过深挖、提炼、打磨，让典型人物的奋斗故事、感人细节，鲜活立体地呈现在员工面前。

第四，体现关心关怀。一方面，关注先进的素质提升与持续成长，在常规技能培训、素质提升等培训课程之外，组织劳模先进参加精品课程、外出学习交流，满足先进多元素质提升、持续成长需求。另一方面，提供增值服务。组织劳模先进参加疗休养活动，安排增值体检服务，以更多的资源投入，增加荣誉价值砝码，激励职工在岗位上建功立业。

南钞公司在实践中不断提升和丰富企业荣誉管理体系，通过鲜明的价值导向、科学的制度机制，为员工自我实现、持续成长提供了节节攀升的通道，打开了员工价值彰显和企业价值提升的“双赢”新局面。各领域优秀人才竞相涌现，一批业务骨干在企业各项重大任务、重点项目中攻坚克难、挺立脊梁，背后的荣誉制度体系功不可没。这一制度也将在不断迭代升级过程中为企业高质量发展持续赋能。

（作者单位：南昌印钞有限公司）

# 浅析强化工匠培育与城市发展的叠加路径

## ——以青岛市为例

潘思晓

2022年4月，习近平总书记在致首届大国工匠创新交流大会的贺信中指出，技术工人队伍是支撑中国制造、中国创造的重要力量。以各级工匠为代表的高技能型技术工人在数量、质量和结构上与城市产业发展匹配与否，直接影响着产业结构转型升级、创新驱动发展战略实施、城市能级提升的效率。当前，随着产业工人队伍建设改革持续深入，全国各地竞相推出新政，厚植工匠培育沃土。以制造业大市青岛为例，打造新时代“工匠之城”，把“岛城工匠”培育计划上升到城市发展顶层规划，促进工匠人才培育体系持续优化、能工巧匠竞相涌现、引领带动作用愈加明显，但经广泛调研了解，青岛市仍存在工匠人才培育工作与城市发展战略结合不紧密、作用不突出等症结，主要表现在：

一是高技能人才的供需结构发展不平衡。从统计数据分析看，青岛市目前拥有产业工人221万人，其中技能人才总量达117.6万人，高技能人才29.6万人，占技能人才总量的25.17%，每年平均新增高技能人才1万多人，但主要集中在智能家电、轨道交通装备、高端化工、海洋装备等优势产业，特别是国有大中型企业和骨干企业，高技能人才比重超过40%。高技能人才在非公企业短缺的现象十分突出，导致人工智能、生物医药及医疗器械等新兴产业，深海开发、海洋物联网等未来产业中高技能产业工人培育发展力度呈现弱化趋势。

二是工匠人才的工资薪酬与待遇水平仍然偏低。目前，青岛市的人才政策主要向人才引进环节倾斜，人才留用环节的配套政策仍有待完善。例如，当前青岛市整体工资水平还偏低，城镇非私营单位和城镇私营单位的平均工资与深圳等高能级城市相比存在较大差距。较低的工资水平使工匠与技能人才对当前薪酬的不满意程度明显偏高。除工资收入之外的配套激励机制如岗位聘任、医疗、子女教育等，也还有待进一步完善。

三是技能人才的职业认可度不高。受传统观念影响，重学历、轻技能的问题仍在一定范围内存在，争做“白领”、不当“蓝领”的现象较为突出，根本原因在于身份不同引起的待遇地位及职业发展差别。调研发现，尽管部分企业已经认识到解决上述问题的重要性，设置了管理人才、技能人才双晋升发展通道，但是管理人员与技能人员薪酬待遇仍存在差距，导致企业职工尤其是青年技术工人学习技能、走技能职务的晋升通道的积极性不高，城市经济建设发展对高技能人才数量、质量和结构的要求尚有差距。

城市的高速发展，离不开实践技能突出、具有娴熟技术、善于解决实际问题的高技能人才。让更多高技能工匠人才脱颖而出，响应产业工人对提升职业认可度、身份认同感、社会归属感的需求是有效途径，呼应产业工人渴望成长成才、希望增加收入、期待晋级晋升的心愿是基础支撑，顺应产业工人岗位建功、实干报国、实现人生价值的梦想是有力手段。为此，青岛市聚焦改革重点任务，全力构建“3+3+3”职工成长赋能新机制，推动工匠人才培育与城市发展战略紧密结合、叠加发力。

## 一、构建三重保障体系，优化产业工人成长环境

响应产业工人对提升职业认可度、身份认同感、社会归属感的需求，从构建政策、激励、服务“三重保障”体系着手，引导广大产业工人积极投身经济建设高质量发展“主战场”。

一是释放政策红利，保障职工成长“深度”。围绕习近平总书记对青岛工作的重要指示要求，聚焦城市发展战略导向，立足更高站位、更大格局，青岛市密集出台《关于实施“青岛工匠”建设工程的意见》《关于弘扬工匠精神打造工匠之城的意见》《关于实施新时代“人才强青”计划的意见》等40余条关于产业工人队伍建设改革利好的政策和指导意见，充分释放惠工助企政策“催

化剂”，为职工成长成才创造良好条件。

二是突出奖励激励，保障职工成长“热度”。青岛市积极营造尊重劳动、尊重创造的社会氛围，大胆将资源、待遇向产业工人，特别是高技能工匠人才倾斜，每年出资1100万元重奖职工创新成果、培育全员创新企业，设立市级职工创新特等奖50万元，一等奖、二等奖、三等奖分别给予8万元、5万元、2万元的奖励。青岛市对全职引进的高层次技能人才给予20万元或30万元的安家补贴和60万~200万元不等的一次性奖励，对柔性引进人才，补贴不超过10万元的薪酬，目前已累计给予新引进高层次产业工人各项补贴达2300余万元，连续三年获评“中国最佳引才城市”，连续两年获评“中国年度最佳促进就业城市”。

三是优化服务措施，保障职工成长“温度”。青岛市持续推进职业技能提升行动，设立职工培训中心170家，开展各类补贴性职业培训73万余人次，发放职业培训补贴6亿余元。实施“1138”职工素质提升工程，投入3000余万元，帮助1.6万余名职工提升技能和学历水平，促进更多高学历、高技能工匠人才脱颖而出。

## 二、贯通三维成长空间，赋能技能人才蝶变升级

呼应产业工人渴望成长成才、希望增加收入、期待晋级晋升的心愿，贯通职工社会地位、职业教育、自主评价“三维成长空间”，努力为职工成长成才提供强劲势能。

一是提升职工“主人翁”地位。青岛市畅通产业工人参政议政渠道，积极推荐提名产业工人为各级党代会代表、人大代表、政协委员等人选，实现产业工人在工青妇等群团组织挂职兼职全覆盖。注重在一线职工中评先树优，90%以上的“青岛工匠”荣誉称号获得者、60%以上的“青岛市五一劳动奖章”荣誉称号获得者、49%以上的“青岛市劳动模范”荣誉称号获得者从一线产业工人中产生。支持工匠人才凭借技能提高经济收入，鼓励企业在工资结构中设置体现技术技能价值的工资单元，青岛市劳动收入增幅连续5年超过GDP增幅和

财政收入增幅。

二是打造职业教育新高地。深化产教融合、校企合作，出台《青岛市打造职业教育创新发展高地建设职业教育创新发展示范区实施方案》等指导意见，青岛市63个单位、150家行业企业、近8000名学生参与现代学徒制和“1+X”证书制度试点。加快推动职业院校混合所有制改革，目前青岛市已有3所高职院校、16所中职学校办学主体为企业，每年培养应用型技能人才10万名以上，有效促进职业教育与产业需求深度契合。

三是畅通职业发展主干道。青岛市主动简政放权，出台《关于推动技能人才与产业融合发展实施方案》等政策，重奖有贡献的头部企业、领班人和各类人才，鼓励企业开展“双师制”“双通道”等技能人才评聘体系建设。青岛市已有395家企业申报开展技能人才自主评价，累计评价3.2万人次。推进大众创业、万众创新，创建市级及以上创业孵化载体18家，发放创业担保贷款19.07亿元，政策性扶持创业18.91万人。建成全国首家涵盖1049家企业的工友创业联盟，培育145家工友创业园，带动就业11.69万人。

## 三、激活三个建功平台，成就工匠人才实干梦想

顺应产业工人岗位建功、实干报国、实现人生价值的梦想，依托劳动和技能竞赛、“一匠五创”、劳动保护“三个建功平台”，团结带领工匠人才在助推经济建设高质量发展中建功立业。

一是打出劳动竞赛“组合拳”。主动融入“一带一路”建设、黄河流域生态保护和高质量发展等战略部署，充分发挥竞赛活动的辐射带动作用，青岛市有关行业主管部门联动发力，每年开展各行业、多领域、多工种劳动和技能竞赛3000余项，带动岗位练兵300余万人次，提质降耗近10亿元，在竞赛中荣获“中华技能大奖”“全国技术能手”等国家级荣誉称号143人，荣获“泰山产业技能领军人才”“齐鲁首席技师”等省级荣誉称号309人。

二是打造“一匠五创”品牌工程。瞄准技术变革和产业优化升级的方向，构建以培育各级工匠及全员创新企业、劳模和工匠人才创新工作室、创新型班

组、创新能手、创新成果为主体的“一匠五创”职工岗位建功新平台。截至目前，青岛市已培育市级以上工匠182名、全员创新企业29家，带动各级培育工匠人才6000余人，年均产生应用职工创新成果5000余项，创造直接效益超50亿元，为打造“工匠之城”奠定了坚实基础。

三是密织劳动保护安全“网络”。青岛市总工会维护职工生命健康安全，深化“安康杯”“查保促”等群众性安全生产活动，打造宣传培训教育、隐患排查整改、薄弱环节加固“三步走”源头干预框架，每年发动超110万名职工参与安全生产竞赛，超过100万名职工参与安全知识培训。青岛市总工会连续10年荣获“安康杯”最佳优秀组织单位，实现参赛单位和职工人数连续5年双增长。

（作者单位：山东省青岛市总工会）

# 大国匠心，心心在艺

扶羿华

我国自古就有推崇工匠精神的优良传统。如《考工记》中对“巧者述之”的描述，又如《庄子》中耳熟能详的庖丁解牛、游刃有余的典故，都是对“道技合一”境界的形象表达。今天，无论是“两弹一星”、载人航天工程取得的辉煌成就，还是高铁、国产大飞机 C919 的设计制造，无不展现出党和政府对工匠精神的弘扬。劳模精神（劳动精神、工匠精神）被纳入中国共产党人精神谱系第一批伟大精神，是中华民族宝贵的精神财富。在全社会大力弘扬和彰显工匠精神已经成为一种时代风尚，秉持工匠之心、厚植工匠文化、塑造工匠典型更是一种现实诉求和时代责任。

## 一、工匠精神的历史发展和时代定义

工匠，古称“百工”，指有手艺专长者，为匠品的制造者，为工匠精神的载体，可为个人或人的集合。工匠专注于每一个细节，运用自身的智慧和体力创造性地改造物质世界，打造完美产品。

纵观人类历史，工匠精神源远流长、灿烂辉煌。放眼世界范围，从万里长城、金字塔等浩大工程，到机器人、汽车等大件产品，乃至琳琅满目的精美雕刻、钟表等小型匠品，从鲁班、张衡到约翰·哈里森、赫尔伯特·莫·迈尔，都不乏能工巧匠的身影及其高超技能展现的情景。在 2016 年中国技能大赛——第 44 届世界技能大赛全国选拔赛开幕式上，世界技能组织首席执行官大卫·霍伊说：“在全球经济中，在所有成功的职业生涯，所有成功的企业，所有蓬勃发展的行业和国家背后，技能都是重要的推动力量。”世界的发展在很大程度上就是由千千万万个工匠或工匠群体依靠技能精心打造出来的，这种对技能孜孜不倦的追求其实质就是典型的工匠精神。

纵观中华传统，工匠精神肇始于手工业从农业中脱离出来的原始社会末期，工匠或称手艺人，多以玉石、骨物、象牙等为原材料制作饰品或佩饰。工匠精神经过孕育萌芽、产生发展一直到今天的传承创新，尤其是经过改革开放40多年的提升扩充，形成了饱满、丰厚、完整的当代工匠精神。

星光不负赶路人，历史不忘匠心人。革命战争年代，在追求民族独立和国家解放的历史进程中，赵占魁、吴运铎、甄荣典等劳动模范，以“劳动好、学习好，又能公私兼顾、不自高、不夸大，永不脱离群众”的精神风貌，以及“忠于革命、精于业务、勤于学习、善于创造、团结干部、联系群众”的精神境界，展现了中国共产党人和革命群众的独特思想和精神风貌，为边区革命建设的生存与发展，发挥了举足轻重的作用。新中国成立之后，在建设新中国的历史征程中，孟泰、王进喜、邓稼先等先进模范，以超额完成任务、推广先进经验、开展技术革新、提出合理化建议等实际行动为我国经济生产作出了巨大贡献，成为激励工人阶级和劳动群众积极投身社会主义建设的强大精神力量。改革开放以来，在中国人民从站起来到富起来的历史进程中，袁隆平、许振超等先进模范，干一行、爱一行、钻一行、专一行、精一行，为国家和人民建立了杰出功勋，也为工人阶级和全体劳动者树立了“信仰坚定、胸怀全局、爱岗敬业、求真务实、勇于创新、无私奉献”的精神坐标。

今天，新时代赋予工匠精神新的价值和内涵，即“执着专注、精益求精、一丝不苟、追求卓越”。其中，“执着专注”是精神状态，是时间上的坚持、精神上的聚焦；“精益求精”是品质追求，是质量上的完美、技术上的极致；“一丝不苟”是自我要求，是细节上的坚守、态度上的严谨；“追求卓越”是理想信念，是理想上的远大、目标上的高远。“执着专注、精益求精、一丝不苟、追求卓越”，包含了精神状态、品质追求、自我要求、理想信念四个方面的丰富内涵。

## 二、培养工匠人才的必要性和现实阻隔

在平凡岗位上默默坚守、孜孜以求，追求职业技能的完美和极致，技术工人就能成为一个领域不可或缺的人才，并提升一个领域的技术水准。2019 年 8 月，习近平总书记在考察甘肃省张掖市山丹培黎学校时强调，“我国经济要靠实体经济作支撑，这就需要大量专业技术人才，需要大批大国工匠”。今天，我们比以往任何时候都需要更多技术工人，尤其是高技能人才。无论是突破“卡脖子”技术，实现高水平科技自立自强，还是建设制造强国，推动经济发展质量变革、效率变革、动力变革，都需要大力弘扬工匠精神，发挥技术工人队伍的聪明才智。截至目前，我国技能劳动者超过 2 亿人，其中高技能人才超过 6000 万人。但技能劳动者占就业人口总量不到三成，技能人才总量仍然不足。因此，壮大技术工人队伍，培养更多高素质技术技能人才，既是当前之需，也是长远之计。

然而，弘扬新时代工匠精神和培养工匠人才存在现实阻隔：一是当下产教尚未真正达到“融合”。企业参与校企合作项目的公益性和功利性之间的矛盾普遍存在，企业与职业院校共同承担人才培养周期较长，在长达 3 年乃至更长的人才培养过程中需投入相当的人力、物力和财力，短期内得不到相应收益，并且期满后学生从业稳定性也不确定，导致企业参与校企联合培养的积极性不高。同时，学生和家长对校企联合开展的合作项目，以及对职业技术型工作的偏见，在一定程度上挫伤了企业参与的积极性。二是浮躁的社会生态影响工匠精神的思想根基。我们正处在一个“快”时代，“互联网+”快速发展，经济社会发展日新月异。然而，在一定程度上，“快”环境中养成的一味求快的思维催生了教育商业化、时间碎片化、目标浅层化的负面效应，助长了一些人思想浮浅、心态浮躁、工作浮夸，耐不住寂寞、稳不住心神、经不住诱惑，这些都对工匠精神造成了一定影响。

## 三、弘扬新时代工匠精神和工匠人才培养的实践路径

大国匠心，心心在艺。从一枚螺丝钉的打磨，到精确到毫米级的工艺，小

环节里有大学问，也能做出大成果。观全局，高端制造业代表着国家和地区工业化、现代化水平及综合竞争力。观一域，湖南省正全面贯彻“三高四新”战略定位和使命任务，娄底作为湖南省发展先进制造业的重要基地，在产业链中居于重要地位，在价值链中体现出更高的附加值。因此，大力弘扬工匠精神，培养匠心人才是推进实施制造强国战略的必然要求，也是我国先进制造业升级的必要条件。在工匠人才培养过程中，应围绕产教融合、培养模式创新、提升社会认同等多方面展开。

一是产教融合，助推“政企校”协同育人。产教融合需要政府、企业、院校协同创新，各尽所能。一方面，要建立政府、企业、院校基础信息收集渠道，开展多元化的校企合作对接，及时掌握高端制造类企业的发展现状和需求，为政府决策提供依据；另一方面，要深入开展政府、企业、院校合作，围绕“工学”结合、“产学研用”合作等热点和难点问题，形成高职院校制造类专业教育教学改革的顶层设计，为政府相关管理部门和院校提供决策参考及实践依据。依托高端制造业产教融合平台，高职院校要建立全新的实践创新理念，探索和推进创新教学实践，实现专业技能、就业能力及创新创业能力的全面提升。

二是模式创新，形成“多元化”培养体系。准确定位匠心人才培养目标，推进人才培养模式改革，形成专业设置与产业实际需求对接、教学和实习过程与生产制造过程对接、课程内容与职业人才需求标准对接的人才培养体系。在学习内容中融入岗位工作内容，按校企双主体办学、学生学徒双身份、学校企业双管理、师父教师双导师、企业学校双考核进行学徒培育。积极开展“1+X”证书制度试点，使毕业生能够获得学历证书和若干职业技能等级证书。突出专业核心技术和岗位技能培养，融入工匠精神和创新创业教育。制订“宽基础、多模块、个性化”的专业群人才培养方案，创新现代学长制人才培养模式，开展“高职—本科—硕士—博士”组团学习和就业，以科研项目为引领，遴选优秀学生，参与科研项目，形成人才梯队，共同进行项目研发，培养创新型人才。

三是内在驱动，锻造“深层次”工匠文化。从学生的视角，欲使以工匠精神为内核的职业素养成效得以实质提升，主体“人”的重要性不言而喻。其中，首要者为学生这一主体，学生首先要树立几十年坚守做好一件事，做一件事情就要做到完美，做到极致的信念。以使命精神自省，以创新精神自警，以甘守精神自重，以工匠精神自励。从师者的视角，以工匠精神为载体，塑造力克浮躁与功利的匠人文化或匠人培养制度，推崇把工作做到极致和对工作高度忠诚的做法，并将这种态度传递给学生，营造精益求精、追求卓越的校园工匠文化。从院校的视角，要重视职业教育发展规划，尊重学生成长和成才规律，准确把握工匠精神对于当代职业教育发展的价值，针对专业设置、课程体系构建、学期进度编排、校企合作项目规划、教学方式革新、教学内容选择等方面进行革新，着力构建“多层次、多元化”的教学体系。

（作者单位：湖南省娄底市税务局）

# 拂春匠心绿华夏，扬帆匠魂盛四海

唐艳丽

党和国家近年来十分注重对工匠精神的弘扬，因为工匠精神是时代精神的生动体现，折射着各行各业一线劳动者的精神风貌，为其发展注入精神动力。“炮制虽繁必不敢省人工，品味虽贵必不敢减物力。”着眼细微，一丝不苟，倾注匠心，新时代的工匠已经成为无数敬岗敬业劳动者的缩影，工匠精神已然着色孜孜以求、兢兢业业的精神彩池。锦瑟华年之辈，必凝匠心，拂春绿华夏；聚匠魂，扬帆盛四海。

**“随风潜入夜，润物细无声。”阳阳春日，徐徐清风，韶龄之辈应凝一片匠心，若晨日淅沥而下的春雨，馨思域花潮，拂春绿华夏。**

行随心动，思想是行动的指南，是一切社会变革的因素，唯有根植工匠精神的思想大树，方可拂春绿华夏。生活中到处可见工匠精神所营造的思潮气息：车水马龙的大路旁，是环卫工人勤勤恳恳、不辞辛劳清洁道路的背影，是“苔花如米小，也学牡丹开”的匠心思潮；三尺讲台的教室内，是教师们孜孜不倦、循循善诱教导孩子们的笔迹，是“春蚕到死丝方尽，蜡炬成灰泪始干”的匠心思潮；安静肃穆的医院中，是白衣天使夜以继日、东奔西走的足迹，是“弄墨佳珠文苑秀，回春妙手杏林珍”的匠心思潮……无数的平凡人都是大国工匠，无数的细微举动淬炼了工匠精神。工匠精神，既是初日云边的彩霞，光芒万丈，亦是贴近地面的灵石，沉稳健硕。岁月不居，时节如流。工匠精神润物无声，历经时间的洗礼，越发善利万物。韶龄之辈应凝匠心，晕开思域花潮，拂春又绿华夏。

**“乘风破浪会有时，直挂云帆济沧海。”碧波粼粼，迤逦巍轮，绮年之辈应聚一缕匠魂，似绿洋上迤逦而行的巨轮，泊艺术彼岸，扬帆盛四海。**

艺术是一个民族的灵魂，一个民族的历史文化大都保存在艺术文物中。艺术既是文化的传承，也是工匠精神的摇篮。艺术的种类就似万花筒，琳琅满目，然而艺术中蕴藏的工匠精神却纯粹如晶。“弱水三千，只取一瓢饮，沧海万顷，唯系一江潮”，需于艺术之殿中丝丝寻觅工匠精神。

万花筒之一——手工艺品。曾记否，北宋徽宗时烧制的汝瓷，其釉如雨过天晴云破处，千峰碧波翠色来；曾念否，曾侯乙编钟高超技术称绝；曾感否，吴水根潜心锻造苗族银饰；曾叹否，李新良一生制作陶艺初心不改。谁终将点燃闪电，必长久深自缄默。谁终将声震人间，必长久如云漂泊。没有一个人可以随随便便成功，工匠大作背后是多少无人知晓的心酸与汗水，在惊叹艺术大作的同时，更应致敬匠人匠心。

万花筒之二——建筑美学。华夏大地上，从战火中走来的赵州桥屹立不倒，是工匠李春精湛技艺的成就；在北国矗立的万里长城抗击匈奴，是无数劳动者汗水、泪水的结晶；在疫情防控期间落成的火神山医院、雷神山医院，抗疫救患，是设计师汤群白发的成果。海外风云浪尖，屹立大漠中的金字塔是古埃及人民智慧的结晶；具有倾斜率的比萨斜塔是意大利人智慧风暴的瑰宝；高达324米的埃菲尔铁塔是法国人精密演算的杰作。建筑风采气势恢宏，人人叹为观止，游人蜂拥而至，摩肩接踵，纷至沓来，只为睹一眼建筑芳颜，赤诚匠心，心心可见。

繁如群星的能人巧匠，醉心于事业，用自己的双手打造精美绝伦的艺术大作，不图名利，只因热爱。工匠精神从远古时代一直绵延至今，生生不息，历久弥新。此浩然正气烙印着时代的气息，被匠人大师们装订成相册，回荡于脑海，飞旋于心尖，点染于明眸，芳吐于皓齿，清欢人世间。匠人大师以匠心致初心，以初心致未来，铸就匠作的光辉大厦。绮年之辈亦应聚一缕匠魂，停泊艺术彼岸，扬帆盛四海。

**“朗朗明月云遮面，璀璨光华掩不尽。”垠垠宇宙，流光易逝，盛年之辈，应练一身匠艺，如沉夜中颗颗璀璨的星辰，曜科技明途，光凌破宇寰。**

大国重器在于科技，科技是一个国家的硬核实力，有技术国家才有底气。工匠精神隐身于航空发动机叶片中，见证徐立平精妙绝伦的匠艺和孜孜不倦的钻研；工匠精神化形于陀螺仪中，感受周建民将其精度加工到微米和亚微米级的匠艺绝活；工匠精神融注于矿山矿业的采矿技术中，惊叹“首钢创新之星”马著的匠艺佳术……工匠精神的革新之旅中，涌现出一群创新有为、奋进今朝的高科技研究工作人员：“离乱中寻觅一张安静的书桌，未曾向洋已经砺就了锋锷。”国家最高科技奖获得者于敏，以一颗匠心致力于科技事业，一句嘱托，许下了一生；一声巨响，惊诧了世界；“时代到处是惊涛骇浪，你埋下头甘心做沉默的砥柱”，“中国核潜艇之父”黄旭华，功勋赫赫，隐姓埋名 30 年，唯用匠心研制核潜艇，他的人生正如深海中的潜艇，无声，但有无穷的力量；“像静水深流，静水里涌动着强国的梦；似大象无形，无形中深藏着强国梦”，飞机设计专家顾诵芬，以匠心致力于飞机设计研究，志在冲天，振长策，击长空，诵君子清芬……科技人员们以匠心铺就了国家的科技大道，满浴清辉。

子曰：“逝者如斯夫，不舍昼夜。”时光若白驹过隙，似昙花一现，刹那间，荏苒千年，流转古今。唯清风明月吐露心声，传语工匠之精神，仅朝露暮夕依恋蓝天，抹绘匠心之霞光。工匠精神普遍得像满天飞舞的流萤，纯粹得如点点微亮的荧火，明曜黑夜。匆匆的旅人啊，放慢脚步，流连这荧光灿烂的夜晚，去品味工匠精神的深层积淀；工匠精神是清润甘霖，勇于品味人间甘苦；工匠精神是赤日暖阳，乐于温暖人间疾苦。躬逢盛世的我们，定要敢于勤思善想，奋发有为，自强不息，敢为人先，处事微尘中，却心向阳光处，传承弘扬工匠精神，执着于微末，追逐于伟业，精小事，铸大功，择一事，终一生，勤勤恳恳为工，兢兢业业为匠，图梦匠心之作，力淬匠魂之灵。

在喜迎党的二十大欢声擂鼓中，锦瑟华年、风茂正盛的我们理应情系华夏，魂牵四海，凝一片匠心，望思潮花海之笑颜；聚一缕匠魂，聆艺术碧洋之轻乐；练一身匠艺，枕科技苍穹之星河……力行敬业爱岗，务实创新，开拓进取，团结奉献之有为创举。

愿诸君旋舞九空，旅虹桥之尖，沁流光四溢，觉华夏春绿，眺四海扬帆。目光所及，心之所动，皆是匠心匠魂编织的皎皎柔云，云路漫漫，最欲乘风好去，揽月戏寒兔，把酒语嫦娥，入眠倚桂树，遥望华夏荣……

（作者单位：湖南永州宁远县第一中学）

# 共同富裕背景下技术工人待遇提升面临的问题及路径探析

王贯军

技术工人是产业工人队伍的重要组成部分。技术工人队伍是支撑中国制造、中国创造的重要力量。在国家着力推进共同富裕的大背景下，大力推进产业工人队伍建设、建立健全符合时代发展要求的职业技能等级制度、提高技术工人经济收入和社会地位、积极推动技术工人实现技能致富，具有时代意义和现实意义。

## 一、待遇偏低是影响产业工人队伍建设的重要问题

经济待遇是劳动者通过合法劳动获取的工资、福利、奖金等，是个人收入的主要来源渠道。当前，技术工人工资水平不高且工资增长较为缓慢是公认的事实。根据国家统计局发布的2021年规模以上企业就业人员年平均工资情况，制造业专业技术人员年平均工资为117611元，而中层以上管理人员为167097元，两者存在明显差距。较低的待遇不仅影响技术工人的生活质量，也给当前产业工人队伍建设带来一系列较为严峻的问题。

一是造成技术工人流失。随着平台经济的快速发展，越来越多的年轻人选择从事快递员、网约车司机等新就业形态领域工作，这势必会造成技术工人的流失。广东省总工会在2021年的一项调研显示，48.15%的受访人员在进入新就业形态领域前都有过在工厂流水线或制造业企业工作的经历。

二是不利于技术工人职业技能的提高。在20世纪六七十年代，技术工人的

收入是非常可观的，随着技术等级的提升，收入也会相应显著增加，这促使技术工人愿意积极主动提升自身职业技能。当前，随着工资水平的下降，技术工人普遍不看好其工作前景，花费在提升自身职业技能上的时间相应减少。据调查数据显示，60.5%的初级工、60%的中级工以及69.2%的高级工在最近5年都没有自费参加过进修或培训。

三是不利于弘扬新时代工匠精神。弘扬工匠精神是营造良好社会风气的重要途径之一，其有助于养成尊重知识、尊重劳动、尊重创新的社会风气。现阶段，技术工人这个职业普遍不被看好，一个重要原因就是技术工人的低收入导致其社会地位较低。

## 二、技术工人待遇偏低的原因分析

一是国内高端制造业发展不足，产业亟待升级。中国制造业是伴随着全球经济上升周期和本土消费扩张而崛起的，虽然在规模上占据优势，但是科技化程度较低，缺少自主创新能力，大都在产业链低端，从事低附加值生产，更高的企业利润缺乏支撑，因而限制了企业向技术工人支付更高工资的能力。智联招聘2022年5月发布的《高技术制造业人才需求与发展环境报告》显示，高技术制造业的平均薪酬为9935元/月，而国家统计局发布的数据显示，2021年制造业生产制造及有关人员年平均工资为68024元，两者相差甚大。

二是收入分配制度尚不完善，劳动收入分配占比较低。据历年《中国统计年鉴》数据显示，劳动者报酬占比从2000年的53.37%下降到2011年的47.49%，以后又有所回升，至2019年达到52.27%，不过其间仍有7年低于50%。在实践中，一些企业还存在资本收入侵蚀劳动报酬的现象，企业故意压低和拖欠技术工人工资，个别企业还错把最低工资标准当作实际工资基准或者按照略高于最低工资标准的水平发放工资，长期维持技术工人低工资水平。一些地区企业生产一线技术工人的工资水平低于当地社会平均工资，企业平均工资增长速度长期低于利税增长速度。①

---

① 郑志国：《我国初次分配的原则和结构分析》，《江汉论坛》2022年第6期。

三是技术工人上升空间有限，发展通道不畅。在我国企业尤其是国有企业中，管理人员与技术工人有着明显的身份界限，技术工人和管理人员待遇相差较大，技术工人横向转岗通道狭窄，很难跻身中高管理层。虽然部分企业设立了管理、科研、技能人才三组晋升通道，但学历关仍是技术工人难以逾越的门槛。在职称评审上，不少地方试图突破一线技术工人参评专业技术职称的瓶颈，但相关政策在部分企业难以落地落实，相关部门也缺乏对政策执行的监管和评估，高技能人才职称评审依然面临困难。

## 三、促进技术工人收入提高的路径探析

中等收入群体是维护社会和谐稳定的中坚力量，是推动经济高质量发展的人力资本基础。习近平总书记指出："技术工人也是中等收入群体的重要组成部分，要加大技能人才培养力度，提高技术工人工资待遇，吸引更多高素质人才加入技术工人队伍。"在新发展阶段，我们要在坚持促进经济高质量发展基础上，不断改进初次分配，完善相关技能人才评价制度，使技术工人更合理分享社会财富，进一步促进现代化和共同富裕。

一是加快制造业科技创新和产业升级。高端制造是经济高质量发展的重要支撑，也是技术人才收入提高的重要基础。当前，我国制造业发展的国内外环境日趋复杂，面临着发达国家和发展中经济体双重挤压，同时还存在供需结构不平衡等问题。这就需要我们加大投入力度，稳定制造业比重，夯实向高端迈进的动力和基础，实施关键核心技术和产品攻关工程，着力突破"卡脖子"技术。推进产业结构优化升级，以智能制造为主攻方向，推进产业数字化和数字产业化，推动制造业走向数字化、网络化、智能化。通过产业升级与经济结构优化为技术人才提供更多的高薪就业岗位，促使产业工人队伍不断壮大。

二是提高劳动报酬在初次分配中的比重。在社会主义市场经济下，企业追求利益最大化，减少劳动者工资就意味着增加利润。对此，政府相关部门要利用相关政策提高劳动者收入，要积极发挥最低工资制度作用。最低工资标准对于调整劳动力市场中资本与劳动的分配比例、平衡企业与劳动者的要价能力、

缩小社会收入水平差异具有重要意义。国内外研究表明，最低工资制度会淘汰一些低技术岗位，提高低技术工人的工资，从而缩小收入差距。因此，政府相关部门要及时合理提高最低工资标准，同时将监管政策落实到位，保障技术工人从中受益。要持续深化个税改革。在再分配中，以工薪阶层为主的中等收入群体负担较重，而对高收入者影响较大的资本利得征税偏少。相关部门要深化税收改革，分地区、分群体灵活调整免征额，完善专项附加扣除体系和扣除范围，充分发挥税收调节收入分配的作用，切实增强技术工人的获得感。

三是畅通技术工人职业发展通道。发挥政府、用人单位、社会组织等多元主体作用，改革完善技术人才评价制度，根据专业技术人才的职业特点、成长规律，合理设置基层专业技术人才评价指标，注重技能水平和工作实绩考核。认真执行《关于健全完善新时代技能人才职业技能等级制度的意见（试行）》，畅通技术人才职业发展通道，健全从入门到精通、从学徒到大师的多维度、阶梯式人才培养评价体系，让技术人才有更大的职业发展空间，更多的发展路径。积极鼓励企业建立技术工人职业晋升多通道机制，推动技术工人在管理、专业技术、职业技能三者之间横向发展流通。

四是积极发挥工会在工资集体协商中的作用。工资集体协商制度是贯彻落实党和国家收入分配政策、提高劳动者收入水平的具体措施，是完善企业工资分配机制的重要举措。普通劳动者在企业处于弱势，通过工资集体协商制度有助于帮助其增加工资收入。要统筹把握企业生产经营状况和行业特点，建立技术工人工资正常增长和调整机制，扎实做好指导协商工资专项集体合同工作，根据工资调控政策，适时调整技术工人工资，防止协议工资标准常年不动。要加强协调劳动关系三方成员单位联系沟通，深入企业指导开展工资集体协商工作，及时了解和掌握技术工人对工资分配方面的意见和建议，最大限度维护技术工人的合法权益。

（作者单位：广东省总工会研究室）

# 扎实推进“三匠”行动，厚植工匠成长成才沃土

唐御伦　吴佳晋

时代发展，需要大国工匠；奋进新征程，需要弘扬工匠精神。近年来，重庆市认真学习贯彻习近平总书记重要指示精神，聚焦创新驱动和人才强市战略，以育匠、砺匠、崇匠的“三匠”行动为牵引，大力弘扬工匠精神，着力厚植工匠文化，不断培养壮大高素质大国工匠和技能人才队伍，持续为推动高质量发展、创造高品质生活、全面建设社会主义现代化国家贡献工匠力量。

## 一、育匠——百川汇江海

“求木之长者，必固其根本；欲流之远者，必浚其泉源。”重庆市抓实抓好技能人才教育培训这项造就更多高素质技术技能人才、能工巧匠、大国工匠的基础性工作，持续扩大技能人才基本盘，夯实大国工匠成长根基。截至 2022 年 6 月底，重庆市技能人才总量比 2016 年底的 340 万人增加 136.5 万人，达到 476.5 万人，占就业人口总量的 28.4%。其中，高技能人才总量比 2016 年的 94 万人增加 58 万人，与技能人才总量占比从 27.6%增长到 31.9%。

### （一）抓实现代职业教育，提升“源头”质量

青年一代是实现中华民族伟大复兴的先锋力量。重庆市坚持办好高质量现代职业教育。一是大力推进现代职业教育体系建设。将中职办学条件达标情况纳入对区县考核，遴选 70 所中、高职学校的 270 个专业实施中职“双优计划”、高职“双高计划”，将 14 所高职学校纳入《重庆市高等学校设置“十四五”规划》，积极推动升格或举办本科层次职业教育，中专、高职、本科贯通的高质量现代职业教育体系加快构建。二是坚持专业设置匹配产业需求。着眼构建先

进制造业集群等目标，编制《重庆职业教育专业建设“十四五”方案》，形成专业设置“申报—建设—评估—整改（撤销）”闭环，41所技工院校建成专业182个、专业点609个、精品特色专业106个，专业与支柱产业匹配度达到86%以上，每年培养超20万毕业生，留渝就业率达到82%。三是持续提升职业教育质量。大力培养壮大“双师型”教师队伍，实施7批次职业院校优秀教师和企业优秀技师或工程师互派即“双千双师”交流计划，近5年培养“双师型”教师超过2400名，“双师型”教师占比达到60%。连续两届参加全国技工院校职业能力大赛，共获得8个一等奖、7个二等奖、3个三等奖，居全国前列。

（二）抓实职业技能培训，提升“存量”水平

在职职工是技能人才主体。重庆市狠抓职业技能培训提质，持续巩固大国工匠和技能人才培育主渠道。一是深化产教融合、校企合作。推动校企共建各类实训基地265个、校企合作示范项目20个、示范性职教集团20个，入选国家级虚拟仿真实训基地建设项目8个、全国示范性职教集团11个，“园校互动”办学模式被列为国家教育体制改革重点项目，培训的针对性、实效性大幅提升。二是大力开展技能提升行动。推动终身职业技能培训制度落地落实，督促企业足额计提职工教育培训经费，加大职工在岗培训力度，2019年至2021年，重庆市职业技能提升行动累计投入21亿元，开展补贴性培训179万人次，打造技能培训品牌20个；依托全市970余所各类培训机构广泛开展社会化、市场化技能培训，年均超过110万人次；围绕新经济、新就业需求，年均开展新职业补贴性培训2万人次。三是全面推行企业新型学徒制和现代学徒制。组织企业技能岗位新招用员工、转岗员工和在职职工参加学徒培训，支持2600余家企业8.7万学徒提升技能，重庆市被人力资源和社会保障部与国际劳工组织确定为新型学徒制国际试点城市。

（三）抓实农民工就业创业，提升“增量”素质

农民工是工人阶级的新生力量。重庆市以拓展提升就业创业能力为着力点，带动农民工群体职业技能水平跃迁。一是深入实施农民工稳就业职业培训计划。

促进农民工职业技能提升，推动农民工稳岗就业和返乡创业，改善农民工就业结构，将农民工培育成为重要的人力资源。2019 年至 2021 年，帮助在岗农民工参加补贴性职业技能培训 15.8 万人次，农村转移就业劳动者参加补贴性职业技能培训 41 万人次。二是大力开展返乡创业带动就业。累计建成 60 个农民工返乡创业园区，吸引 3510 家优质企业入驻，吸纳带动就业 5.4 万余人；建成市级创业孵化基地 102 家，孵化企业 1.6 万余户，带动就业 14.4 万余人；遴选打造 56 个市级劳务培训基地、24 个市级家服培训基地；累计开发 391 个适合农民工技能需求的特色职业（工种），农民工单次补贴标准较“十二五”末提高 30%左右。三是健全劳务品牌“发现、培育、升级”长效机制。培育出石龙技工、黔龙海运、苗家巧手等 24 个国家级和 49 个市级劳务品牌，品牌带动农村劳动力转移就业近百万人；创新“大赛+项目推介”模式，举办“巴渝工匠”杯职业技能竞赛、西部农民工返乡创业大赛和市级农民工返乡创业大赛；将农民工新市民培训作为部市共建试点项目，每年辐射带动技能型农民工参与达 10 万余名。

## 二、砺匠——百炼见锋锐

“欲得其中，必求其上；欲得其上，必求上上。”重庆市着眼于精益求精、追求卓越，在技能竞赛、建功立业、创新创造等活动中，不断打造高、精、尖“绝活”“撒手锏”，磨砺培养更多拿得出、叫得响的领军工匠人才。目前，全市共有“中华技能大奖”获得者 10 人、享受国务院政府特殊津贴人员 74 人、全国技术能手 271 人、市级高技能领军人才 5000 余人，顶尖领军型人才持续涌现、集聚发展。

### （一）职业技能竞赛“练实功”

技能只有不断切磋方能突破极限。重庆市用活竞技平台，让技能人才在切磋中如琢如磨、更上一层楼。一是高标准以赛促训。充分发挥职业技能竞赛示范引领作用，不断提高职业技能竞赛的科学化、规范化、专业化水平。连续参加 4 届世界技能大赛，培养选手取得 6 金、7 银、2 铜、9 优胜的佳绩，位居全国前列。发起并成功举办首届“一带一路”国际技能大赛，吸引44个国家和地区的698名技能人才参赛，获重庆市人力资源和社会保障局批准落户。参加首届全国乡村振兴职业技能大赛，重庆代表团金牌榜、奖牌榜双双位列全国第二。二是多平台以赛促学。突出技能竞赛对行业技能人才培养的聚合促进作用，辐射带动全市150余万人参加技能比拼，选拔培养高技能人才5万余人。充分运用“互联网+”技术，启动“巴渝工匠”杯职业技能“云竞赛”，不断推动竞赛提档升级。三是强基础以赛促建。实施国家高技能人才振兴计划、“巴渝工匠2020”和“巴渝工匠2025”行动计划，在全市累计建成国家级高技能人才培训基地31个、技能大师工作室38家、竞赛集训基地23个。世界技能大赛中国（重庆）研修中心、全国首个“智能+技能”数字技能人才培养试验区先后落户重庆，建成市级技能人才培训培养平台500余个。

（二）劳动技能竞赛“见实效”

技能提升和服务大局是劳动和技能竞赛的一体两面。重庆市坚持两手抓、互促进，推动技能提升、服务大局开出“并蒂莲”。一是抓重点夯基础。聚焦国家和全市重大战略、重要产业、重点工程，以市级主题重点劳动和技能竞赛、成渝地区双城经济圈竞赛为示范，带动全市区县、产业、基层企业广泛深入持久开展劳动和技能竞赛，累计覆盖职工超过500万人次。二是抓难点求突破。推动各层级、各地区、各行业逐步将竞赛向中小微企业、非公企业延伸，向车间班组延伸，向新技术新业态新模式领域拓展，不断扩大竞赛的覆盖面。三是抓亮点固优势。在全国率先开展“当好主人翁、建功新时代”网上劳动和技能竞赛，采取“月推荐、季考评、年评选”竞赛机制，最大限度调动和激发广大职工积极性、主动性、创造性。2018年以来，累计吸引参赛企业3600余家、职工410万人次，评选出重庆市网上劳动和技能竞赛月度之星、季度之星近1.2万个。

（三）推动创新创效“鼓实劲”

发展是第一要务，人才是第一资源，创新是第一动力。重庆市定实招、出实策，助力技能人才在科技攻关中崭露头角、再立新功。一是助力突破瓶颈。

组建“会企协作创新联盟”“校企协作创新联盟”等产业技术创新战略联盟，组织20个市级学会、高校（科研院所）科协深入开展“十百千”志愿服务区域发展行动。支持各级劳模在“进口替代”“卡脖子”攻关和种业良种联合攻关中发挥积极作用，采取“揭榜挂帅”方式，每年竞争性选择30个优秀创新项目分类给予30万元、50万元的专项补助。二是培育创新主体。建设各级技能大师工作室186个、劳模和工匠人才创新工作室691个，评选优秀职业青年创新团队60个，培育全国和市级巾帼产业示范基地172个，逐步形成各级技能大师和劳模工匠人才示范引领、技能人才及技术能手不断涌现、单位企业增产增效的生动局面。截至2021年7月，仅各级劳模和工匠人才创新工作室开展创新及攻关项目3.6万项，取得专利7731项，创造直接经济效益近269亿元。三是激发创造热情。持续深入开展“五小”等群众性职工技术创新活动，推动全市4900余家企业积极参与，覆盖职工531万余人，累计申报3595个“五小”项目，评定优秀“五小”成果1470项，推动解决企业生产经营中的难题。

## 三、崇匠——百代传精神

“浇风易渐，淳化难归。”重庆市持续建立健全经费投入、权益维护、政治待遇、荣誉褒奖等制度机制，大力营造全社会重视技能人才、尊重大国工匠、崇尚工匠精神的浓厚氛围，不断激发大国工匠和技能人才队伍健康良性发展的潜力和耐力。5年来，全市职业教育累计投入752亿元，其中财政性教育经费504亿元；一线产业工人和技能人才有58人次获评“感动重庆十大人物”“重庆市道德模范”“重庆好人”等；各级党代表、人大代表、政协委员中技能人才3800余人，大国工匠和技能人才使命感、荣誉感持续提升。

### （一）保障合法权益，幸福指数进一步提高

合法权益充分保障是地位尊崇的基础逻辑。重庆市大力推动技能人才享有与付出相匹配的收入，有效维护他们的合法权益，不断增强他们的获得感、幸福感、安全感。一是建立健全技能人才工资合理增长机制。贯彻《关于提高技术工人待遇的意见》，推行实施《技能人才薪酬分配指引》，定期开展薪酬调

查，指导企业建立基于岗位价值、能力素质、业绩贡献的工资分配机制，引导企业在关键岗位、关键工序培养使用高技能人才，提高相应待遇，实现多劳者多得、技高者多得。二是建立健全权益维护和监督机制。出台《重庆市职工权益保障条例》《关于切实维护新就业形态劳动者劳动保障权益的实施意见》等文件，建立维护新就业形态劳动者劳动保障权益“1+1+3”政策体系，编制实施全国首个省级农民工工作“十四五”专项规划，区县普遍成立工会劳动纠纷人民调解委员会。三是建立健全维权与维稳相统一的工作机制。坚持做好全面深化改革特别是供给侧结构性改革中职工转岗安置、再就业培训、劳动关系处置、社保接续等维权服务工作；完善梯度帮扶体系建设，全市、全国级建档困难职工从2017年底的36958户减少到目前的288户；5年来，工会办理法律援助2015件，挽回经济损失3600余万元，努力构建和谐劳动关系。

（二）加大投入力度，成长动力进一步增强

有力的经费保障是工作开展的先决条件。重庆市持续健全经费保障机制，投入“真金白银”，增强技能人才队伍可持续发展动力和政策向心力。一是加大技能素质提升经费投入。出台《重庆英才计划实施办法（试行）》《重庆市职业技能提升行动实施方案（2019—2021年）》等制度文件，设立职业技能提升行动专账账户，明确专账资金的使用范围、标准和管理等；进一步完善职业培训补贴标准、经办流程、机构目录等配套细则，对培训后取得初级工至高级工证书者给予培训补贴。二是加大职业教育改革保障力度。持续增加对职业教育的投入，完善经费保障机制，推动形成“政府主导、多方筹资”的逐年增长经费保障机制，建立覆盖中高职、公民办的生均经费拨款制度，仅2021年公办中高职学校生均财政拨款就分别达到1.48万元和1.45万元；从失业保险基金结余中提取23.7亿元，专项用于补贴性职业技能培训；累计发行15.8亿元地方政府专项债券支持职业教育基础设施建设。三是加大创新创造经费支持。对市级首席技能大师工作室、市级技能大师工作室分别一次性给予10万元、5万元补助，并要求所在单位按不低于此标准分别进行配套；对市级、产业工会级劳模和工匠人才创新示范工作室分别分3年给予20万元、5万元补贴；每年投入 100 万元活动经费，依托网上劳动和技能竞赛平台，评选“优秀五小”之星并给予奖励，引导工匠和技能人才积极创新、勇于创造。

(三) 加强激励引导，社会地位进一步彰显

“榜样是看得见的哲理”，榜样的力量是无穷的。重庆市积极选树先进典型、宣传先进典型、彰显主人翁地位，让工匠人才更受重视、工匠精神更受推崇。一是大力培育选树先进典型。注重在急难险重任务、各级技能竞赛、立足岗位建功中挖掘、培养、选树优秀技能人才，并在劳动模范、五四青年奖章、“三八”红旗手等荣誉评选表彰中向技能人才倾斜。重庆市第六届劳动模范和先进工作者 497 名中有技能人才 74 名；5 年来，958 名先进个人被授予重庆“五一劳动奖章”，其中一线职工和专业技术人员超 20%，技能人才比重逐次提升。二是大力弘扬劳模精神、劳动精神、工匠精神。依托市级主流新闻媒体，开设《力行者·劳模风采》《劳动逐梦·榜样同行》等专题专栏，广泛宣传劳模工匠先进典型；寻找宣传发布“最美产业工人”19 名，组织开展优秀工匠、职业道德标兵先进事迹进企业、进校园、进社区示范性宣讲活动 1000 余场次，引领全社会坚定劳动信仰、厚植劳动情怀、砥砺劳动品格。三是大力彰显主人翁地位。推动提高劳模、技术工人参政议政比例，各级群团组织中均有优秀技能人才挂职和兼职，充分保证产业工人主人翁地位；对在技术工人中发展党员计划实行单列，重点发展生产一线工人、技术能手，近年新发展党员 9823 人，设立党员示范岗等 3 万余个，工匠和技能人才队伍先进性不断彰显。

(作者单位：重庆市总工会研究室)

# 四川省高技能人才培养体系研究
## ——基于省属国有企业的视角

王诚　曹继蓉　蒋云波

在人才强国战略与《“技能中国行动”实施方案》指引下，四川省高度重视技能人才的培养，相继出台“一揽子”政策，并积极布局“智能+技能”数字技能人才培养试验区，为高技能人才的成长创造有利条件。四川省属国有企业是省重点发展战略的承载主体，因此从省属国有企业视角，基于人力资本投资理论构建四川省高技能人才培养体系是当前面临的一项紧迫课题。

### 一、四川省高技能人才培养现状

四川省委、省政府高度重视技能人才，紧扣重点产业发展布局，系统谋划战略发展蓝图，加大技能人才培训投入力度，创造激励机制，加强指导政策落实落地，扎实推进全省高技能人才队伍高素质发展。截至2021年底，全省技能人才达到1056万人，其中，高技能人才227万人，分别比2018年底增长32%、52%（见表1），高技能人才占技能人才比重从2018年的18.6%提高到21.5%，高技能人才规模持续扩大，结构不断优化，实现数量和质量“双提升”。截至2020年底，全省共建有国家级省级高技能人才培训基地109个、技能大师工作室161个以及各级各类劳模和工匠人才创新工作室4000余个，其中高技能人才培训基地和技能大师工作室给予补助经费4.37亿元。目前，纳入省委、省政府联系的高技能人才已有200余人，“十三五”以来，先后有260余名高技能人才获得省部级以上表彰。

表 1　2018—2021 年四川省技能人才数量

| 年份 | 技能人才（万人） | 高技能人才（万人） |
|---|---|---|
| 2018 | 799 | 149 |
| 2019 | 883 | 171 |
| 2020 | 1012 | 211 |
| 2021 | 1056 | 227 |

## 二、四川省属国有企业高技能人才培养成效分析

根据文献整理和企业访谈，本文构建双路径人力资本投资对四川省属国有企业绩效的影响作用图（见图 1）。

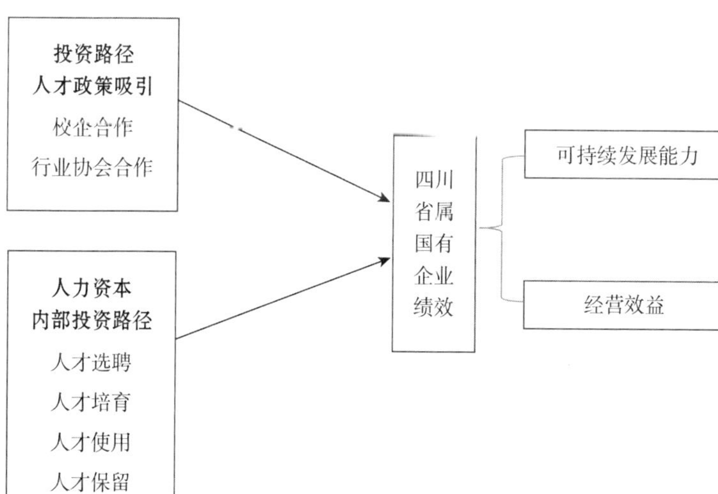


图 1　双路径人力资本投资对四川省属国有企业绩效的影响作用

在国内外高技能人才培养理论和实践基础上设计问卷，并根据 3 位专家意见及试调查结果修改完善问卷，采用李克特 5 级评分法，42 个题项（包含性别、年龄等信息）。通过问卷星线上调查的方式，面向四川省国资委下属国有企业技能人员、专业技术人员、管理人员发放问卷 1174 份，全部回收有效。

使用SPSS22.0对问卷结果进行信度分析，人力资本外部投资路径、内部投资路径、四川省属国有企业绩效3个变量的Cronbach's α值均大于0.7，具有良好的信度。回归分析得知，人力资本外部投资路径和内部投资路径分别对四川省属国有企业绩效产生显著的正向促进作用，即人力资本投资中的人才政策，校企合作，人才培养、使用、激励等在四川省高技能人才培养中发挥作用，促进四川省属国有企业绩效的提升。同时，人力资本内部投资路径对四川省属国有企业绩效的促进作用更为显著，即四川省属国有企业对技能人才的选、育、用、留能够显著提升其可持续发展能力和经营效益（见表2~表4）。

**表2 控制变量、人力资本外部投资路径对四川省属国有企业绩效的回归分析结果**

| | 第一层 | | | 第二层 | | | 多重共线性检验 | | | |
|---|---|---|---|---|---|---|---|---|---|---|
| | | | | | | | 第一层 | | 第二层 | |
| | Beta | t | Sig. | Beta | t | Sig. | Tol | VIF | Tol | VIF |
| 性别 | -0.041 | -1.379 | 0.168 | -0.019 | -0.724 | 0.469 | 0.936 | 1.069 | 0.934 | 1.071 |
| 年龄 | -0.098 | -3.194 | 0.001 | -0.081 | -3.048 | 0.002 | 0.898 | 1.114 | 0.897 | 1.115 |
| 教育 | -0.002 | -0.082 | 0.935 | 0.000 | 0.008 | 0.994 | 0.954 | 1.048 | 0.954 | 1.048 |
| 技能 | -0.016 | -0.539 | 0.590 | -0.032 | -1.233 | 0.218 | 0.945 | 1.058 | 0.945 | 1.059 |
| 外部投资 | | | | 0.507 | 20.220 | 0.000 | | | 0.996 | 1.004 |
| $R^2$ | 0.140 | | | 0.270 | | | | | | |
| $R^2$ | | | | 0.130 | | | | | | |
| F | 4.151 | | | 86.253 | | | | | | |
| Sig. | 0.002 | | | 0.000 | | | | | | |

表 3 控制变量、人力资本内部投资路径对四川省属国有企业绩效的回归分析结果

| | 第一层 | | | 第二层 | | | 多重共线性检验 | | | |
|---|---|---|---|---|---|---|---|---|---|---|
| | | | | | | | 第一层 | | 第二层 | |
| | Beta | t | Sig. | Beta | t | Sig. | Tol | VIF | Tol | VIF |
| 性别 | -0.041 | -1.379 | 0.168 | 0.009 | 0.420 | 0.674 | 0.936 | 1.069 | 0.931 | 1.074 |
| 年龄 | -0.098 | -3.194 | 0.001 | -0.014 | -0.643 | 0.520 | 0.898 | 1.114 | 0.886 | 1.129 |
| 教育 | -0.002 | -0.082 | 0.935 | -0.009 | -0.434 | 0.664 | 0.954 | 1.048 | 0.954 | 1.048 |
| 技能 | -0.016 | -0.539 | 0.590 | -0.020 | -0.922 | 0.357 | 0.945 | 1.058 | 0.945 | 1.058 |
| 内部投资 | | | | 0.699 | 33.057 | 0.000 | | | 0.976 | 1.024 |
| $R^2$ | 0.014 | | | 0.491 | | | | | | |
| $R^2$ | | | | 0.477 | | | | | | |
| F | 4.151 | | | 224.977 | | | | | | |
| Sig. | 0.002 | | | 0.000 | | | | | | |

表 4 控制变量、人力资本外部和内部投资路径对四川省属国有企业绩效的回归分析结果

| | 第一层 | | | 第二层 | | | 多重共线性检验 | | | |
|---|---|---|---|---|---|---|---|---|---|---|
| | | | | | | | 第一层 | | 第二层 | |
| | Beta | t | Sig. | Beta | t | Sig. | Tol | VIF | Tol | VIF |
| 性别 | -0.041 | -1.379 | 0.168 | 0.009 | 0.408 | 0.683 | 0.936 | 1.069 | 0.931 | 1.074 |
| 年龄 | -0.098 | -3.194 | 0.001 | -0.016 | -0.734 | 0.463 | 0.898 | 1.114 | 0.882 | 1.134 |
| 教育 | -0.002 | -0.082 | 0.935 | -0.009 | -0.411 | 0.681 | 0.954 | 1.048 | 0.954 | 1.049 |
| 技能 | -0.016 | -0.539 | 0.590 | -0.021 | -0.973 | 0.331 | 0.945 | 1.058 | 0.944 | 1.059 |
| 外部投资 | | | | 0.040 | 1.374 | 0.170 | | | 0.504 | 1.985 |
| 内部投资 | | | | 0.670 | 22.558 | 0.000 | | | 0.494 | 2.025 |
| $R^2$ | 0.014 | | | 0.491 | | | | | | |
| $R^2$ | | | | 0.477 | | | | | | |
| F | 4.151 | | | 187.938 | | | | | | |
| Sig. | 0.002 | | | 0.000 | | | | | | |

## 三、四川省属国有企业高技能人才培养短板分析

本课题聚焦四川省属国有企业的高技能人才，选取19家样本企业进行调研，总时长超过800分钟，在四川省属国有企业开展问卷调查，分析高技能人才培养方面的典型问题。

### （一）高技能人才外部投资培养方面存在的短板分析

一是对政策了解程度有待提升。据调查统计，对四川省高技能人才培养相关政策文件比较了解的人员占14.9%，非常了解的人员仅占3.1%。这表明，四川省有关高技能人才队伍建设的政策不断更新、与时俱进，政策逐渐细化，但在四川省属国有企业中的宣传贯彻还亟待提升。

二是校企合作开展高技能人才培养有待深化。当前，四川省校企长效合作机制还没有完全建立起来，企业主动参与职业院校培养的积极性不高，校企合作常停留于形式而缺乏实质性内容。调查证实，超过半数的人员（54.4%）认为本单位开展校企合作的情况一般。这表明，四川省属国有企业在校企合作培养高技能人才方面有待进一步完善。

三是行业协会的作用有待加强。行业协会作为社会组织，在规模效应、规范化运作及平台搭建方面有着独特的优势，但目前行业协会对高技能人才培养积极性不高。调查结果显示，51%的人员认为行业协会等外部机构对高技能人才培养标准了解一般，17.6%的人员认为行业协会等外部机构对高技能人才培养标准了解较少，3.8%的人员认为行业协会等外部机构对高技能人才培养标准了解非常少。这表明，四川省行业协会等外部机构对高技能人才培养标准的了解有待加强。

### （二）高技能人才内部投资培养方面存在的短板分析

一是选聘有待优化。目前，在技能人才招聘过程中，有的企业盲目追求学历而忽视作为技能人才应该具备的专业知识和实际操作能力；有的企业急于缓解当前人手紧张问题而降低招聘标准，这些都导致招聘进来的技能人才岗位匹配度不高。四川省属国有企业在技能人才招聘过程中通常采用简历筛选、笔试、

面试、背景调查等传统方式，并不能客观地反映出高技能人才的真正价值。调查结果证实，36.7%的人员认为本单位在招聘高技能人才培养对象时，甄选方式一般；10.7%的人员认为甄选方式较为单一，4.1%的人员认为甄选方式单一。这表明，技能人才招聘方式有待多元化。

二是培养力度有待加大。目前，四川省属国有企业缺乏有效的高技能人才培养机制，例如培训体系不完善，缺乏培训需求分析；培训形式比较单一；培训师资缺少培训领域专业人才，缺乏有效的辅导技能；缺乏结合公司生产工艺和现场需要的具有公司特色的教材；工学矛盾突出；等等。这些都造成了培训质量低于预期。问卷调查发现，高技能人才更倾向于选择较长时间的线下培训，但工学矛盾突出，导致高技能人才的培训时间不足，培训效果不佳。

三是使用机制有待完善。调查发现，在技能大师工作室、创新工作室等高技能人才培养平台作用发挥上，超过半数的人员（59.7%）认为企业没有很好地发挥高技能人才培养平台的作用。这表明，四川省属国有企业对技能大师工作室、劳模工作室的管理制度有待健全，重申报、轻管理的现象依然存在。62.2%的人员认为本单位高技能人才柔性流动情况欠佳，这一发现表明，四川省属国有企业的高技能人才流动方面存在较大的障碍，人才柔性流动方式的创新有待强化。

四是激励机制有待加强。薪酬待遇上，技能要素得不到明显体现，向高技能人才倾斜力度不够。调研中发现，有的薪酬虽与技能等级挂钩但级差不大；有的对技能高、贡献大的职工无明确的奖励措施，高技能人才激励作用有限。发展空间上，高技能人才特别关注自己的长远发展，但目前晋升激励还做得不好，高技能人才发展空间受阻。精神激励上，企业内精神激励还有待加强，主要表现为重视技能、尊重技能人才的文化氛围尚未真正形成，高技能人才参与本公司内部管理的机会少。

## 四、四川省属国有企业高技能人才培养体系的构建及实施建议

### （一）四川省属国有企业高技能人才培养体系的构建

本课题基于四川省属国有企业的视角，以国家技能强国战略为基石，从三

个层面构建四川省属国有企业“122”高技能人才培养体系，即以技能强国战略为基石，坚持市场化需求导向及产业发展导向两项原则，以人力资本外部和内部两个投资路径为主线，构建高技能人才双路径培养体系（见图2）。

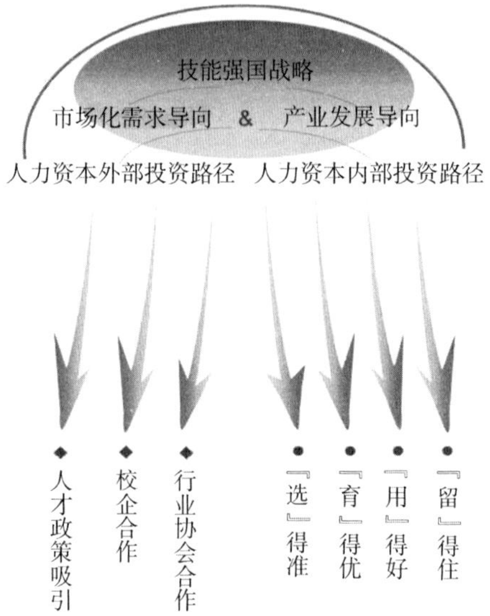


**图2 四川省高技能人才双路径培养体系**

### （二）四川省属国有企业高技能人才培养体系的实施建议

当前，高技能人才培养驶入“快车道”，处于前所未有的战略机遇期和窗口期。高技能人才培养需要政府、企业、职业院校及行业协会等外部机构形成合力，企业必须在“众人划桨”中充分发挥企业“主阵地”作用，四川省属国有企业在培养全省高技能人才队伍中挑大梁、唱主角。

一是以国家技能强国战略为基石。2003年，党中央明确提出将高技能人才纳入国家“人才强国”战略，开始全面推动国家高技能人才培养工作，出台了一系列发展高技能人才的法律、法规及相关配套政策。2010年，中共中央、国务院颁布了《国家中长期人才发展规划纲要（2010—2020年）》，将高技能人才队伍建设纳入国家统筹推进建设的六支人才队伍之一，高技能人才队伍建设确定为实施人才强国战略的重要内容。2021年，按照“十四五”规划要求，人力资源和社会保障部发布了《“技能中国行动”实施方案》，站在实现民族振兴、赢得国际竞争主动的战略高度，为新时代人才工作擘画蓝图。作为四川省属国有企业，要以国家技能强国战略为基石，坚定不移贯彻落实党中央决策部署，扛起技能强企、技能强国重任。

二是坚持市场化需求和产业发展导向两项原则。充分发挥市场在高技能人才资源开发和配置中的基础性作用，强化企业主体作用，聚焦企业战略定位和总体规划，按照创新发展和高质量发展的要求，瞄准劳动者就业和岗位需求，有针对性地开展就业技能培训、岗位技能提升培训、创业创新培训，培养造就一大批具有高超技艺和精湛技能的高技能人才队伍。

加快建设四川省“5+1”现代工业体系、“10+3”现代农业体系、“4+6”现代服务业体系，需要一大批高技能人才与产业发展相互支撑、相互促进。四川省属国有企业作为省重大发展战略的承载主体，为彰显国有企业责任，履行战略使命，要培育更多具备精湛专业技能的一线人才，来满足产业发展对高技能人才的需求。

三是人力资本外部投资路径。发挥技能人才政策的“磁场效应”。要充分发挥技能人才政策的“磁场效应”，四川省属国有企业需要在精准施策、学习宣传、贯彻落实等环节上出实招。首先要助推政府部门精准施策。要积极向政府部门沟通汇报，在制度意见征集时主动建言献策，助推政府部门制定出适宜的技能人才政策。其次要做好学习宣传。要第一时间组织相关领导、部门及人员认真学习，邀请政府部门人员进行专业解读，做到理解透彻、领会到位，确保技能人才政策宣传全覆盖。最后要在具备条件的下属企业率先试行，通过收集推行中的难点、堵点，总结过程中的经验教训，制定出符合自身实际的一套技能人才政策落地制度、机制，让技能人才政策真正“落地见效”“开花结果”。

实现校企合作的互利共赢。四川省属国有企业要根据自身需要，通过与合作学校实行“订单式培养、菜单式教学”的人才培养模式，与学校共同制定培养目标、共同确立专业设置、共同修订教学方案，将企业需求融入技能人才培养环节中，从根本上解决企业发展壮大所需的人力资源和人才支撑。要充分发挥现有技术技能人才对学生的“传帮带”作用，积极探索制定企业工程技术人员、高技能人才和学校教师双向流动机制，不断提高技术技能人才参与教学、培养学生的积极性。要为顶岗实习学生提供实训条件，实现学生职业能力与企业岗位要求的“零距离”对接。同时，可在实习学生中发现、选拔一批优秀学生，实习期满后优先安排到重要和关键的技能岗位工作，使学生“毕业即就业、上岗即上手”。

联合行业协会共育高技能人才。四川省属国有企业要鼓励、支持员工积极参与行业协会组织的具有一定规模化、市场化的行业岗前培训、在岗培训、脱产培训、业务研修等专项培训，为行业发展培养更多高技能人才。四川省属国有企业尤其是头部企业，要充分利用行业协会在整合资源、凝聚资源方面的能力和职能，搭建高技能人才交流平台，在行业内的技术交流、问题探讨、经验学习等方面发挥四川省属国有企业的主体作用，成长为行业内高技能人才“蓄水池”和“资源库”，助推行业技术水平的全面提升。

四是人力资本内部投资路径。“选”得准。科学生成人才画像。四川省属国有企业基于岗位说明书形成学历、知识、技能、素质等基本画像数据，挖掘现有表现好、创造过更高价值高技能人才的共性特征，通过员工档案、人才测评、关键人员访谈等方式生成高技能人才画像，塑造更为精准的选人标准，更有针对性地开展招聘工作。精准甄选，人岗匹配。四川省属国有企业在招聘高技能人才培养对象时，综合运用履历分析、笔试、面试、背景调查、职业性向测评等多种评价方式，高度重视对综合能力与发展潜力的评估，面对面沟通候选人兴趣爱好、未来职业发展预期，综合各种信息推断候选人作为高技能人才培养“坯子”的可能性。

“育”得优。高技能人才培养顶层设计。四川省属国有企业根据战略发展需要及单位实际情况，就高技能人才培养目标、重点工作任务和保障措施等进行全面规划，作为系统推动高技能人才培养的工作指引。从职业素养、岗位知识、岗位技能等方面构建完善高技能人才培养模型，形成各层级高技能人才技能清单，并根据技能清单形成完备的周期性培养计划，快速精准地培养高技能人才。

培训形式多样化。四川省属国有企业大力推行 OPL（One Point Lesson，一般被称为单点课程，又称一点课，是一种在现场进行培训的教育方式）工作手册，促进高技能人才之间知识、经验、技能共享，以解决生产中的实际问题。联合开发线上培训 App，为高技能人才碎片化学习提供途径，解决工学矛盾。选派技术及高技能人才共同参与短期培训班，大力开展行动学习，聚焦联系生产中的实际问题，从原理、技术、技能等多维度思考碰撞，形成解决方案，带回工作岗位，产生经济效益。遴选部分职业（工种），联合开展技能大赛，促进高技能人才在“比学赶超”中获得技能提升和荣誉。联合组建跨企业培训中心，根据擅长业务板块，组织相关技能领域高技能人才培训班，会聚省内顶尖技能人才集中学习、集中讨论，解决生产技术难题，形成省内某一技能领域专属培训成果。建立完善师带徒机制，倡导“能者为师”的理念，将高技能人才绝技绝活代际传承机制发扬光大，师徒协议明确规定传授内容、时间安排、考核内容及激励方式。在应用新技术、新设备、新材料、新工艺的生产和科技攻关过程中，将其中的某些难点问题确定为课题，并形成若干攻关研究组，通过攻关研究，培养高技能人才。

培训密联高技能人才成长，将高技能人才学历提升、师带徒、课题攻关、疑难复杂问题解决、授课、开发课程等工作业绩与贯通发展、优先聘用、晋升发展等紧密关联，激发其内生动力。深度挖掘培训资源，选拔筛选各板块业务精湛的领导或骨干人才，打造一支“开口能讲、提笔能写”的内训师队伍。组织高技能人才围绕重点项目及业务开展复盘、经验萃取工作，开发系列精品课程和案例库，纳入高技能人才年度继续教育范畴。

“用”得好。四川省属国有企业推行高技能人才积分聘用周期制与协议化管理试点。一期一聘，一聘三年，到期重聘、到龄退休，形成周期调整的制度安排；签署高技能人才聘用协议书，严格考核、刚性兑现、体现差异化，不胜任就退出，中止聘用，解除聘用协议，保留劳动合同及聘用前岗位。

充分发挥四川省属国有企业技能大师工作室、劳模创新工作室等平台的引领作用。将相关领域优秀技术技能人才调入工作室，通过技术技能人才不同视觉的火花碰撞，产出更多成果；立足生产一线解决技术技能难题，成为相关技能领域的“智囊团”和“消防队”；积极承担相关专业岗位培训、职业技能认定、职业技能竞赛等人才培养工作；聚焦相关领域开展撰写 SOP（标准工作程序）手册、工作标准、申报课题等科技创新工作。不定期联合开展技能大师工作室交流学习活动，提升工作室建设水平；加强对工作室成果产出的考核，积极构建以技能水平为基础、与工作业绩相挂钩、物质激励与精神激励相结合的工作室激励机制，最大限度激发高技能人才的创造力。

探索高技能人才资源的市场化用人机制。探索 A 公司的技术技能难题，B 公司技能大师“临床研究”，C 公司高技能人才“专家会诊”，适时开展市场化运作，开办社会服务项目，使得高技能人才的智慧辐射到其他省属国有企业及全社会。

“留”得住。发挥薪酬激励作用。在分配高技能人才薪酬时，可采用岗位工资、绩效工资、津贴等多个维度设计技能人才的工资结构。可以考虑对给企业带来经济效益的技改项目，协商确定超额利润提成奖励办法；对高技能人才的创新性成果，协商确定科技成果转化收入分配办法等。

拓宽高技能人才晋升通道。贯通技术技能人才职业发展，探索建立企业内部技能岗位等级与管理、技术岗位序列相互比照、互相衔接机制，鼓励用人单位将技术人才与高技能人才融合、平衡、平等发展，提倡技能工人参加企业管理，使高技能人才有畅通的通道和机会走上管理岗位。落实“新八级工”等级制度。“新八级工”制度与职业发展贯通的相关政策相互作用，拓展技能人才的成长空间。

营造良好氛围，提升高技能人才社会地位。四川省属国有企业可增加高技能人才担任职工代表、工会干部等比例；开展“绝活命名”、工会金点子等重视采纳高技能人才建议的活动；邀请拔尖高技能人才，如中华技能大奖得主、天府工匠、四川省技术能手等进行巡回讲座，营造良好的技能人才成长氛围。

（作者单位：四川省能源投资集团有限责任公司）

# 基于弘扬工匠精神的实践及其成效研究

杨华

产业工人是企业发展的主力军，打造具有工匠精神的产业工人队伍将对企业转型升级、高质量发展产生巨大的推动力。贵州梅岭电源有限公司（以下简称公司或梅岭电源）是一家厂所合一的老国有军工企业，是国家级技术创新示范企业，建有特种化学电源国家重点实验室，承担我国航天及军用特种电源的研制和生产任务。目前，公司正处于转型升级、二次创业的关键时期。通过实践发现，要实现高质量发展，研制生产出高质量的航天产品，仅靠不断进行技术改造、改变生产设备设施这种常规手段已远远不够，其中人的因素越来越重要。怎样才能把人的作用充分发挥出来，着力打造出一支具有工匠精神的产业工人队伍，为我国实现从制造大国向制造强国、质量强国的转变作出贡献？在党的十九大报告“建设知识型、技能型、创新型劳动者大军，弘扬劳模精神和工匠精神，营造劳动光荣的社会风尚和精益求精的敬业风气”的要求中，公司找到了答案：由公司工会牵头，广泛开展大力弘扬工匠精神的研究与实践，取得了良好效果。

## 一、弘扬工匠精神对企业发展的重要作用和意义

一是弘扬工匠精神是推进企业转型升级的需要。在市场竞争的压力和挑战下，公司存在发展质量和效益不高、经营管理手段和信息化水平不够、核心竞争力不强等突出问题。继续固守原有的思维定式和习惯做法，已难以为继，必须按照深化国企改革的总体部署，加快企业提质增效、转型升级，做强做优做大，增强核心竞争力。实现该目标需要持之以恒的努力和精益求精的工作态度，

这恰恰是工匠精神所倡导的。

二是弘扬工匠精神是激发创新精神的需要。传统的工匠精神强调的是继承，而新时代的工匠精神强调的则是在继承基础上的创新。有无追求卓越的创新精神，是判断一位技术工人能否称之为新时代工匠的重要标准之一。只有通过不断创新，才能跟上时代前进的步伐，推动产品的升级换代，以满足市场发展的需要。

三是弘扬工匠精神是促进企业文化建设的需要。企业文化是企业的灵魂，是企业管理的重要手段，是推动企业持续发展的法宝。企业文化包括企业形象文化、企业行为文化和企业精神文化。其中企业精神文化构成企业文化的核心内容。将工匠精神纳入企业文化核心理念，通过学习、交流等多种方式，对职工进行宣传教育，让职工树立工匠意识，把工匠精神内化为全体员工的精神品质，形成共同价值观、行为规则和职业习惯；把敬业执着、脚踏实地、精益求精作为职工的价值追求，促进企业文化建设的提升，增强企业核心竞争力，促进企业持续健康发展。

四是弘扬工匠精神是加强企业职工队伍建设的需要。随着公司战略目标的实施，职工队伍整体素质与企业快速发展的需要不相匹配的问题日趋明显，其主要表现在人员新老交替、高精尖人才匮乏、专业技术力量薄弱、技能人才缺失等方面。因此，如何采取措施来提升职工队伍的整体素质显得十分迫切。弘扬、践行工匠精神正是职工加强学习、提升技能的“能量之基”。

## 二、工匠精神的内涵研究

一是工匠精神的历史渊源。工匠精神自古有之，是中华民族历史文明的璀璨瑰宝，是中国工匠们留下来的宝贵思想精神和优秀传统。工匠精神最早见于春秋战国时期《周礼・考工记》一文中“非利唯艺”，意思是工匠精神不是单纯为了维持生活、谋取利益，而是为了追求作品本身的完美性和艺术性。先秦典籍《左传・文公七年》记载，“六府三事，谓之九功。水火金木土谷，谓之六府。正德、利用、厚生，谓之三事。义而行之，谓之德礼”。据清代著名哲学家李塨《瘳忘编》的解释，“正德”“利用”“厚生”表达了中国古代人们对工匠精神的理解和古代职业教育中的教育原则。我国教育学家庄西真认为工匠精神有三层含义：第一层是追求作品技艺上的巧夺天工；第二层是将真理应用于实践之中，在实践中获得真知，不断发现问题、解决问题；第三层是坚固的技艺水平和高尚的道德情操。

随着时代的发展，科技的进步，工匠精神被引入各个领域中，它的内涵也在不断发生着变化。现代的工匠精神在原有的意义基础上又融入了更多现代化的元素，需要用多元化的思想角度去解读。

二是问卷调查梅岭电源工匠精神的内涵。梅岭电源工会开展了梅岭电源工匠精神内涵的问卷调查，在 11 个分会主席、63 个班组长及职工代表，共计 512 人中发放调查问卷。收集汇总后认为，梅岭电源工匠精神的内涵是“追求卓越”“严谨认真”“技艺高超”“勇于创新”“继承传统”“精益求精”“耐心专注”“爱岗敬业”“无私奉献”“传承技艺”。通过归纳分析，认为梅岭电源工匠精神的内涵是“勇于创新”“精益求精”“耐心专注”“爱岗敬业”“传承技艺”的人数占比略高。

三是提炼总结梅岭电源工匠精神的内涵。基于梅岭电源的发展历史和多年的科研生产实践经验及职工代表工匠精神内涵问卷调查结果，将梅岭电源工匠精神内涵诠释为：敬业、精准、专注、创新、传承。敬业：勤勤恳恳、兢兢业业；精准：精益求精、毫厘不差；专注：全神贯注、执着专一；创新：改善提高、主动探索；传承：继往开来、薪火相传。

## 三、梅岭电源弘扬工匠精神的载体研究

一是通过多种方式有效开展工匠精神宣传教育。开展工匠精神日常宣传。组织各部门、分工会利用分会会议、班组例会等形式向职工宣传工匠精神，以及开展弘扬工匠精神活动的意义，并让职工了解工匠精神主题活动内容及相关的活动安排。开展工匠精神月度专题学习。各分会、班组每月召开一次弘扬工匠精神专题学习会。学习会围绕什么是工匠精神、为什么要弘扬工匠精神、如

何培育和弘扬工匠精神等方面开展，讲解弘扬活动的案例、故事，引领职工不断深刻理解工匠精神内涵。营造弘扬工匠精神活动氛围。利用部门及班组管理看板、微信群、航天云信、LED 电子屏、横幅标语等广泛宣传工匠精神内涵、活动进展、典型事迹，大力烘托活动氛围、激发践行热情。组织观看影视节目。组织各部门、分会收看《大国工匠》《挑战不可能》等节目，引导教育职工贴近学习及生活的实例，从众多生动的典型人物和事例中吸取营养，领会专注细节、追求“零缺陷”的思想品质，从而感悟工匠精神。组织阅读有关书籍。购买和发放有关学习书籍，如《工匠精神——精英员工的行为准则》《工匠精神——伟大公司的驱动力》等，组织职工进行学习。引导职工筑牢不断向上、踏实精准的工匠之心，激发不为名利、追求品质的工匠之情，练就精益求精、打造品质的工匠之技，培养刻苦钻研、不断创新的工匠之风。

二是开展工匠精神践行交流研讨活动。通过组织“劳模上讲堂”“工人讲习所”及“劳模职工同携手，工匠精神共传承”交流研讨活动，让劳模、先进和职工代表们分享他们立足岗位、拼搏奉献的奋斗历程，以及如何以实际行动诠释工匠精神，工作一丝不苟、精益求精，确保产品质量的具体做法。工会还组织分会主席、班组长走出去，到兄弟单位参观学习劳模和工匠的先进理念和先进做法，通过彼此交流、相互分享，碰撞出思想火花，不断深化践行工匠精神的工作思路和方法。

三是开展创新创造活动。将弘扬工匠精神活动融入群众性创新创造活动，并实行有序高效闭环管理，激发广大职工的创新创造意识。建立从班组收集合理化建议到部门把关，科研生产部初审到公司专家组审核的三级合理化建议收集、初审、审核的工作流程。对决定采纳的合理化建议由科研生产部安排落实、具体实施。开展弘扬工匠精神活动以来，职工参与“岗位改善提合理化建议”及“技术革新、小改小革”活动比以往更加积极踊跃，职工立足岗位，发挥聪明才智，动脑筋、想办法，提出很多有价值的合理化建议及技术革新、小改小革方案，促进企业技术水平、生产能力的提升，提高企业参与市场竞争的能力。如：火工组组长吕能勇提出用自制电发火头取代外购电发火头的建议，被贵州省总工会评为“金点子”三等奖；军品总装组王森的“神舟飞船特种化学电池极板极耳自动擦片机”项目，荣获贵州省国防工业系统职工经济技术创新优秀成果三等奖；等等。这些成果在公司革新挖潜、降本增效方面发挥了积极作用。

四是开展岗位技术比武活动。以科研生产班组为单位，根据职工实际水平及生产设备工艺要求，设计岗位技术比武方案、内容，找差距、学技术、练绝活，提高职工技术、技能水平。各分工会紧紧围绕“弘扬工匠精神”主题要求，引导职工立足工作岗位练思想、练作风、练技能、知规章、懂流程、严行为，努力打造富有匠心、匠道、匠魂、匠艺、匠品的职工队伍。在比武时，大家你追我赶，创先争优，涌现出一批“小能人、小专家、小工匠”。

五是开展工匠“传帮带”活动。梅岭电源高级工、技师特别短缺，壮大技工队伍、弘扬工匠精神是一件急迫的事情。工会开展骨干、工匠精神传承者“师带徒”活动，建立骨干、工匠“师带徒”制度，签订“师带徒”合同，明确师徒职责和目标成果，加强过程考核和激励规定，不流于形式、不走过场，让工匠精神、匠人技艺得到有效传承，使年轻人的技能得到快速提高。近两年，开展骨干、工匠精神传承者“师带徒”活动，签订“师带徒”合同并结成师徒对子 68 对，通过“传帮带”，带出一批跟得上公司发展的技术骨干力量，打造出一支富有匠心、匠艺、匠品的职工队伍。

六是开展班组“学习工匠精神，争做梅岭工匠”季度、年度竞赛及评比活动。围绕“敬业、精准、专注、创新、传承”的工匠评比标准，进行日常考核和季度评比。活动中，各分会以班组为单位进行比赛。赛事内容根据班组特点，从质量、精度、安全、效率、创新等方面来细化、量化考核目标。各分会每季度评出班组“学习工匠精神，争做梅岭工匠”先进个人，经部门认可后报公司工会。工会根据上报的提名情况，结合班组建设及创建劳模创新工作室工作考核情况等方面，综合评选出公司季度班组“学习工匠精神，争做梅岭工匠”先进个人 10 名。该活动开展以来，在提升职工素质、注重产品质量、增强创新能力等方面取得了一些成效，涌现出一批弘扬工匠精神的先进职工。为更好地树立典型、培育工匠，梅岭电源召开年度评比表彰会，对评选出的梅岭工匠、金牌工人及工匠精神践行者等先进职工予以表彰，将每年评出的梅岭工匠纳入“梅岭工匠库”管理，每年对其跟踪考核和奖励。

## 四、弘扬工匠精神活动取得的成效

一是梅岭电源企业文化内涵得以丰富。梅岭电源通过对企业自身文化基因挖掘、系统梳理和完善，结合自身实际和未来发展需要，总结、提炼出了符合自身特色的梅岭电源文化理念。工会在梅岭电源范围内，利用多层活动，以宣贯传播做到内化于心，以岗位实践做到外化于行，以制度建设做到“固化于制”，以思想引领做到从“要我参与”变为“我要参与”，不断增强梅岭工匠精神的影响力与渗透力，将工匠精神弘扬活动深度融入管理各个环节、各个岗位，融入梅岭电源企业文化的理念、展示、建制、激励等环节。

二是梅岭电源职工创新创效活动成效增强。两年来，职工参与“岗位改善提合理化建议”活动比以往积极，共计达330多条，采纳率达70%；技术革新、小改小革申报项目共提报61项，每年递增，为梅岭电源创造500多万元的直接经济价值。

三是梅岭电源职工队伍素质有较大提升。通过工匠精神弘扬活动，梅岭电源职工的精神境界得以提升。近两年，共有14人被评聘为高级工、21人被评聘为技师；季度提名和推荐争做梅岭工匠的先进个人共计184人，获得季度先进64人；20人获得公司“梅岭工匠”“金牌工人”“工匠精神践行者”荣誉称号；116位职工获得公司“先进工作者”荣誉称号；60余人获得上级有关单位表彰。

四是梅岭电源团队建设取得成绩。在创新创效、技能比武等多种活动中，工会充分依托班组、技能大师工作室等团队组织发挥集体智慧作用，互相帮助、取长补短，传承技艺、共享知识，在促进职工个人素质提高的同时，打造“工作中学习、学习中工作”的团队，团队的凝聚力、战斗力等得到加强，整体素质得以提升，多个团队获得先进集体荣誉。王森领衔的技能大师工作室升级为航天江南王森技能大师工作室；王森锌银电池正负极片引出银丝（银带）自动擦拭机制作技能团队、吴率喜电池盖外圆自动打磨机制作技能团队，荣获两个首批航天江南技能创新团队；第一制造部制片组荣获2018年度贵州航天工人先锋号；第一研发部锌银电池研究团队荣获2018年贵州省工人先锋号；第二制造部集流网制造组荣获2019年贵州省国防工业系统五一巾帼标兵岗等荣誉。

五是梅岭电源高质量发展得以提升。梅岭电源通过弘扬工匠精神，筑牢了班组建设基础，全面提升了职工素质，扎实了企业管理根基，使得企业运营质量大幅提升。合同履约率及产品质量大幅提升，多次获得顾客表扬；经济运行指标明显改善，人均劳动生产率大幅提升，2019年同比增加12.37%。公司荣获江南航天2019年度经营业绩考核优秀单位及质量工作先进单位。

梅岭电源积极响应党的号召，开展的弘扬工匠精神探索与实施，虽取得明显成效，为类似军工企业提升产业工人队伍素质探索出了一条可以借鉴的工作路子，但由于活动的时间较短，有关做法还有待进一步总结完善。

（作者单位：贵州梅岭电源有限公司工会）

# 陕西省国防系统培育选树大国工匠的实践与思考

贾莹 唐晓峰 何浩斌

习近平总书记在致首届大国工匠创新交流大会的贺信中指出："技术工人队伍是支撑中国制造、中国创造的重要力量。"大国工匠是技术工人队伍中的杰出代表，是技能人才培养最顶端的成果。要结出这样的果实，必须有完备的技能人才培养体系，让广大技能工人有良好的成长成才途径。长期以来，陕西省总工会认真落实中央决策部署，围绕创新驱动战略，结合陕西国防系统企业实际以及职工队伍实际，在培育选树大国工匠方面进行了一些探索，取得了一定的成效。

## 一、陕西省国防系统培育选树大国工匠的具体实践

一是拓宽技术工人职业晋升通道。陕西省国防系统建立以企业岗位练兵和技术比武为基础、以国家和行业职业技能竞赛为主体、国家竞赛与国际竞赛赛项相衔接的劳动和技能竞赛机制。基层每年组织技能大赛约 600 项（工种），国防工会每年组队参加陕西省一类大赛所有适用工种比赛，本级组织的省级二类大赛也由最初的每年 2 个工种增加到现在的 6 个工种。大赛每年参与职工累计超过 20 万人次。近年来通过技能大赛，近 200 名职工获得"陕西省技术能手"荣誉称号，180 名职工获得"陕西国防技术能手"荣誉称号，一大批职工晋升了职业资格等级。举办技能大赛在陕西国防系统已经成为优良传统，优秀职工在获得认可和归属感的同时，也会影响和带动广大职工苦练技能的热情。

除此之外，从2018年开始，陕西省国防工会联合陕西省委军民融合办以国防科技工业劳动竞赛委员会的名义，评选陕西省国防科技工业劳动模范，这在全国产业工会属于首创。4年来，共有220名优秀职工脱颖而出。陕西国防科技工业劳动模范在更高层级荣誉的评选中发挥了重要的基础荣誉作用，已经成为激励广大职工爱岗敬业、争创一流的重要抓手。

二是发挥班组对高技能人才的日常培养作用。班组是企业最小的细胞，企业所有的任务最终要落实到班组来实现，班组是高技能人才培养的初始地，班组长是大国工匠的摇篮。陕西省国防系统现有各类班组2万余个，全系统各企事业单位以创新工人先锋号为载体，广泛开展“六型班组”“星级班组”“红旗班组”等不同形式的优秀班组创建选树活动，推动班组管理水平的不断提升。班组建设活动开展以来，一大批班组受到省级以上表彰，涌现出了西飞公司“薛莹班”、航天六院“杨峰班”、航天四院“徐立平班”、庆华公司“王飞桥班”以及薛莹、杨峰、王飞桥、徐立平、张新停、刘浩、夏复山、赵平等在全行业乃至全国都具有影响力的班组和优秀班组长，其中张新停、徐立平已成为“大国工匠”。陕西省国防工会2019年承办第二届中国国防邮电工会班组建设论坛，总结了班组建设五条基本经验进行推广。

三是发挥劳模先进人物的示范引领作用。陕西省国防工会于2016年10月成立了由顶尖劳模、工匠人才组成的陕西军工劳模服务团。开展劳模服务团成员进校园活动，在三所职业院校挂牌成立“陕西军工劳模服务团服务指导工作站”，向青年学生传承劳模精神、工匠精神，传授技能绝活；组织劳模、工匠开展跨行业、跨企业班组共建、名师带徒活动，全系统班组共建结对2200余对，“师带徒”结对2800余对；开展送教下基层活动，组织军工劳模服务团成员赴一线授课，培训班组长和一线职工超过5万人次。有10名服务团的劳模与工匠人才和13所高职院校签约成为特约教授，定期进行“劳模精神、工匠精神”传承宣讲，进校园传授绝技、绝活与技能培训，指导学生提升技能，取得了良好成效。

四是为优秀职工搭建个人成长平台。2014年起，陕西省国防系统就开始开展职工（劳模）创新工作室创建活动，制定出台了职工（劳模）创新工作室创建规范。坚持“十有”考核标准，打造了多个在全省乃至全国立得住、叫得响、影响大的创新工作室品牌。截至目前，创建国家级创新工作室 12 个（全国示范性劳模和工匠人才创新工作室 2 个），省级创新工作室 29 个（陕西省示范性劳模和工匠人才创新工作室 24 个），国防系统职工（劳模）创新工作室 133 个。同时，运用“互联网+”思维，以“学习借鉴、开拓创新、成果共享、合作共赢”为准则，将同行业或不同行业的同专业（或相近专业）的职工（劳模）创新工作室整合，搭建跨企业、跨行业、跨区域的职工（劳模）创新工作室联盟平台，实现整合资源，优势互补。各级各类工作室在推动企业完成科研生产任务、解决技术难题中发挥了重要作用。同时，也为优秀带头人的个人提升技能、科研攻关提供了人力、物力资源，为优秀职工的进一步成长奠定了坚实基础。

经过多年的实践，陕西国防系统大国工匠的培养、选树工作取得了显著成效，涌现出了徐立平、刘湘宾、张新停、李世峰、胡洋等 5 位“大国工匠”，903 名省部级以上劳模、30 名“三秦工匠”以及近百名市级工匠和百余名陕西省技术能手。2021 年 10 名“大国工匠年度人物”中有 2 名出自陕西国防系统。大国工匠徐立平还被选为陕西省总工会兼职副主席。在 2022 年 4 月举办的首届大国工匠创新成果交流大会上，陕西国防系统的大国工匠和他们的创新成果成为陕西展厅的闪亮名片。

## 二、培养选树大国工匠实践过程中发现的问题

在长期培养选树大国工匠的实践过程中，我们虽然取得了一定的成效，但也遇到了很多问题。

一是技能人才的成长通道还不够畅通。“新八级工”制度正在推行之中。大部分职业（工种）的最高等级为高级技师，技能人才成长“天花板”明显。技能人才与专业技术人才贯通发展成效微弱，技能人才成长的“立交桥”还未完全搭建起来。

二是全社会尊重、崇尚技能人才的氛围还没有完全形成。除了少部分“有名”的高技能人才，技能人才群体对自身的认同感并不是很强。在陕西省国防工会的一项调查中，职工希望自己成为高技能人才，但是对自己的孩子成为技能工人并不期待。

三是技能人才的待遇还需要进一步落实。虽然各单位在推选各级人大代表、党代会代表、工会兼职副主席时都逐步向技能人才倾斜，但也仅是极少数的优秀分子当选。经济待遇与薪酬体系密切相关，特别是在国有企业中，一次性的奖励或者项目奖励比较多，但是以技能作为分配要素的薪酬体系的建立还需要一段时间。

四是技能人才的数量和素质需进一步提高。要形成阶梯性的技能人才队伍，必须有更多的技能人才储备，需要有更多的高素质人才脱颖而出，目前技能人才数量和素质与实际需要还有很大的距离。

## 三、培养选树大国工匠的思路和建议

一是进一步拓宽技能人才职业发展通道。推进落实《关于健全完善新时代技能人才职业技能等级制度的意见（试行）》。建立公平公正、规范合理的技能人才评价体系，形成科学的技能人才评价体系。完善技能骨干人才选拔机制，对于解决重大生产工艺技术难题和重大质量问题、获得重大技术创新成果或培养骨干带徒业绩突出，为企业工艺创新、技能提升、人才培养作出突出贡献的，取消年龄、学历、技能资格等条件限制，破格聘用或晋级，为技能人才多方位脱颖而出搭建平台。

二是进一步提升技能人才工资待遇。认真落实《关于提高技术工人待遇的意见》《技能人才薪酬分配指引》等一系列重要措施，改善技能人才的成长环境。强化工资收入分配的技能价值激励导向，增设“师带徒”津贴，提高高技能人才带徒积极性和带徒效果，为企业培养和储备一批优秀技能人才后备力量。

三是进一步加大技能人才培养力度。加强企业培训中心建设，从培训教室、培训设备配置、期刊书籍等硬件设施到培训师资队伍、资金投入等软件设施建设不断加强，为各项培训工作的高质量开展奠定坚实的基础。鼓励员工树立终身职业技能培训理念，倡导员工立足岗位，积极创新，采取“走出去”与“请进来”多种方式，加强技能人才培训教育。针对技能技术人员队伍“断层”问题，要采用“用好一批，培养一批，引进一批”的办法，解决专业人才匮乏问题。通过学习教育和培训，达到高级工、技师以上人员比例显著提高，无技能等级人员基本消除的目标，形成高、中、初级技能人员梯次发展的良性循环。

四是进一步加强对技能人才的宣传。充分利用企业微信公众号、网络、报纸等媒介，讲好工匠故事、展示工匠形象、弘扬工匠精神，营造劳动光荣、技能宝贵、创造伟大的良好氛围。在宣传大国工匠等优秀人物的同时，重视对技术工人群体的宣传，提高对技术工人群体的社会认同，增加他们的归属感。

（作者单位：陕西省总工会）

# 选树“陇原工匠”、弘扬工匠精神，助推经济社会效益双丰收、企业职工双受益

曾朝政

近年来，甘肃省总工会坚持以习近平新时代中国特色社会主义思想为指导，学习贯彻习近平总书记关于工人阶级和工会工作的重要论述，贯彻落实习近平总书记致首届大国工匠创新交流大会贺信精神，大力弘扬劳模精神、劳动精神、工匠精神，特别是把“陇原工匠”选树命名摆在突出位置，着力挖掘培育各行各业“陇原工匠”，为经济高质量发展提供高技能人才支撑。

## 一、强化榜样引领抓培育，选树工匠人才

始终把工匠选树宣传作为重中之重，从2016年开始，甘肃省总工会参照全国总工会做法，联合甘肃日报社、甘肃省广播电视总台，聚焦产业振兴和人才培育，在全省深入组织开展“陇原工匠”选树命名活动。

### （一）建立专门机构，规范评选机制保障

甘肃省总工会成立“陇原工匠”选树命名活动领导小组，统筹指导推荐命名活动。领导小组办公室设在宣传教育部，负责活动各项具体工作。成立资格审核专家组，建立资格审核专家库，负责“陇原工匠”推荐人选把关审核工作。研究制定《甘肃省总工会“陇原工匠”、提名“陇原工匠”选树命名办法》，明确评选条件、推荐流程，建立基层推荐、资格审核、宣传投票、公示命名、奖励管理的评选机制，为活动开展提供坚强保障。

### （二）严把推荐环节，适时命名优先推荐

秉承“政治立场坚定、技术水平高超、行业领域贡献突出、示范引领作用

突出”的宗旨，严格按照评选要求，每届高标准、高质量选树命名“陇原工匠”10名、提名“陇原工匠”10名。坚持“德才兼备、好中选优、公开透明”的原则，各基层工会严格按照条件推荐选拔，经资格审核专家组初审、公众投票、专家投票、会议研究、社会公示等环节，确定当届名单，适时在“五一”“十一”重要节点命名表彰，优先推荐并即时授予“甘肃省五一劳动奖章”荣誉称号，树立技能高超、工艺专长的工匠人才典型。

### （三）注重示范引领，大力弘扬工匠精神

为充分发挥“陇原工匠”的示范、引领、集聚、导向功能，2018年“陇原工匠”申报纳入省委组织部省级重点人才项目，作为培养和向上推荐的重点对象，不断建强高技能人才队伍。同时通过多种形式，立体化、多层次宣传工匠事迹、弘扬工匠精神，努力营造劳动光荣的社会风尚和精益求精的敬业风气。拍摄“陇原工匠”专题片20部，在甘肃卫视播出；在《甘肃日报》开设“劳动者风采”专栏，整版刊登“陇原工匠”、提名“陇原工匠”光荣榜和先进事迹；组建“劳模工匠宣讲团”，开展“陇原工匠进校园”活动，推动兰州石化职业技术学院等职业院校聘请16位“陇原工匠”为客座教授，以鲜活事例开展主题宣讲、事迹展览、导师带徒、技艺传承等活动。

## 二、强化平台搭建抓创新，厚植工匠沃土

为发挥劳模、工匠和高技能人才的“火车头”作用，先后筹建命名省级“陇原工匠工作室”20家，充分发挥工作室人才技术优势，通过典型引领，以一带十、以十带百，激励和带动一线职工学技术、争一流、比贡献，有力推动了企业高技能人才队伍建设，使更多职工成为能人，更多能人成为工匠，更多工匠成为劳模。

### （一）积极攻坚克难，开展技术创新实践

工匠工作室针对企业生产经营活动中遇到的技术难题，在企业技术改造、节能降耗、安全生产和疫情防控、脱贫攻坚等各个方面都作出了突出贡献。中核兰铀公司“魏晋辉工匠工作室”为确保企业四条生产线安全稳定运行，完成

异常停电处理、冷风箱异常处理等应急抢险20余次，解决生产现场工艺系统找漏等10多项难题。兰州供电公司“宋军光工匠工作室”在新冠肺炎疫情严峻时期，先后完成兰大一院西院区带电组立砼杆、安装附件、接隔离开关上引线工作，省人民医院西院区隔离点备用电源带电接入工程等工作，为疫情隔离定点医院安全可靠用电装上了“双保险”，为打赢疫情防控阻击战提供了强有力的支撑。

（二）开展技术培训，培养后续技能人才

工匠工作室通过开展“导师带徒”活动，举办专业技术培训班，积极发挥“传帮带”作用，提高职工技能水平，为企业和单位培养后续技能人才。兰州石化公司“卢朝鹏工匠工作室”团队，以高级技师及车间技术管理人员为人才培育骨干，每年组织开展不少于16场次的技术讲座，开展各类授课100学时以上；以装置生产现场的操作难题为导向，利用检修改造现场进行技艺传授，重点开展以技术攻关、操作优化和工作法创新为主的人才培育工程，年均培训员工近300人次、组织师徒结对30对以上，培育了一大批车间技能人才。

（三）强化交流合作，拓展创新创造思维

工匠工作室是攻坚克难的“主力军”，是提升员工技能水平的“孵化器”，更是技术交流的“大舞台”。在积极开展各项创新工作的同时，工作室团队打开思路、解放思想，积极开展交流合作，拓展创新创造思维。大国工匠潘从明的“潘从明创新工作室”年均参与金川集团公司及合作高校、同行技术交流推广活动80多次。中核兰铀公司“陇原工匠工作室”积极“走出去”，既与省内兰石总厂等兄弟单位工作室交流，也到省外河北三厂等同行业单位，就创新活动开展、成果转化、项目孵化和职工技能培训等主动开展交流，相互学习和推广先进经验与创新做法。

## 三、强化技能提升抓效益，放大工匠效应

自活动开展以来，已选树“陇原工匠”和提名“陇原工匠”80名，培育推荐2名“陇原工匠”被全国总工会选树为“大国工匠”，分别是“陇原工

匠”、金川集团公司贵金属冶炼厂贵金属精炼工潘从明，“陇原工匠”、敦煌研究院壁画修复师李云鹤，他们的先进事迹在全国都产生了巨大的反响。“陇原工匠”已成为甘肃工会工作的品牌，在全省具有较高的社会知名度，并取得了社会效益和经济效益的双丰收。

（一）释放工匠效应，创造可观经济效益

通过选树“陇原工匠”，举办弘扬工匠精神、厚植工匠文化活动，组织“陇原工匠”进企业、进校园、进工地，与一线工人交流技术、切磋技艺、破解难题，持续释放“工匠效应”，引领全省广大职工建功立业，使以精益求精为核心内涵的工匠精神，更好地服务甘肃经济社会高质量发展。“陇原工匠”卢朝鹏，带领中石油兰州石化公司团队提出的“萃装置烟气轮机增加功率方法”，使 4 台机组平均多回收能量 3000 千瓦，年经济效益近千万元。“大国工匠”潘从明，带领“金川集团工匠工作室”完成“镍阳极泥中铂钯铑铱绿色高效提取技术”，彻底改变了贵金属冶炼长期依赖国外技术的局面，填补了多项国内外空白，累计创造经济效益 12 亿元以上。

（二）强化职业培训，提升产业工人技能

在推进产业工人队伍建设改革的过程中，以工匠精神、工匠事迹作为“有理想守信念、懂技术会创新、敢担当讲奉献”的现实标尺，以“陇原工匠工作室”为阵地，为技能人才干事创业搭建发展平台，强化职业技能培训，创新技能导向激励机制，通过奖补 200 多万元的方式，带动企业投入 1. 3 亿元，不断拓展产业工人发展和成长成才空间，促进了全省 4 万多名产业工人技能素质的显著提升，努力建设一支知识型、技能型、创新型的陇原劳动者大军。

（三）挖掘造就工匠，促进技能人才培养

选树“陇原工匠”得到了各级党政领导的重视和支持，推动了有关部门完善落实技术工人培养、使用、评价、考核机制，提高技能人才待遇水平，完善技能人才激励政策。各级地方和产业工会相继开展地域特色鲜明、带动作用显著的工匠挖掘学习宣传活动，全省工匠推选呈“井喷”式发展，“金城工匠”“铜城工匠”“陇中工匠”“河州工匠”“石油工匠”“国防工匠”“路桥好工匠”“甘肃建设十优工匠”大量涌现，一大批技艺精湛、精业乐业的工匠被挖掘出来，带动和激励了更多劳动者特别是青年人走技能成才、技能报国之路，培养更多高技能人才、能工巧匠和大国工匠，为全面建设社会主义现代化国家提供有力人才保障。

匠心筑梦，匠艺强国。“执着专注、精益求精、一丝不苟、追求卓越”，有着深厚历史沉淀的工匠精神，正激励着中华儿女在新征程上创造新的辉煌。时代发展需要大国工匠，工匠精神历久弥坚。如今在甘肃，支持技能人才成长的良好氛围日益浓厚，更多“金蓝领”脱颖而出，为“丝路陇原”增光添彩。

（作者单位：甘肃省总工会）

# 积极推进“创新联盟”建设，充分发挥劳模工匠引领作用

郑黎　唐海军

为集聚创新资源，发挥集群效应，形成协同创新合力，近年来，中国铁路工程集团有限公司（以下简称公司）充分发挥劳模工匠引领作用，扎实推进劳模和工匠人才创新工作室联盟建设，在助力培养高素质产业工人队伍、推动企业高质量发展中发挥了重要作用，主要做法如下。

## 一、坚持“三个抓实”，高起点创建创新联盟

### （一）抓实组织领导

公司始终高度重视、大力支持创新工作室联盟建设。2019 年 8 月，召开劳模创新工作室建设现场推进会，按下创新联盟建设“启动键”。2021 年 4 月，公司劳模和工匠人才创新工作室联盟被确定为全国第二批产业工人队伍建设改革试点后，及时将其纳入“改革三年行动”的重要内容，作为推进产业工人队伍建设改革走深走实的重要抓手。按照试点工作要求，公司制定了《劳模创新工作室联盟试点工作实施方案》，建立了党委领导、行政支持、工会牵头、部门协作、劳模领衔、职工参与的工作机制，明确了“路线图”和“时间表”。各级工会分层、分级细化措施，加强组织领导，抓好任务落实，形成了上下联动、齐抓共管、协同推进的工作格局。

### （二）抓实规范创建

为夯实联盟建设基础，着力抓好劳模创新工作室创建工作。一是严格建设

标准。明确“八有”条件，即有创新团队、有场所设备、有攻关目标、有管理制度、有创新能力、有经费保障、有考核激励、有创新成果。二是扩大覆盖面。有序建立科技研发型、管理创新型、“五小”攻关型、项目党建型、海外经营型、农民工管理型等 6 种类型创新工作室。三是实行星级管理。构建了由股份公司牵头建设五星级工作室、二级公司牵头建设四星级工作室、三级公司牵头建设三星级工作室的管理体系。在联盟创建过程中，坚持以专业为依托，按照“创新领域相通、创新定位相同、创新目标相近、创新内容相关”的原则，分类组建跨单位、跨区域的专业性创新联盟，并严格把好成员关、管理关、考核关、统筹关。2021 年，先后组建桥梁、隧道、城轨、四电工程四个领域创新联盟，共计吸纳 34 家单位 161 个创新工作室。

### （三）抓实联盟管理

一是完善管理制度。制定《创新工作室管理细则》《创新工作室联盟管理办法》，明确联盟定位、联盟宗旨、联盟方式，建立年度会议、学习培训、交流研讨、协作互助和经费管理制度，确定研讨创新方向、交流创新成果、培养优秀团队的联盟任务。二是规范联盟组建。指导联盟成立理事会，建立组织机构，制定联盟章程，明确联盟成员加入程序和条件，明确联盟成员权利和义务，并为联盟牵头人颁发聘书。创新联盟实行轮流牵头负责制，每 3 年轮换 1 次。三是做好过程服务。按照“试点先行，全面实施，总结提高”的工作思路，加强分类组建、分类管理、分类推进。及时跟踪创新联盟进展，对联盟立项课题进行深入调研和实践，对推广实用影响大、效果好的创新成果进行评比。加强会前指导、过程参与、会后总结，公司领导全程参与联盟会议和活动。四是保障活动经费。联盟年度活动经费由公司补助、联盟牵头单位工会补助和本单位行政资助组成，经费专款专用，用于联盟日常的会议组织、研讨交流、学习培训等。联盟开展专项技术交流和科技攻关活动，公司视情况给予一定的经费支持。

## 二、构建“三项机制”，高质量运行创新联盟

### （一）构建学习交流机制

一是年度联盟例会。联盟每年至少召开 1 次年度会议，总结安排年度工作，

交流创新活动情况，举办专家技术讲座，推介展示创新成果。联盟牵头单位科技、生产管理部门参加并给予指导。二是日常线上交流。联盟内部通过微信群、论坛、视频会议，就某一课题开展线上研讨，或邀请专家授课、举办线上讲座，有针对性地开展学习交流。三是定期线下活动。依托创新联盟大讲堂、创新联盟万里行、创新联盟大脑汇、创新联盟评鉴团等活动载体，定期开展技术培训、交流和研讨活动。如隧道联盟围绕盾构施工技术，开展盾构掘进操作控制要点交流研讨和大盾构施工现场观摩；桥梁联盟围绕桥梁建设，通过举办技术讲堂、桥梁技术论坛、创新成果评优会、成果转化鉴赏行等活动，从点到面在全系统内开展桥梁各项创新创效活动。四是开展工作研讨。定期召开创新工作室联盟牵头人会议，围绕联盟建设组织 3 次座谈研讨，交流联盟工作情况，总结经验做法，查找分析不足，研究改进措施，实现了联盟互学互鉴、互帮互助。

（二）构建成果共享机制

一是推动资源共享。开发建设“智汇未来·双创”共享云平台，探索建立创新成果数据库，提供创新创意项目申报、首创鉴定、价值评估、内部共享交易、专利服务以及应用推广等全套服务，为联盟搭建资源共享、交流服务平台。二是加强成果推介。开展优秀创新成果推介交流活动，积极推荐联盟创新成果参加各类成果展。如四电联盟的轨道交通机械装备沙盘、桥梁联盟的“大桥海鸥”3600 吨起重船在中国中铁第六届科技创新大会展出，受到参展者的一致好评。三是开展技术交流。围绕项目施工生产、关键技术瓶颈等问题，联盟及时组织开展交流研讨活动，共同解决难题。对联盟成员提出的问题、遇到的难题，其他成员根据自身所长及时提供参考意见或现场指导等服务。如城轨联盟先后 3 次组织联盟成员到大瑞铁路、深圳地铁、重庆轻轨等重点项目，围绕软弱地层城轨修建技术、滨海区域复杂地质环境下土建工法技术、单轨及快线修建技术等前沿技术，开展现场观摩和交流研讨，帮助联盟内所有成员共同提高、共同发展。四是推进协同创新。鼓励联盟成员打破壁垒，强强联手，协同创新。如四电联盟就数字轨道顶弯技术研发、信号系统的信标改造工程等开展联合攻关，其成果在工程项目得到成功应用。

### （三）构建多重激励机制

一是学习激励。优先安排联盟牵头人参加劳模先进培训研修活动，优先推荐联盟成员工作室骨干人员参加各级学习培训和交流研讨。二是推优激励。在向上级推荐和公司内部命名表彰示范性创新工作室时，优先征求联盟意见，优先考虑联盟成员工作室，并优先推荐联盟成员创新成果参加各级职工优秀创新成果交流和申报公司科技进步奖、管理创新奖。三是荣誉激励。将联盟成员工作室牵头人优先列为公司劳动模范、工匠或更高荣誉推荐对象。对创效成果明显的联盟成员，优先评聘高级技师、特级技师和工匠技师。四是经费激励。定期评选星级创新工作室和优秀创新成果，对获奖的优秀成果给予 5000~20000 元奖励，对五星级创新工作室给予 30000 元经费奖励。同时，创新联盟的共同成果和各成员工作室的独立成果，经评审验收后，按公司成果奖励、推广运用等有关政策奖励。

## 三、聚焦"三大目标"，全方位凸显创新联盟作用

### （一）孵化一批创新成果

发挥创新联盟聚能、赋能作用，围绕生产一线难题联合攻关，集智创新，不断扩大创新成果。创新联盟先后取得省级以上科技进步奖 160 余项、发明专利 220 余项、施工新型专利 530 余项，省级以上 QC 成果 150 余项，省级以上工法（工艺）170 余项。隧道联盟 2 项成果分获第六届全国职工优秀技术创新成果二等奖、优秀奖。

### （二）培养一批优秀人才

发挥劳模工匠的示范引领作用，开展学习交流、技能培训、名师带徒活动，着力打造一支知识型、技能型、创新型产业工人队伍。创新联盟围绕轨道 BIM 设计、内嵌式磁浮技术、桥梁临时结构检算，以及接触网、供变电、通信信号等专业技术，先后开展各层次培训 1300 余次，培养出技师 170 余人、高级技师 130 余人，省级工匠 16 人、劳模先进 75 人。

### （三）创造良好经济效益

发挥创新联盟“联合作战”能力，通过资源整合和协同创新，逐步形成了“创意变项目、项目变成果、成果变效益”的创新工作链。联盟成员先后完成技术攻关课题770余项，解决生产难题860余个，为企业创造直接经济效益数亿元，在推动企业高质量发展中彰显了联盟价值。

（作者单位：中国铁路工程集团有限公司工会）

# 弘扬“工匠文化”，建设航天强国

郭大勇　任丽丽　慈姗姗

产业工人是支撑中国制造、中国创造的重要力量，是支撑和推动产业升级的重要一环。航天企业作为事关国家安全命脉的战略性企业，肩负建设航天强国的历史使命。把产业工人培养成高技能人才，要以营造人才成长生态为基础，着眼战略需求，聚焦军事斗争准备，聚焦能打仗、打胜仗，坚持系统观念和一流标准，弘扬“工匠文化”，通过体系化建设，形成技能人才成长良好环境，为推动航天事业创新发展提供有力的人才支撑。

## 一、强化政治引领，始终坚定深化产业工人队伍建设改革的正确航向

坚持正确政治方向。工会是党联系职工群众的桥梁和纽带，中国共产党的诞生使工人阶级有了自己的先锋队，有了可以团结和领导全体工人阶级的核心力量。当前，面对纷繁复杂的国际局势和尖锐激烈的意识形态领域斗争，必须把党的领导贯穿到产业工人队伍建设改革的全过程，无论时代条件、形势任务、企业改革、管理模式如何变化，产业工人都必须深刻领悟“两个确立”的决定性意义，增强“四个意识”、坚定“四个自信”、做到“两个维护”，在建设航天强国的征程中始终沿着正确的政治方向前进。

坚持正确创新导向。当前，新一轮世界科技革命、产业革命、军事革命蓬勃发展，航天企业坚持在建设航天事业、建设航天强国中大力发展数字经济，在发展数字经济中加快实现高水平科技自立自强。唯创新者胜，产业工人队伍建设必须紧盯科技之变、对手之变，培养一批在数字经济领域的“最强大脑”，从过去的焊枪、刀锉高手成长为掌握工业互联网、大数据等最新

数字技术，能熟练完成生产制造、工艺执行、物流操作等前沿智能制造技术的精兵强“匠”。

坚持正确价值取向。产业工人的成长离不开精神支撑。在航天事业的发展过程中，培育了一大批不计功名得失、刻苦钻研、扎根一线的航天科技工作者，他们醉心科研、默默奉献，“生在永定路，死在八宝山”就是中国航天科工集团第二研究院（以下简称二院）建院之初提出的口号；他们以“献了青春献子孙，献了子孙献终身”的豪迈气魄，推动航天事业取得辉煌成就。随着国际军事竞争日趋激烈，我们比历史上任何时期都需要科技创新，也更需要弘扬航天精神、科学家精神。产业工人必须发扬老一辈航天人胸怀祖国、矢志强军的优秀品质，心怀“国之大者”，把能力写在捍卫国家安全的实践中。

## 二、传承“工匠文化”，优化育才土壤

“工匠文化”在航天事业发展中充满活力。习近平总书记曾用“执着专注、精益求精、一丝不苟、追求卓越”16个字概括工匠精神的深刻内涵。“工匠文化”在各类传统技艺的传承与创新中流淌，体现的是一种敬业专注、严谨务实的职业素养，倡导的是对产品质量精雕细琢、精益求精的极致追求。今天，“工匠文化”在新时代新技术的不断探索与实践中发扬，体现了中华民族传统文化的沉淀与融合，也代表着中国工人阶级的坚定与执着。在航天事业中，产品质量是生命、是责任、是财富。产品质量事关国家利益和人民安危，是国家安全和民族福祉的重要支撑，是国际战略博弈的重要砝码。工匠精神在航天“工匠”身上，亦是“热爱祖国、无私奉献、自力更生、艰苦奋斗、大力协同、勇于登攀”的航天精神，两者所体现的奉献、创新、奋斗的精神内核相互呼应、一脉相承。将劳模精神、劳动精神、工匠精神熔铸在航天事业发展的道路上，推动我国航天事业的高质量发展是二院工匠们的不懈追求。

航天人在全社会的影响力稳步提升。科技越发展，竞争越激烈，随着航天事业、国防事业自主创新取得一个个的胜利，航天人越来越受全社会关注，中央广播电视总台、《工人日报》等主流媒体，多次把镜头对准二院的劳模工匠

人物。通过多角度的采访和报道，他们不仅成了单位的“网红”，也成为他们母校、家乡值得骄傲的榜样，认识他们、学习他们成为青年职工的新时尚。二院每年开展劳模、道德模范等的评选工作，围绕弘扬劳模精神、劳动精神、工匠精神开展多种形式的主题报告、讲座等活动，创作以劳模、工匠为原型的话剧和小品，每年印发一本劳模事迹书籍《先锋》。在航天精神与“工匠文化”滋养的这片沃土上，二院人自觉把劳动创造、职业理想、家庭幸福融入实现航天梦、中国梦的伟业之中，自觉践行社会主义核心价值观，继承和发扬我国工人阶级的伟大品格，推动航天事业跨越式发展。

产业工人成长土壤愈加丰厚。土壤和环境，为人才成长提供养分。环境好、生态好，则人才聚、事业兴。二院坚持厚植人才培养沃土，优化人才成长环境，做强做大产业工人“营养基”和“培养皿”，促进学习链、比武链与工作链有机衔接，催生更多优秀技能人员。围绕《新时期产业工人队伍建设改革方案》，强化政策引导，探寻政策和需求的“最大公约数”。广泛深入持久开展劳动和技能竞赛，使产业工人在思想深处持续强化以敬业专注、严谨务实和精益求精为代表的“工匠文化”，让钻研技术、磨炼技能成为青年人追求的最高荣耀。坚持履行强军首责，聚焦航天事业的新业态新技术新模式，紧贴科研生产实际，尝试探索更多科技领域的个性化技能比武活动，形成独特的竞赛体系，激励更多职工走上技能成才、技能报国之路。

## 三、强化制度创新，充分激发产业工人队伍活力

工会组织乘势而为。用足用好全国总工会、中国国防邮电工会等上级组织在产业工人队伍建设改革、职工创新创效、技能比武、人才培养等方面出台的一系列政策制度，大胆探索、主动作为，充分调动职工的积极性和主动性。聚焦数字领域技能比武、工匠大会、大国工匠论坛等活动，按照“大赛选题+按照选题提升能力+专家领衔赛前培训+大赛现场实战考验”的方法，加速打通产业工人“主动创新+成果发布+能力生成+服务企业”的链路，让政策制度红利最大限度惠及产业工人群体，让企业通过产业工人能力的提升

实现高质量发展。在全国大赛中锻炼成长的多名技能人员，已经成为二院产业工人队伍中的佼佼者。

为产业工人加油鼓劲。创新产业工人队伍激励机制和保障机制。先后出台了《中国航天科工二院技能人才技能等级和职务管理办法》《中国航天科工二院首席技师选拔管理办法》等，促使薪酬与技能水平时时挂钩，消除高技能人才与工程技术人才的身份壁垒，近两年已有 11 名高技能人才通过评审取得高级工程师和工程师职称。设置技能人员薪酬待遇等级。作为国家技能人员技能等级制度的补充，内部职业技能等级证书与国家职业资格证书具有同等效力，促进优秀技能人才脱颖而出。坚持企业与员工共同发展。在企业经济效益持续增长的同时，技能人员平均收入增长 40% 以上。以二院二八三厂为例，2021 年，技能人员年收入最高的已经超过 40 万元。二院六九九厂为技能大师王保森定制了他一人独享的激励机制，突破现行工资结构，实行“一人一策”的协议工资制。王保森成为二院第一个拿年薪的一线人员。

精准选树培养人才。把科研生产一线作为培养人才的主渠道，把重大任务作为砥砺创新的主战场。坚持分类施策，依托二院的工匠学院、劳模创新工作室、班组建设等平台，结合重大工程、重要项目、重点任务，打造不同的培养模式，为帅才出征夯实基础，为将才上战场提供平台，为英才技术攻关提供保障，鼓励产业工人把磨炼技术技能当成终身追求。二院现已培养“全国劳动模范”4 人，“全国五一劳动奖章”获得者 41 人，“全国三八红旗手”15 人，“巾帼建功标兵”13 人，“大国工匠”2 人，全国“最美职工”1 人。在推优的同时，积极做好对这些优秀人才的服务保障，使他们有干头、有劲头、有奔头，切实把尊重劳动、尊重知识、尊重人才、尊重创造的方针落到实处。二院工会每年组织劳模疗休养，每年“五一”国际劳动节期间劳模慰问率 100%。将获得“全国五一劳动奖章”的技能人员纳入院党委联系专家范围，定期听取意见建议。一系列举措使人才成长的路更宽、劲更足。

在企业高质量发展的新阶段，产业工人队伍建设迎来了新的机遇。面对复杂的国际形势，二院将继续聚焦技能人才能力提升，继续坚定不移地贯彻落实

《新时期产业工人队伍建设改革方案》，深化技能人才培养，为努力造就“有理想守信念、懂技术会创新、敢担当讲奉献”的产业工人队伍，接续奋斗，继续传承弘扬劳模精神、劳动精神、工匠精神，奋力走好新时代航天事业高质量发展之路。

（作者单位：中国航天科工集团第二研究院）

# 大力弘扬劳模精神、劳动精神、工匠精神，培养更多高技能人才和大国工匠

李悦群　李珂

劳动者素质对一个国家、一个民族发展至关重要。当今世界，综合国力的竞争归结到底是人才的竞争、劳动者素质的竞争。党的十八大以来，以习近平同志为核心的党中央高度重视技能人才的培育与发展，技能成才、技能报国之路越来越开阔。2022 年 4 月 27 日，习近平总书记在致首届大国工匠创新交流大会的贺信中，号召“我国工人阶级和广大劳动群众要大力弘扬劳模精神、劳动精神、工匠精神，适应当今世界科技革命和产业变革的需要，勤学苦练、深入钻研，勇于创新、敢为人先，不断提高技术技能水平，为推动高质量发展、实施制造强国战略、全面建设社会主义现代化国家贡献智慧和力量”，贺信为新时代的劳动者指明了奋斗方向。在新征程上，我们要继续大力弘扬劳模精神、劳动精神、工匠精神，培养更多高技能人才和大国工匠，为实现第二个百年奋斗目标提供坚强有力的人才保障，续写“中国梦·劳动美”的壮丽篇章。

## 一、进入新发展阶段培养更多高技能人才和大国工匠是时代的召唤

### （一）技术工人队伍是支撑中国制造、中国创造的重要力量

人民创造历史，劳动开创未来。进入新时代以来，我国工人阶级和广大劳动群众在实现中国梦伟大进程中拼搏奋斗、争创一流、勇攀高峰，为决胜全面建成小康社会、决战脱贫攻坚发挥了主力军作用。技能人才作为我国人才队伍的重要组成部分，是支撑中国制造和中国创造的重要力量。截至 2021 年底，全

国技能劳动者总量超过 2 亿人，占 7.5 亿就业人员的 26%；高技能人才超过 6000 万人，占技能劳动者的 30%，其中高级工 4700 万人、技师 1000 万人、高级技师 300 万人。一支规模宏大、基本满足我国经济社会高质量发展需要的技能大军正在形成，为全面建设社会主义现代化国家、实现中华民族伟大复兴的中国梦提供有力技能支撑。

（二）实现高质量发展迫切需要建设一支新型劳动者大军

劳动力是生产力中的第一要素，也是最具活力的要素，工人阶级是推动高质量发展的重要因素。当前，国际局势复杂多变，新冠肺炎疫情仍在蔓延，新一轮科技革命和产业变革加速演进。进入新发展阶段，无论是贯彻新发展理念、构建新发展格局、推动高质量发展，还是促进全体人民共同富裕，归结到底还是要靠劳动、靠劳动者创造价值。尽管近年来我国劳动者的整体素质不断提高，但高素质技术工人短缺的问题依然突出，迫切需要全面提升劳动者素质，造就一支有理想守信念、懂技术会创新、敢担当讲奉献的高素质劳动大军，锤炼过硬技术本领，有力支撑优化现代产业体系，改变我国制造业大而不强的现状，实现高质量发展。

（三）通往技能成才、技能报国之路的大门面向更多人打开

素质是立身之基，技能是立业之本。党和国家始终把提高劳动者素质摆在事关国家与民族长远大业、事关改革发展稳定大局、事关劳动者根本利益和整体利益的重要位置。党的十八大以来，我国技能人才工作取得积极成效，人才规模明显扩大，培养培训加快推进，职业技能竞赛蓬勃开展，评价激励政策更加完善，技能人才的道路更加宽广。从坚持就业优先战略，到促进收入分配更合理有序；从破除妨碍劳动力流动的体制机制弊端，到构建和谐劳动关系；从高素质技能人才培养，到新就业形态劳动者权益保障……一系列决策部署引领并持续激发新时代劳动者拼搏奋斗、勇攀高峰。技能人才不断演绎精彩人生故事，成为广大青年实现人生梦想的重要途径。

## 二、劳模精神、劳动精神、工匠精神为高素质劳动者培养提供价值引领

### （一）劳模精神、劳动精神、工匠精神改善劳动精神面貌

在长期实践中，我们培育形成了爱岗敬业、争创一流、艰苦奋斗、勇于创新、淡泊名利、甘于奉献的劳模精神，崇尚劳动、热爱劳动、辛勤劳动、诚实劳动的劳动精神，执着专注、精益求精、一丝不苟、追求卓越的工匠精神。作为第一批纳入中国共产党人精神谱系的伟大精神之一，劳模精神、劳动精神、工匠精神是民族精神和时代精神的生动体现。在不同历史时期涌现出来的劳动模范，是“民族的精英、人民的楷模，是共和国的功臣”。在新征程上，更需要大力弘扬“三个精神”，引导亿万劳动者自觉以主人翁的姿态积极投身祖国建设，以高涨的劳动热情、积极的劳动态度、昂扬的精神面貌辛勤劳动、诚实劳动、创造性劳动，用劳动实现个人梦、托起中国梦。

### （二）劳模精神、劳动精神、工匠精神强化劳动价值取向

作为马克思主义政党，我们一直将注重表彰劳动模范、弘扬劳模精神作为优良传统。针对当前广大劳动者的美好生活需要日益广泛、职工队伍内部分化日益固化、产业工人共享发展改革成果不够充分等问题，习近平总书记多次强调“劳动最光荣、劳动最崇高、劳动最伟大、劳动最美丽”，重申按劳分配是实现社会正义的基本原则。大力弘扬劳模精神、劳动精神、工匠精神，营造“劳动光荣、知识崇高、人才宝贵、创造伟大”的社会风尚，有助于引导全社会牢固树立起马克思主义劳动观，端正以辛勤劳动为荣、以好逸恶劳为耻的价值取向，切实发挥劳动作为推动历史前进根本力量的重要作用。

### （三）劳模精神、劳动精神、工匠精神提升劳动技能水平

第二个百年奋斗目标的实现，必然依靠千万坚守职业理想、满怀报国之情的技能人才的支撑。大力弘扬劳模精神、劳动精神、工匠精神，必须落实到提高劳动者素质上。在技能人才培养方面，劳动模范与大国工匠发挥着重要的引领、带动和培育作用。他们不仅是爱劳动、会劳动的典范，更是懂技术、会创

新的楷模，他们身上所体现出的劳模精神、劳动精神、工匠精神，是鼓舞广大劳动者精益求精、勇攀高峰的强大精神动力。大力弘扬“三个精神”，有助于激励更多劳动者特别是青年人一代学习技能、磨砺技艺、见贤思齐的内在动力，瞄准技术变革和产业优化升级的方向，专注突破技术瓶颈，走技能成才、技能报国之路，不断增强创新动力、创业活力、创造伟力，为提高经济质量效益和核心竞争力建功立业。

## 三、多措并举不断优化培养高技能人才和大国工匠的制度化路径

### （一）深化产业工人队伍建设改革，推动构建产业工人技能形成体系

立足新发展阶段，应落实产业工人思想引领、建功立业、素质提升、地位提高、队伍壮大等措施，充分发挥劳动模范和工匠人才的示范带动和价值引领作用，努力建设一支知识型、技能型、创新型劳动者大军。一是广泛深入持久开展劳动和技能竞赛，加快构建以世界技能大赛为引领、以全国职业技能大赛为龙头、以全国行业职业技能竞赛和地方各级职业技能竞赛为主体、以企业岗位技能竞赛为基础的多层次竞赛体系。二是不断拓展职工技能培训渠道，聚焦重点群体，加强面向市场的技能培训，全面推行新型学徒制，建设高技能人才数据库，确保重点任务顺利推进。三是完善产业工人队伍建设改革领导体制，适时出台产改方案升级版，重点在职业技能培训、优化公司治理和企业民主管理等方面，加大研究探索力度，完善相关配套制度。

### （二）推进产教融合培育创新土壤，优化高等职业教育人才培养体系

从制造大国向制造强国转型，特别需要加快高等职业教育的发展，优化培养高技能人才和大国工匠的培养体系。一是发挥政府的主导作用，完善高等职业教育的顶层设计，在深化教育体制机制改革过程中为加快高等职业教育步伐创造更为有利的政策环境。二是深化产教融合，通过校企合作、校产合作、强化实用的办学模式，完善大规模高技能人才培养体系。三是加强高职院校师资队伍建设，并通过选聘大国工匠、国家技师、劳动模范等担任客座教授或兼职教师的方式，打造专兼结合的“双师型”师资队伍。

### （三）加强表彰激励拓宽发展空间，完善高水平技能人才评价使用体系

以人才发展体制机制改革激发人才创造活力，是构筑人才制度优势的战略之举。要充分肯定高技能人才对社会作出的贡献，进一步拓宽技能工人发展晋升通道，打破成长的“天花板”。一是贯彻落实按劳分配的分配制度，充分发挥政府、企业、社会的协同作用，体现劳动正义、确保劳动公平，让劳动者尤其是普通劳动者在共建中共享劳动成果，不断强化技高者多得、多劳者多得的政策导向。二是切实保障劳动者的劳动权益，为劳动者提高劳动技能、增强职业能力创造更加普惠、公平的条件，建立健全以职业资格评价、职业技能等级认定和专项职业能力考核等为主要内容的技能人才评价、考核机制，拓展职业发展纵向晋升通道。三是大力营造热爱劳动、尊重劳动的社会氛围，广泛宣传劳动模范、大国工匠、技能冠军等杰出人才的先进事迹。在评选劳模、选举代表和委员参政议政等方面可以加大对高技能人才的倾斜力度，使他们更有职业认同感、荣誉感、自豪感，激发技能人才干事创业积极性、主动性、创造性，让创新才智充分涌流。

（作者单位：中国劳动关系学院）

# 西方文化中的工匠与劳动思想对当今中国社会的启示

曹凤月

劳动是人和动物的本质区分，劳动创造了世界，也创造了人本身，劳动是社会得以存在和发展的基础，同时也是人类存在和发展的基础。人类历史上，最为人称道的劳动是“工匠”的劳动，经常被当作“创造”的代名词为历代讴歌赞颂。几千年来，“工匠”的创造性劳动和平民大众的日常劳动一起推动着人类社会日益繁荣，走向了高科技数字化生存的新时代。劳动的手段、方式、途径、对象和效率都发生了惊人的变化，但是劳动的精神，劳动对于社会的价值、人的存在价值的终极意义不会变。

## 一、西方古代和近代文化中的工匠思想

古希腊的《荷马史诗》通过对“工匠之神”的歌颂，道出了劳动对人类文明最初的贡献。在希腊的各种神中，赫菲斯托斯被誉为“工匠之神”，《荷马史诗》中有这样的记载，“心灵手巧的赫菲斯托斯，跟着眼睛明亮的雅典娜，把各种匠艺传播全世界”。柏拉图曾经考证过“技能”一词，认为其最初源于“创造”，看来劳动、技能与创造密不可分。在古希腊一段短暂的时期里，匠人的劳动和职业很受尊重，有些职业待遇很高，比如裁缝，其有特殊的节日，其他职业却没有。

西欧中世纪，从事基层劳动的匠人是非常受重视的。体现为对匠人的选拔有严格的技术要求和道德要求。行会师傅有很高的社会地位，巴黎的七大行会

师傅，获得类似修道院院长的道德地位。另外，对匠人的培养过程要求十分严格，要求由行会师傅组成的行会联盟制定关于匠人的晋升制度，其中明确规定：任何行业从业者必须经过 7 年学徒，期满再经过 5～10 年见习，拿出行业公认的作品，才可以成为师傅，之后才允许营业。

狄德罗的《百科全书》是近代弘扬匠艺的一部力作，也被称为关于“匠艺”的圣经。这本书的出版具有划时代的意义。在人类历史变迁中，大机器时代到来之时，批量生产已成流行，很多手工匠人不受重视，部分手工匠人甚至面临失业的危险。《百科全书》的出版，再度呼唤用匠艺来对抗机器，有很深的社会文化意义。重要的是，这本书出版的宗旨是极力推崇那些为了把事情做好而做好的人。全书以普通的社会下层人为对象，展现他们的劳动和工具，唤起人们对他们的尊重和仰慕。

## 二、马克思的工匠与劳动思想

马克思对劳动的研究可谓是全面而深刻的，他从劳动对于社会、人类、人生、财富、幸福、创造、人的全面发展的意义和价值等方面进行了全方位的分析和阐述，这些论述堪称劳动教育的经典，成为当今时代劳动教育的指导思想。马克思把自己称为地道的劳动者，认为自己是劳动者的代言人。青年马克思把自己当成世俗的赫菲斯托斯，相信可以通过自己的作品解放匠人。马克思还称自己是众多工人的摩西，他许诺并呼唤实现劳动尊严。关于劳动与人的本质，马克思认为，“劳动是人的本质，劳动创造了人本身，劳动创造了人类生活，劳动创造了人与自然的关系，创造了人与人的关系”，“整个所谓世界历史不外是人通过人的劳动而诞生的过程，是自然界对人来说的生成过程，所以，关于他通过自身而诞生、关于他的产生过程，他有直观的、无可辩驳的证明”。关于劳动与社会的关系，马克思认为，“劳动是社会的基础”，“没有劳动社会不能存在，也不能运转”，“任何一个民族，如果停止劳动，不用说一年，就是几个星期，也要灭亡，这是每个小孩子都知道的”。关于劳动与财富，马克思认为，“劳动是一切价值的创造者”。关于劳动与自我实现、幸福，马克思认为奉献的劳动最幸福，“那些为大多数人带来幸福的人是最幸福的人”。关于劳动对社会和谐、公正的意义，马克思强调，公正的社会要以劳动为基础，体力劳动有消毒剂作用，“只要社会还没有围着劳动这个太阳旋转，它就绝不可能达到均衡。体力劳动是防止一切社会病毒的伟大的消毒剂”。关于劳动与人的自由和全面发展，马克思认为，“我的劳动是自由生命的体现，因此是生活的乐趣。人正是通过现实的劳动来使自己的生命活动本身变成自己的意志和自己意识的对象，从而实现真正的自由与解放。每个人自由发展是一切人自由发展的条件”。

## 三、西方工匠与劳动思想对当今中国社会的启示

当今时代，中国正在被全世界瞩目，正在从世界舞台的边缘走向中央，正在实现从中国制造向中国创造的跨越，在这一特殊历史时期，劳动教育的意义是深远的，劳动教育应该放在国民基本素质养成、人生幸福获得、国民创造精神培育、良好社会根基打造这个大视野内去理解看待。

一是通过劳动教育和手工活动，弥补互联网时代的弊病，使人回归本心，在简单平实的工作中，找回踏实、平静与安宁，从而提高公民素养，实现再造社会根基，助力社会和谐。“日益从物质生产劳动中解放出来的人们，不得不面临如何造就自己，重新获得人生意义的人生问题。”特别是在互联网时代，人们在面临很多诱惑和困惑的情况下，对人生意义和价值的探寻更为必要。时下，人们变得越来越浮躁，很多人梦想快速成功、成名、发财，追求“短、平、快”的功利主义，金钱与物质欲望在他人影响下不断膨胀，感受不到幸福。

古今中外有很多关于幸福的研究。早期基督教道德理论认为，空闲时光是一种诱惑，为了抵制这种诱惑，僧侣要劳作。劳动可以让人专注、获得安宁，创造性劳动还可以带来愉悦。狄德罗在《百科全书》中这样描述：那些训练有素的工人完成工作之后，感到心满意足，散发着一种安宁祥和的感觉。匠艺活动的训练有助于健全身心和人的全面发展，也有助于家庭和谐和社会稳定。

二是通过劳动教育，培养热爱劳动、热爱创造的公民，再造国民创造精神，提升国民创造力。当今时代，互联网、高科技提供了各种便利，人们的生活变得越来越舒适、快捷、方便，一些人丧失了对未来美好生活追求的动力，创造力在大大削弱。美国也在呼唤工匠精神，倡导从幼儿园开始进行劳动教育，他们非常担心这一代整天刷着手机长大的孩子无法担当未来国家大任。美国学者亚力克·福奇说过，充满消费和投机者的国家，这是很危险的。工匠精神需要在年青一代中普及开来，取得实质性回归。

未来中国要建设成创新型国家，要实现从中国制造向中国创造的飞跃，需要的不仅是科研院所的科学家和基层的科技创新爱好者，更重要的是我们需要从儿童时代起就培养拥有强烈创新意识和爱好的未来社会公民，这是国家创新的基础。再造国民创造力、培育国民创新精神，要从儿童劳动教育做起。让劳动教育成为终身教育的一部分，实现家庭、学校、社区、社会、职业教育一体化。在家庭教育方面，列出儿童家务劳动清单，规定家务劳动必要时间。通过这一阶段的家务劳动，培养儿童对劳动的兴趣，体验在做一件感兴趣的事情过程中的快乐，感受自己获得劳动成果的喜悦，尝试创造性劳动带来的好奇、痴迷、激情、幸福。在学校教育方面，把劳动教育纳入国民教育考核体系，制定小学、初中、高中、大学要开设的劳动课程、劳动实践活动和劳动目标、要求。在大学教育阶段，实现学校劳动教育与社区劳动教育相结合，通过社区服务和志愿者活动培养大学生爱心意识、社会参与意识，为了解社会就业打下基础；将大学毕业生劳动课程成绩、劳动实践时间、志愿活动时间，作为升学就业考核的必要条件。在社会教育方面，通过媒体宣传劳动精神、英模人物，在全社会营造出爱劳动、劳动崇高的氛围，改变人们对劳动的偏见，让各行各业的年轻人看到希望和未来。

（作者单位：中国劳动关系学院）

附录：

# 首届大国工匠论坛主题征文获奖名单

## 特 等 奖

1.《铸牢工匠之魂，在逐梦航天强国中贡献智慧力量》（高凤林，中国航天科技集团有限公司第一研究院211厂）

2.《初心报国，匠心逐梦》（洪家光，中国航发沈阳黎明航空发动机有限责任公司）

3.《弘扬工匠精神强化技能人才培养的实践与研究》（刘伯鸣，中国一重集团有限公司铸锻钢事业部水压机锻造厂）

4.《关于如何发挥工匠领衔作用，推进大飞机产业技术技能人才培育的研究》（王伟，中国商飞上海飞机制造有限公司零件加工中心）

5.《投身产改提素质，技能强国我担当》（刘云清，中车戚墅堰机车车辆工艺研究所有限公司）

6.《育工匠、搭平台、畅通道，着力打造高素质产业工人队伍》（王树军，潍柴控股集团有限公司）

7.《发挥工匠人才作用，提升中国制造的核心竞争力》（杨金安，中信重工铸锻公司）

8.《技能创新工作室人才培养实践与模式探讨》（潘玉华，中国电子科技集团公司第二十九研究所）

9.《殷殷嘱托记心间，踔厉奋发献石油》（谭文波，中国石油集团西部钻探工程有限公司试油公司）

10.《与企业共成长，与时代同进步——新时期建筑企业劳模工匠培育和建功立业的思考》（彭祥华，中国中铁二局二公司）

11.《践行工匠精神，永攀建筑高峰》（陆建新，中建钢构工程有限公司）

## 一 等 奖

1.《大国工匠是扎实推动共同富裕的重要力量》[王道勇，中共中央党校（国家行政学院）社会和生态文明教研部]

2.《安徽省工匠人才建设发展的探索与思考》（徐发成，安徽省总工会）

3.《探索“工匠”密码，推动制造业转型升级》（山东省潍坊市总工会）

4.《传承湖湘文化、弘扬工匠精神，把总书记为湖南擘画的宏伟蓝图变成美好现实》（周农、何俊峰，湖南省总工会）

5.《创新探索新时代弘扬劳模精神、劳动精神、工匠精神的思想路径》（彭维锋，中国劳动关系学院）

## 二 等 奖

1.《突破职业教育发展瓶颈，厚植大国工匠沃土》（李长安，对外经济贸易大学政府管理学院；高春雷，北京市工会干部学院）

2.《把劳模精神、劳动精神、工匠精神学习好传承好弘扬好》（王子洋，河北省地质调查院）

3.《精心育“匠”，助力振兴》（陈志军，吉林省直机关工会工委）

4.《社会主义劳动竞赛：大国工匠的“孵化器”》（郭秋萍、邹卫民，上海工会管理职业学院）

5.《以提升职业技能水平为切入点，深入推进新时代产业工人队伍建设改革》（金文峰，浙江省嘉兴市总工会）

6.《创新打造“齐鲁工匠”品牌，加快培育高素质产业工人大军》（刘贵堂，山东省总工会）

7.《以新时代工匠方阵引领“技能豫军”打造》（寇武江，河南省总工会）

8.《弘扬劳模精神是新时代高职院校加强思想政治教育的重要内容》（瞿彦剑，湖南城建职业技术学院）

9.《关于新时代深化工匠技能人才培育工作的思考——基于广东的实践与探索》（广东省总工会研究室）

10.《完善工匠精神培育体系，为实现制造强国注入强劲动力》（吴小芳、孙中伟，华南师范大学劳动与社会保障研究中心；张祖耀、徐喜溶，广东省总工会经济工作部）

11.《制造强国战略下“大国工匠”型人才培育问题与对策研究》（牟丽娇，重庆科技学院）

12.《关于四川省劳模工匠高技能人才发展状况的调研报告》（尹超、管雷、安恒、谢详，四川省总工会课题组）

13.《试论劳模精神、劳动精神、工匠精神与“两路”精神、老西藏精神、青藏铁路精神的协同弘扬》（宋连申、田皓、洛桑次仁，西藏自治区总工会）

14.《宁夏建设知识型、技能型、创新型劳动者大军情况的调研报告》（宁夏回族自治区总工会研究室）

15.《加强铁路技能人才队伍建设，为新时代铁路高质量发展提供坚实人才保障》（王秋荣，中华全国铁路总工会）

## 三 等 奖

1.《完善体现技能价值激励导向的薪酬分配制度》（王霞、王宏，中国劳动和社会保障科学研究院）

2.《优化“双元”培训机制，构筑技能劳动大军》（冯喜良，首都经济贸易大学；邱婕，华东师范大学；罗荣波，中国工人出版社）

3.《世界各国工匠精神的比较研究及对我国工匠精神重塑的启示》（唐鑛、卢衍江、刘华，中国人民大学）

4.《天津市示范性劳模和工匠人才创新工作室现状及作用发挥情况的调研报告》（张家翔，天津市总工会）

5.《工匠技能人才助力河北高质量发展对策研究》（河北省总工会）

6.《以工匠学院为牵引，努力建设山西高素质技能人才梯队》（邱恒昌、耿建华，山西省总工会工运理论研究中心）

7.《实施“深蓝计划”、打造“金普技军”，为建设制造强国贡献国家级新区力量》（闫为宁，辽宁省大连市金普新区总工会）

8.《厚植工匠文化，涵养工匠精神》（赵娜，吉林省长春汽车工业高等专科学校）

9.《抓牢“五个环节”、弘扬“三个精神”，建设高素质技能人才队伍》（王晓霞、赵得岫，黑龙江省佳木斯市总工会）

10.《选树“上海工匠”、打造系列品牌，建设知识型、技能型、创新型劳动者大军》（上海市总工会）

11.《新时代上海工匠人才培育困境与消解——基于工匠终身学习需求调查分析》（顾洋、张凌、赵安琪，上海开放大学）

12.《关于加快培养技能人才的路径思考》（钮友宁，江苏省总工会）

13.《弘扬工匠精神之杭州实践》（郑荣胜，浙江省杭州市劳模工匠协会）

14.《加快建设知识型、技能型、创新型产业工人队伍的路径优化》（刘若实，浙江省总工会干部学校）

15.《论地方工会培育工匠人才的理论依据与实现路径》（邵月娥，安徽省总工会干部学校）

16.《关于福建省技术工人队伍建设的实践与思考》（福建省总工会）

17.《浅析企业荣誉管理体系的建构——以南昌印钞有限公司实践为例》（龙铭、刘韩沛，南昌印钞有限公司）

18.《浅析强化工匠培育与城市发展的叠加路径——以青岛市为例》（潘思晓，山东省青岛市总工会）

19.《大国匠心，心心在艺》（扶羿华，湖南省娄底市税务局）

20.《拂春匠心绿华夏，扬帆匠魂盛四海》（唐艳丽，湖南永州宁远县第一中学）

21.《共同富裕背景下技术工人待遇提升面临的问题及路径探析》（王贯军，广东省总工会研究室）

22.《扎实推进“三匠”行动，厚植工匠成长成才沃土》（唐御伦、吴佳晋，重庆市总工会研究室）

23.《四川省高技能人才培养体系研究——基于省属国有企业的视角》（王诚、曹继蓉、蒋云波，四川省能源投资集团有限责任公司）

24.《基于弘扬工匠精神的实践及其成效研究》（杨华，贵州梅岭电源有限公司工会）

25.《陕西省国防系统培育选树大国工匠的实践与思考》（贾莹、唐晓峰、何浩斌，陕西省总工会）

26.《选树“陇原工匠”、弘扬工匠精神，助推经济社会效益双丰收、企业职工双受益》（曾朝政，甘肃省总工会）

27.《积极推进“创新联盟”建设，充分发挥劳模工匠引领作用》（郑黎、唐海军，中国铁路工程集团有限公司工会）

28.《弘扬“工匠文化”，建设航天强国》（郭大勇、任丽丽、慈姗姗，中国航天科工集团第二研究院）

29.《大力弘扬劳模精神、劳动精神、工匠精神，培养更多高技能人才和大国工匠》（李悦群、李珂，中国劳动关系学院）

30.《西方文化中的工匠与劳动思想对当今中国社会的启示》（曹凤月，中国劳动关系学院）

## 优胜奖

1.《新时代工匠精神的传承与发展》（李辉，南开大学）

2.《忠诚担当砥砺匠心，揽新奋发行稳致远——国网天津电缆公司弘扬“三个精神”，加强劳模工匠培养的探索与实践》（靳春鹏、高嘉欣，国网天津市电力公司电缆分公司）

3.《培育传承、微光聚能，以劳模精神点亮新时代奋斗新征程》（杜颖康，国网天津市电力公司城东供电分公司）

4.《不忘初心塑匠人、牢记使命铸匠魂——浅谈劳模工匠有力助推企业提质增效高质量发展》（王庚新，中国石油大港油田公司第三采油厂）

5.《职工创新工作室联盟建设的探索与实践》（张国栋，河北省唐山市总工会）

6.《打造“工匠型”技能人才队伍，夯实“制造强市”建设之基——关于“工匠型”技能人才队伍建设的调查与思考》（王萌萌，河北省保定市总工会）

7.《让工匠精神成为我们的共识》（夏立，中国电科网络通信研究院）

8.《职业教育要注重学生工匠精神的培养》（刘亚梅，河北省唐山市路南区职业技术学校）

9.《承德钒钛建设知识型、技能型、创新型职工队伍的探索与实践》（田海霞，河北省承德钒钛公司）

10.《弘扬工匠精神，培育大国工匠》（戴世强，吉林省工会干部学校）

11.《弘扬工匠精神，壮大龙江高技能人才队伍》（王朋雨，黑龙江省总工会）

12.《时代呼唤工匠精神》（吴晓，浙江省台州市总工会）

13.《“四步法”培育选树电力工匠的探索与实践》（陈明锋、郑娟娟、曹辉，国网温州供电公司）

14.《关于培养更多知识型、技能型、创新型工匠和高技能人才的探索与思考——以三明“两推三促”力促技能和人才双驱动为切入》（刘有端，福建省三明市总工会）

15.《精心培育工匠人才、大力弘扬工匠精神，以匠心匠艺匠造托举中国梦强国梦》（王义朴，山东省淄博市总工会）

16.《关于工匠学院建设模式探究——以威海工匠学院为例》（吴宏飞、王庆文、陈超，山东省威海市总工会）

17.《工匠精神视域下应用型高校人才培养探索与实践》（耿艳丽、董艳艳，山东管理学院）

18.《对新时代工匠精神的思考》（胡琰菲，河南省财贸轻纺烟草工会）

19.《探索推动地方人大出台法规性决定，增强弘扬“三个精神”的法治保障》（湖北省总工会）

20.《弹好劳模工匠培育“四部曲”，助力建设现代化新永州》（乐家茂，湖南省永州市总工会）

21.《充分发挥工会独特作用，推动完善大国工匠培育制度体系》（邹瑞琼，湖南省总工会干部学校）

22.《“大先生”的工匠精神——以中南大学教师典型为例》（殷悦、苏鹤立，中南大学）

23.《新时代高职院校劳动精神培育的价值样态与路径探析》（龚绍波，湖南城建职业技术学院）

24.《鲁班文化育人理念下土建类高职“双创”人才培养创新研究》(黄达颖，湖南城建职业技术学院)

25.《羊城扬帆，工匠远航》(广东省广州市总工会)

26.《三轮驱动建设三型劳动者大军，为推动东莞制造业向高端迈进提供坚实支撑》(广东省东莞市总工会)

27.《工会在弘扬工匠精神方面的问题和对策研究》(马媛媛、黄曼，广东省广州市市政工程设计研究总院有限公司)

28.《凝聚建设壮美广西的“匠心”力量》(谭冰心，广西壮族自治区总工会)

29.《点燃技术人才火炬之光，照亮创新生态之城》(王粒亚，重庆市南岸区总工会)

30.《工匠文化与工匠精神的深层意蕴——从劳动价值教育谈起》(钟万芳，重庆市永川萱花中学校)

31.《彰显更大担当作为，培育更多大国工匠》(甘涌，云南省总工会)

32.《挖掘传统文化，弘扬工匠精神》(周毛吉、李以泓、蔡秀清，西藏大学)

33.《大力弘扬“工匠精神”，踔厉践行“援藏精神”》(柳杨，西藏技师学院)

34.《充分弘扬三种伟大精神，发挥典型示范引领作用》(邱婷，西藏技师学院)

35.《探索工匠精神融入技师学院人才培养路径》(王艺林，西藏技师学院)

36.《陕西省培育工匠人才的实践探索——以企业优秀班组长素质能力提升培训为例》(白杨、王萍，陕西工运学院)

37.《论乡村振兴背景下如何弘扬工匠精神》(王冰，陕西省西安计量技术研究院)

38.《浅析如何在重大工程项目组织开展劳动技能竞赛，培养选树工匠技能人才》（滕伯智，中国水电四局）

39.《依托“大国重器”建设打造工匠人才队伍的探究》（王伟业、滕伯智，中国水电四局）

40.《锚定奋斗目标、激发创新热情，依托职工创新工作室加快产业大军建设——对北京局集团公司工会职工创新工作的思考》（王鹏，中国铁路北京局集团有限公司）

41.《劳模工匠联盟协同创新的研究与实践》（吴松涛，中车常州车辆有限公司）

42.《打造新时代产业工人队伍建设改革“海港样板”的实践研究》（蔡琳琳、陈晓波、戎晨珊，浙江省海港集团、宁波舟山港集团）

43.《大力弘扬“三个精神”，实施“三个全面”工程，建强工匠人才队伍》（中国宝武工会）

44.《大力弘扬劳模精神、劳动精神、工匠精神，培养更多高技能人才和大国工匠》（乔东，中国劳动关系学院）

45.《中国式现代化视域下产业工人队伍建设的时代特征与理论底蕴》（郭宇强，中国劳动关系学院）

46.《充分发挥国有企业培育大国工匠的制度优势》（赵明霏，中国劳动关系学院）

47.《习近平总书记关于劳动的重要论述的四重意蕴及其实践意义》（李磊，中国劳动关系学院）

48.《论大国工匠文化及其根本遵循》（安红昌，中国劳动关系学院）

49.《发掘方技文献中的工匠史料》（范晓婧，中国劳动关系学院）

50.《贯彻落实贺信精神，加强工会系统“互联网+”线上技能平台建设》（吴培宁，中国劳动关系学院）